沙地民俗

【吴文化对南通影响的佐证】

SHA DI MIN SU

钱 辉
钱瑞斌 著

苏州大学出版社
Soochow University Press

图书在版编目（CIP）数据

沙地民俗 / 钱辉，钱瑞斌著. — 苏州：苏州大学出版社，2017.7
（江海文化丛书 / 姜光斗主编）
ISBN 978-7-5672-1961-8

Ⅰ. ①沙… Ⅱ. ①钱… ②钱… Ⅲ. ①钱塘江—流域—风俗习惯—介绍 Ⅳ. ①K892.455

中国版本图书馆CIP数据核字（2017）第101816号

书　　名	沙地民俗
著　　者	钱　辉　钱瑞斌
责任编辑	周建国
出版发行	苏州大学出版社
	（苏州市十梓街1号　215006）
印　　刷	南通超力彩色印刷有限公司
开　　本	890mm×1240mm　1/32
印　　张	10.125
字　　数	248千
版　　次	2017年7月第1版
	2017年7月第1次印刷
书　　号	ISBN 978-7-5672-1961-8
定　　价	32.00元

苏州大学版图书若有印装错误，本社负责调换
苏州大学出版社营销部　电话：0512-65225020
苏州大学出版社网址　http://www.sudapress.com

"江海文化丛书"编辑委员会

主　任：季金虎
委　员：李明勋　姜光斗　李　炎　施景铃
　　　　沈启鹏　周建忠　徐仁祥　黄振平
　　　　顾　华　陈　亮　吴声和　陈冬梅
　　　　黄鹤群　尤世玮　王建明　陈鸿庆
　　　　沈玉成

主　　　编：姜光斗
执行副主编：尤世玮　沈玉成

"江海文化丛书"总序

李 炎

由南通市江海文化研究会编纂的"江海文化丛书"（以下简称"丛书"），从2007年启动，2010年开始分批出版，兀兀穷年，终有所获。思前想后，感慨良多。

我想，作为公开出版物，这套"丛书"面向的不仅是南通的读者，必然还会有国内其他地区甚至国外的读者。因此，简要地介绍南通市及江海文化的情况，显得十分必要，这样便于了解南通的市情及其江海文化形成的自然环境、社会条件和历史过程；同时，出版这套"丛书"的指导思想、选题原则和编写体例，一定也是广大读者所关心的，因此，介绍有关背景情况，将有助于阅读和使用这套"丛书"。

南通市位于江苏省中东部，濒江（长江）临海（黄海），三面环水，形同半岛；背靠苏北腹地，隔江与上海、苏州相望。南通以其独特的区位优势及人文特点，被列为我国最早对外开放的14个沿海港口城市之一。

南通市所处的这块冲积平原，是由于泥沙的沉积和潮汐的推动而由西北向东南逐步形成的，俗称江海平原，是一片古老而又年轻的土地。境内的海安县沙岗乡青墩新石器文化遗址告诉我们，距今5 600年左右，就有先民在此生息繁衍；而境内启东市的成陆历史仅300多年，设县治不过80余年。在漫长的历史过程中，这里有沧海桑田的变化，有八方移民的杂处；有四季分明、雨水充沛的"天时"，有产盐、植棉的"地利"，更有一代代先民和谐共存、自强不息的"人和"。19世纪末20世纪初，这里成为我国实现早期现代化的重要城市。晚清状元张謇办实业、办教育、办慈善，以先进的理念规划、建设、经营城市，南通走出了一条与我国近代商埠城市和曾被列强所占据的城市迥然不同的发展道路，被誉为"中国近代第一城"。

南通于五代后周显德五年（958）筑城设州治，名通州。北宋时一度（1023—1033）改称崇州，又称崇川。辛亥革命后废州立县，称南通县。1949年2月，改县为市，市、县分治。1983年，南通地区与南通市合并，实行市管县新体制至今。目前，南通市下辖海安、如东二县，如皋、海门、启东三市，崇川、港闸、通州三区和国家级经济技术开发区；占地8 001平方公里，常住人口约770万，流动人口约100万。据国家权威部门统计，南通目前的总体实力在全国大中城市（不含台、港、澳地区）中排第26位，在全国地级市中排第8位。多年来，由于各级党委、政府的领导及全市人民的努力，南通获得了"全国文明城市"、"国家历史文化名城"、"全国综合治理先进城市"、"国家卫生城市"、"国家环保模范城市"、"国家园林城市"等称号，并有"纺织之乡"、"建筑之乡"、"教育之乡"、"体育之乡"、"长寿之乡"、"文博之乡"等美誉。

江海文化是南通市独具特色的地域文化，上下五千年，南北交融，东西结合，具有丰富的历史内涵和深邃的人文精神。同其他地域文化一样，江海文化的形成，不外乎两种主要因素，一是自然环境，二是社会结构。但她与其他地域文化不尽相同之处是：由于南通地区的成陆经过漫长的岁月和不同阶段，因此移民的构成呈现多元性和长期性；客观上又反映了文化来源的多样性以及相互交融的复杂性,因而使得江海文化成为一种动态的存在,是"变"与"不变"的复合体。"变"的表征是时间的流逝,"不变"的表征是空间的凝固;"变"是组成江海文化的各种文化"基因"融合后的发展,"不变"是原有文化"基因"的长期共存和特立独行。对这些特征,这些传统,需要全面认识,因势利导,也需要充分研究和择优继承,从而系统科学地架构起这一地域文化的体系。

正因为江海文化依存于独特的地理、自然环境,蕴含着自身的历史人文内涵,因而她总会通过一定的"载体"体现出来。按照联合国教科文组织的分类,"文化遗产"可分为四类:即自然遗产、文化遗产、自然与文化遗产、非物质文化遗产。而历史文化人物、历史文化事件、历史文化遗址、历史文化艺术等,又是这四类中常见的例证。譬如,我们说南通历代人文荟萃、名贤辈出,可以随口道出骆宾王、范仲淹、王安石、文天祥、郑板桥等历代名人在南通留下的不朽篇章和轶闻逸事;可以随即数出三国名臣吕岱,宋代大儒胡瑗,明代名医陈实功、文学大家冒襄、戏剧泰斗李渔、曲艺祖师柳敬亭,清代扬州八怪之一的李方膺等南通先贤的生平业绩;进入近代,大家对张謇、范伯子、白雅雨、韩紫石等一大批南通优秀儿女更是耳熟能详;至于说现当代的南通籍革命家、科学家、文学家、艺术家以及各行各业的优秀人才,也是不胜枚举。在他们身上,都承载着江海文化的优秀传统和人文精神。同样,历史文化的其他类型也都是认识南通和江海文化的亮点与切入口。

本着"文化为现实服务,而我们的现实是一个长久的现实,因此不能急功近利"的原则,南通市江海文化研究会在成立之初,就将"丛书"的编纂作为自身的一项重要任务。

我们试图通过对江海文化的深入研究,将其中一部分能反映江海文化特征，反映其优秀传统及人文精神的内容和成果，系统整理、编纂出版"江海文化丛书"。这套"丛书"将为南通市政治、经济、社会全面和谐发展提供有力的文化支撑，为将南通建成文化大市和强市夯实基础，同时也为"让南通走向世界，让世界了解南通"做出贡献。

"丛书"的编纂正按照纵向和横向两个方向逐步展开。

纵向——即将不同时代南通江海文化发展史上的重要遗址（迹）、重大事件、重要团体、重要人物、重要成果经过精选，确定选题，每一种写一方面具体内容，编纂成册；

横向——即从江海文化中提取物质文化或非物质文化的精华，如"地理变迁"、"自然风貌"、"特色物产"、"历代移民"、"民俗风情"、"方言俚语"、"文物名胜"、"民居建筑"、"文学艺术"等，分门别类，进行归纳，每一种写一方面的内容，形成系列。

我们力求使这套"丛书"的体例结构基本统一，行文风格大体一致，每册字数基本相当，做到图文并茂，兼有史料性、学术性和可读性。先拿出一个框架设想，通过广泛征求意见，确定选题，再通过自我推荐或选题招标，明确作者和写作要求，不刻意强调总体同时完成，而是成熟一批出版一批，经过若干年努力，基本完成"丛书"的编纂出版计划。有条件时，还可不断补充新的选题。在此基础上，最终完成《南通江海文化通史》《南通江海文化学》等系列著作。

通过编纂"丛书"，我有四点较深的体会：

一是有系统深入的研究基础。我们从这套"丛书"，看到了每一单项内容研究的最新成果，作者都是具有学术素养的资料收集者和研究者；以学术成果支撑"丛书"的编纂，增强了它的科学性和可信度。

二是关键在广大会员的参与。选题的确定，不能光靠研究会领导，发动会员广泛参与、双向互动至关重要。这样不仅能体现选题的多样性，而且由于作者大多出自会员，他们最清楚自己的研究成果及写作能力，充分调动其积极性，可以提高作品的质量及成书的效率。

三是离不开各个方面的支持。这包括出版经费的筹措和出版机构的运作。由于事先我们主动向上级领导汇报，向有关部门宣传，使出版"丛书"的重要性及迫切性得到认可，基本经费得到保证；与此同时，"丛书"的出版得到苏州大学出版社的支持，出版社从领导到编辑，高度重视和大力配合；印刷单位全力以赴，不厌其烦。这大大提高了出版的质量，缩短了出版周期。在此，由衷地向他们表示谢意和敬意！

四是有利于提升研究会的水平。正如有的同志所说，编纂出版"丛书"，虽然有难度，很辛苦，但我们这代人不去做，再过10年、20年，就更没有人去做，就更难做了。我们活在世上，总要做些虽然难但应该做的事，总要为后人留下些有益的精神财富。在这种精神的支撑下，我深信研究会定能不辱使命，把"丛书"的编纂以及其他各项工作做得更好。

研究会的同仁嘱我在"丛书"出版之际写几句话。有感而发，写了以上想法，作为序言。

2010年9月

（作者系南通市江海文化研究会会长，"江海文化丛书"编委会主任）

目 录

引 子
沙地文化的由来 …………………………………… 1

语言文字
土话的"外壳" ……………………………………… 6
趣说方言土语 ……………………………………… 9
俗话的俗与雅 ……………………………………… 14
土话的句式、音韵和意蕴 ………………………… 19
"头"字现象 ………………………………………… 21
如歌似诗般的谣谚 ………………………………… 25
自成语境的顺口溜 ………………………………… 28
家传的儿歌 ………………………………………… 33
正在生长消息着的那些土话 ……………………… 36
处世谚语中的处世之道 …………………………… 40

耕织沧桑
垦荒造田四部曲 …………………………………… 44
埭路 径路 桥门路 ………………………………… 47

方沟　泯沟　宅沟等 …………………………… 49
大熟　小熟 ……………………………………… 52
种田人的十八般兵器 …………………………… 55
担绳　担钩　悬钩 ……………………………… 57
泥络　扁担　铁锹 ……………………………… 60
麦耙　泥扒　抓箆 ……………………………… 63
农事谚语 ………………………………………… 65
关于鞋子 ………………………………………… 67
一囊棉花做到头 ………………………………… 71
芦苇　芦头 ……………………………………… 75

渔猎神韵

摸甲鱼 …………………………………………… 80
鱼鸦捕鱼 ………………………………………… 83
弄蟛蜞 …………………………………………… 86
弄蟹情趣 ………………………………………… 89
吕四蚊蛤，天下第一鲜！ ……………………… 91
吕四渔民饮食习惯中的江风海韵 ……………… 95
渔民的气象谚语 ………………………………… 100

田园生活

独宅独水　四汀宅沟　四汀宅 ………………… 104
饭粑糍　粥粑糍　黏夹粥 ……………………… 106
戏说蛇事现象 …………………………………… 110
芋艿的传奇 ……………………………………… 114
吃芦穄　说芦穄 ………………………………… 117

菜 瓜 …………………………………………… 121
说说草头 ………………………………………… 125
农家腌荠 ………………………………………… 127
磨子话题 ………………………………………… 129
谚语里的婆媳情 ………………………………… 133
追寻消逝行业中的彩云晚霞 …………………… 136

风俗习惯
夯屋基镂石鹤 …………………………………… 140
三栅五底亦有情 ………………………………… 144
元宵节今昔 ……………………………………… 148
伦理称谓种种 …………………………………… 152
禁忌杂谈 ………………………………………… 157
逢年过节蒸糕做团子 …………………………… 161
大男人大年初一的行事习俗 …………………… 165
吕四渔俗趣闻 …………………………………… 166
无处不在的儿童游戏 …………………………… 170
沙地人的婚庆风俗 ……………………………… 175
沙地人的祭祀风俗 ……………………………… 179
与众不同的"叫火"习俗 ……………………… 183
沙地人的丧事风俗 ……………………………… 188

说古道今
神话传说话吕四 ………………………………… 193
沈万三与朱元璋恩怨溯源 ……………………… 200
渔民故事中的江海特色 ………………………… 204

文化杂谈

闲扯臼文化 …………………………………… 214

关于剃头文化 ………………………………… 217

趋吉文化种种 ………………………………… 220

猫也有文化 …………………………………… 224

话说谜语文化 ………………………………… 227

不乌的乌女婿文化 …………………………… 231

录此存史

谚语　顺口溜 ………………………………… 235

歇后语集锦 …………………………………… 243

方言土语注释 ………………………………… 245

后　记 ………………………………………… 307

引 子

沙地民俗的由来

　　这里说的沙地民俗，是指以长江入海口为起点，沿着江海平原东侧的黄海岸线不断向北延伸的启东（部分）、海门、如东等东部大片区域内的民俗，是南通江海民俗的重要组成部分，更是江海文化沙地文化的重要组成部分。

　　假如提出这样一个问题：沙地人吃的粮食、穿的衣服都是从哪里来的？连幼儿园的小朋友们都会回答：是农民伯伯种出来的，脚下的地里长出来的。如果改问：沙地民俗是从哪里来的？那就连大人也要考虑再三了。鉴于这种情况，在创造着、沐浴着、享受着、欣赏着、回味着、赞叹着、审视着沙地文化的时候，有必要以沙地文化的由来为题，探讨一下她的来龙去脉。

　　当然了，不少人肯定会说，是沙地这片肥壤沃土滋生了沙地文化。这话听起来不错，也很对，但仔细回味，这毕竟是比喻。实际情况是，沙地里不会也不可能直接长出属于沙地人的文化来。

　　沙地是江海运动的产物。从古至今，万里长江夹裹着大量泥沙东流入海，才形成了被世人称为冲积平原和江海平原的"沙地"这个地方。

有了沙地，不等于自然而然地就会产生出沙地文化。沙地自从有了人，不管是江南来的或江北来的，还是周边自愿来的或被发配来的，才算是为创造沙地文化提供了第一要素。

随着江海运动这一造物主的不断作用，沙地也不断东伸。民国以后，晚清状元、实业家张謇多次组织民众，于南起长江口的北侧（实际是塘芦港），北至连云港一线的黄海边，筑堤套圩，接着又发动当时海门东部的南沙人、中沙人北去如东、大丰等地开荒，被民间称为"种生田"。自此，那里也就成了沙地人的集居地、繁衍沙地文化的肥田沃土。

常识认为，物有物的样子，人有人的样子，事又有事的样子，事物一经进入人们的感知领域，人的大脑系统马上将其变身为物象、事象。沙地人挑泥筑岸、围堤套圩以阻挡江水海潮入侵的壮举，以及开河、开沟、分垡、分"垹"、种青、蓄淡去碱的一桩桩事情、一件件事象，看似原始、简单，却是沙地文化的活水源头。

沙地人在垦荒的实践中，对于何时、何地适宜种植何种庄稼，何时如何收割，种什么最费力，种什么收益多，有着独到的见地。"种田勿来（不会种田）跟大帮"，说的是初学种田或不会种田的人要向会种田的人学习；"一熟蚕豆一熟麦，种来头发苏牙（胡子）雪雪白"，说的是年复一年的种植规律；"彭祖活了八百，就怕拔棉花箕种麦"，说的是拔棉花箕和种麦最费力。还有"闰年勿种十月麦"、"十年早麦难得一年丘（差），十年早豆难得一年好"、"麦熟过条桥"、"小满三朝榈头（连枷）响"等，这些都是沙地人用语言这一标识去体现、反映、表述其对农业生产的认知，这些表达和反映使事象的意思体现出来了，而其文化的身份也就确立了。

在沙地这片土地上，出海捕鱼的"跑海人"成千上万，他们在惊涛骇浪中横空出世，在劈波斩浪中增长见识，不但练就了看风头出海、看潮头下网的本领，还形成了一套又一套堪称经典的经验。"船老大看风扯篷,跑海人看潮下网"、"中秋节月亮在云里拱一拱,海洋里小鱼小虾要绝种"、"南风水浑,鱼虾成群"、"北风水清,鱼虾没影"、"西南风药鱼风,十网九网空"、"东北风,一条小鱼儿几斤重"、"无风来长浪,不久大风狂"、"涨潮水发红,将要刮大风"……这种通过长期观察和体会得来的经验经过沙地人的表达与反映,将具有明显印记的江海文化传递出来了。

  沙地人的老祖宗们觉得开门七件事件件重要,三百六十行行行难缺,于是,泥匠、水匠、木匠、竹匠、芭匠、捻匠、石匠,砌房搭屋、浇浆打线,经商设摊、修造冶炼,建闸筑桥、测字算命等各行各业竞相拓展,沙地上从此出现了农、工、士、商等五行八作百业兴旺的繁荣景象,沙地人的行业文化也由此产生。

  旧时,沙地人的规矩很多,待人接物讲究礼仪,建房、墓葬崇尚风水,结婚、开业挑选吉日,出海航行、新船下水祭告天地,寿庆典礼上门庆贺,人死治丧送钱送物,说话办事不忘禁忌,以及那些天地山河、祖宗社稷、神仙鬼怪、信神、信佛的敬畏心理,是非曲直、黑白善恶的褒贬趋避行为,决定着沙地人自身的价值取向和行为准则,你也这样,他也这样,大家都这样,久而久之,沙地人的民俗和生活习惯便形成了。

  沙地文化,是沙地人的创造结果。这种创造,只要有社会活动的平台存在,只要有沙地人在平台上,就会有沙地文化的产出,参与之人是你、是他,又是我,也包括生活在沙地的外地人和出门在外的沙地人。平台指家庭社区、田间地头、工厂车间、机关学校、海滩港湾、车站码头、官场情场、赌场酒肆、里巷茶馆、路头小店以及婚庆寿典、丧事祭奠、饭前酒后、纳凉消遣等场合。对于春耕夏种、施肥挑担、纺纱织布、缝补浆洗,对于近在眼前的东村西寨、远在天边的山南海北,张家长、李家短,谁家媳妇巧,哪家女婿傻,谁家女人贤惠,哪家男子勤劳,上碰到天,下碰到地,阴阳三界、日月星辰、吃喝玩乐,帝王将相、鬼怪神仙无所不包,说笑话、谈见闻、唱山歌、讲故事、划拳猜谜说酒令无所不有。于是,八仙过海各显神通,客观事物通过主观认知后赋予人性、神性,巧媳妇、乌(傻)女婿的故事出来了,皇帝、平民如张三拐子李黑心的故事出来了,盘古王、女娲娘娘、玉皇大帝、海龙王、阎王爷、观音菩萨、如来佛、吕洞宾、铁拐李等的神话故事出来了,生肖故事、水族故事和地名的传说如吕四港、青龙港、小洋口港也出来了。由于沙地这块土地有着海纳百川的博大胸怀、无限拓展的信息渠道、无所不在的社会平台、包罗万象的表达内容、无限宽广的想象空间、匠心独运的参与之人,沙地文化也就闪现出五彩缤纷的光辉。

但需注意,沙地文化,既不是也不能用多少故事、多少谚语、多少民歌等载体所概括得了的。沙地文化所涵盖的,应该是泛指沙地人在认识世界、改造世界过程中,根据自身的认知程度,用包括互联网在内的特定标识去体现、反映、表述事象的思想与行为。你看,沙地人在种田的时候,不在乎面朝黄土背朝天,种田能手、种田状元代有人出;砌房造屋的时候,浇浆打线、雕梁画栋,能工巧匠层出不穷,诞生过无数精品力作,这些精品力作,每一件都是文化艺术的辉煌成就、非物质文化遗产的重要载体。更为普遍的是,沙地人在垦牧中互相切磋、不断摸索,使劳动工具不断完善,那些大大小小、长长短短、弯弯直直、方方圆圆、尖尖盆盆(无尖状)、厚厚薄薄的工具,人们称为"长枪短刀"、"十八般武器",能够使用所有农具的人,被称为十八般武器件件皆能的人。"工欲善其事,必先利其器",这些造型有别、功能各异的工具,在标志出生产力发展状况的同时,也体现出了不同于山歌小调、谚语笑话、民间故事这些艺术样式的"界别",不断地向世人昭示着沙地文化的魅力和潜在的质地。

梁启超于1922年所著的《什么是文化》一书中指出，"文化者，人类心能所开释出来之有价值的共业也"，这里说的"心能"，含有智慧、悟性的意思。沙地人凭借着包括自己学识、见识、胆识在内的心能，用语言、文字、线条、肢体行为、劳动工具、建筑艺术这些标识符号为事象去体现、反映、表述着沙地人的思想行为，于是，沙地文化就像泉水那样地喷涌出来，流进了一代又一代沙地人的心田。

沙地民俗是沙地文化的重要内容，看得见、摸得着，和厨师烹饪一样，有的端出荤菜，有的端出素菜，有的端出的时候原模原样，有的端出的时候造型各异、款式多样，这就有了荤、素之说和雅、俗之称。再者，菜源的优劣与菜肴的质地素有关联，菜肴的档次、品位又与厨师的想法、思想、技艺、佐料、操作流程甚至火候有直接的关系。沙地人在创造文化的时候，受客观和主观因素的影响，涌流出来的民俗也有荤素之分、雅俗之称，甚至还有先进与落后之说、文明与愚昧之别。

中国共产党的十八大报告指出，"文化是民族的血脉"，"建设社会主义文化强国，关键是增强全民族文化创造活力"，"让一切文化创造源泉充分涌流"。习近平总书记指出，"一个国家、一个民族的强盛，总是以文化兴盛为支撑的"，"国无德不兴，人无德不立"。《中共中央关于全面深化改革若干重大问题的决定》第11条在谈到文化建设的时候又指出要"坚持以人民为中心的工作导向"。可以相信，只要沙地民众竞相参与，坚持科学发展观，想好的、做新的，争创一流业绩，打造一流品牌，努力用标识体现、反映、表述生产、生活、社会、自然这些事象，一人如此，千家万户如此，百万沙地人都如此，涓涓细流归大海，沙地文化就像东流的长江水一样，不但流进沙地人的心田，流经沙地人的过去、现在，还将流向沙地人美好的未来。

语言文字

土话的"外壳"

按照字词典籍的说法,文字是语言的符号;按照习惯思维的说法,文字又称语言的外壳。可是沙地人在用文字表述自己方言土语的时候,往往出现不合身的"外壳",甚至有时大有张冠李戴之嫌。

在汉语普通话里,"痴"、"吹"、"雌"三个字读音并不相同,"痴"发音为chī、"吹"发音为chuī、"雌"发音为cī,到了沙地人的嘴里,其音往往(不是一律)发成"cī"的"此",发疯,说成"发此"、"此头此脑",吹牛,说成"此牛";用于区分性别的雌,也说成"此",如雌猫说成"此猫"。

喝粥的"粥",标准的发音与"周"相同,然而在沙地人的嘴里,"粥"的发音偏偏与捉弄的"捉"相同,喝粥说成"吃捉"。就是对着文字念,不少人也会念成"捉"。

一个"圫"字,简直成了沙地人方言土语外壳的总代表。这个字,《康熙字典》难觅,《说文解字》未载,可沙地的种田人代代围垦造田,个个开荒种地,家家户户都在这个"圫"里生活,于是便就发明了"土"字与"宛"字相结合的、发音为"窊"的"圫"字了。纵观许多沙地土话的外壳,只有这个"塂"字,才是所有沙地人都公认的标准符号。可惜的是,虽然大家公认,却没有"户口",得不到字词典籍的"准入证",连电脑文字输入法开发商和他们的多家字库里也没有这个字的字根,有些作者在表述"塂田化"的时候,只好拿"条"字代替,写成"条田化",没有奈何,只得借个壳儿当外衣了。

　　沙地从语言中借个壳儿当外衣的现象还真相当普遍,那个"不曾"、"未曾",常常被说成"毋宁"。"勿"在沙地人的语言中含有否定的性质,"宁"有安静的意思。甲问乙:"张三来了没有?"乙答:"毋宁。""都",全部、总共、统统包括在内的意思,民间却用"裁"的声音。有人问:"人都来了么?"答:"裁来了。""镬盖"、"锅盖",又偏偏说成"镬敢",发这个音的"敢"字不知道怎么写,也就用"勇敢"、"敢于"的"敢"了。小孩子长得秀气、惹人喜爱,称"胎气",意为先天长成的。就连鸭子的"鸭",发音时也是"呃""阿"的,把个"鸭踏鬼"的土话,硬是说成"呃塌鬼"或"阿塌鬼"。

　　沙地土话特别多,想要用文字确切地表达出来特别困难,尤其是当下,更得花费一番工夫。如"经绳(精神)套勒(在)筒管上",这是由"经布"过程中的劳作现象和配件名称引起的。"经绳"为木质材料,30厘米长,粗细似芦穄,周身光滑,一端尖状,打入经布现场一丈距离的左右,用于"挽纱"之用。筒管是空心的,缠绕"经纱"后,套在筷子上边不断旋转以完成经布作业。用这实心的去套空心的,显然是弄错了精神,有此缘故,沙地人就用这样的土话来形容领会错了精神的事象了,在书写的时候,顺便也就用这个"经绳"的外壳与那个"精神"扯到一块了。这不仅显示出了沙地方言土语本身的丰富多彩,也显示出了文字符号作为语言外壳的多姿多彩。

不少方言土语在用文字符号表达的时候，字面意义与所要表达的意义没有必然的联系。也就是说，方言土语的文字符号只是为土话表音，用六书造字法的话说，叫作假借。如泻咱、霍结、板介、搞劣等就是。

那"泻咱"，指聪明伶俐；"霍结"，甲的身子与乙的身子贴紧，不容易掰开；"板介"，坚持原则，没有商量、通融的余地；"搞劣"，扭曲或改变了物体的原形。这些方言土语与文字表述的意义之间不合身的情况，一来在文字流传演变的过程中，文字工作者们没有也顾不上沙地人表达这些话的需要，后来的文化人在编辑字词典籍的时候也没有安排这些土话的条目，当地人就照着发音情况自己去寻找合身的外壳了，觉着"泻咱"、"霍结"这些"外壳"可以借用，于是便约定俗成地假借开了。

放眼当前，大多数沙地人相互交流的时候还在使用着土话。对于品行端正、作风正派、不怕讹诈的，叫"摇得响、石得穿"；对于出淤泥而不染的，叫"浑泥浆里浔白萝卜"；对于办事公正的，他们说"爷来三扁担，娘来六'滴树'（一种短棍）"；对于办事不科学，他们说"蛮打十八榔头"；对于机会难得，他们说"千年碰着海瞌眈（打盹）"；趁人不备出手，叫"落黑（瞌）眈"；对于无孔不入，什么好处都捞的，他们说"就像黄脚踝狼、马桶兵里捞一把"。

沙地人的方言土语是沙地人在为自己立言，沙地土话的文字，也都是沙地人量体裁衣所选择的外壳，从闪光着的土话外壳中，似乎让人看到了沙地人立身、立业、为人处世的文化选择。

趣说方言土语

启东民间有"上下八沙"之说，即将原来属于海门管辖的沙地称为上沙，启东立县后管辖的地域称为下沙。又由于启东原来的区域以海界、蒿枝港为界分属崇明、海门、南通的缘故，民间将海界以南的地区，称为南沙，海界至蒿枝港之间的地区称中沙，蒿枝港以北的地区称北沙。而迁往大丰、兵房一带的沙地人，又统称启海方向的地方为南沙，真的住在南沙、中沙的人只说自己是中沙人，称居住在"北沙"及以外操其他口音的人，统统为"江北人"。长期以来，由沙地人方言、俗语组成的沙地话，成为我们这个大千世界一道颇具特色的语言风景线。

早在20世纪六七十年代，一批外地知青来到沙地人中间插队落户，他们面对沙地人的方言土语，感到好生奇怪。沙地人管"能够"、"可以"叫作"有剌"；管"鬼"叫"几"，"小鬼"称"小几"；管鸟类叫"将"，"鸟叫"曰"将叫"；管"吵架"叫"吵势"，当地人口语中的"死"与"水"同音，有人由此又会把"吵势"说成"吵水"；"哈"与"蟹"在沙地方言中也是同音，"什么"、"为什么"，说成"哈末"、"哈末事"、"为哈"，谁问起"吃了点哈"，乍听起来还以为"吃了点蟹"；"多"，又称"交关年年"；不聪明，称"乌来交关年年"；孩子不听爹妈使唤，叫"犟头拨耳朵"，倔强到底，叫"犟末犟到底，麦熟勿吃米"；撒娇叫作"发嗲"，"发嗲没个完"，叫作"肉骨肉髓"、"活人活得"；容忍对方撒娇，叫作"淫（引）嗲"；正在忙着办事，偏偏有人拉着、吵着去办别的事，叫作"夹忙头里胖（膀）欠筋"；像这又像那，叫作"既像猫儿又像活狲（猴子）"；穿着不整洁，被说成"六夹烧猪郎"；跳蚤、虱子之类在身上蠕动，说是"拨扭拨扭"、

9

"拨兮拨兮"、"痒兮兮";只想索取不愿投入叫"策白水(四)"。若把众多的方言俗语连在一起说,真是唧力告唠(叽里咕噜)、矫立唧夹(拗口),大有外国话的味道。

其实,沙地人的方言土语是极富情趣的,如果两个爱开玩笑的人相遇,往往会说:"唷,我朝也想你,夜也想你。"初听,好像朝思暮想呢,可往深里一琢磨,"夜"、"爷"同音,这就有了"爷也在想你"的意思。又如,沙地人管胡须叫"苏芽",一旦出现晚辈不听老人的话,或者晚辈顶撞、得罪长辈,有人就说:"有苏芽佬佬要叫吭苏芽佬佬爷了!"有的小孩看到豆芽菜,也会嚷着说"我要吃苏芽……"啧啧,多有趣!沙地人面对撒野或者不听话的孩子,总是说"爷伯太"、"爷叔"。"爷伯太"、"爷叔",是父亲或父亲的兄弟辈,"太"者,即"泰"也,高一辈的意思,把晚辈放到"爷伯太"的位子,足见疼孩子疼到了何种地步。还有,对于和蔼可亲脾气好的人,沙地人称之为"糯米筋团"。糯米做成糕团后粘牙又粘手,把人的个性比作具有糯米那样的黏性,能任由拿捏的手势而随其成形,也实在是太"那个"了。这些语言现象,不能不使初来乍到的人感到莫明其妙,如堕五里雾中。

沙地人方言土语的情趣,主要在于与生活的关联度和文化的含金量。如新媳妇,到了夫家的一举一动,好歹都要遭到外界的议论,于是就有了"新娶媳妇嘈三年"的说法。对于有后果的事叫"馊豆腐",一旦替人家做了这样的事,沙地人就说"捞了人家馊豆腐"。馊豆腐不能吃,拈上了手谁都恶心,大有自找麻烦的意思。另外,如果有人奉承、讨好没有成功,被说成"马屁拍在马脚踝郎上"。马屁精人人痛恨,马屁拍在不是地方,事与愿违,让马屁精接受教训是不少人翘首以盼的事,也是马屁精的必然下场,此说岂不快哉!对于办事拖拉、没有紧迫感,叫作"吭腰裤子解到脚下跟头"，嘿，这没有腰的裤子毫无收缩性，不解到脚下还能到哪里？可是在说这句话的时候，不少人又表述为"五（呒）条裤子解夺脚跟头"。试想，若把一条裤子解到膝盖骨的时候尚且不好走路，说五条裤子解到了脚跟头，走路的速度还能快得么？沙地人这两句不同表述的话，世人似乎都能认可。对于两人之间关系好，叫"好来得（粘）结"、"分啊分勿开"、"两个哑子睏夺一头"，到了这种地步，已经不是密不可分、无话可说可以概括得了。对于吹牛皮、说大话，沙地人说是"圈筛上面，麸皮册宠"。用圈筛上面的麦麸捆成册子去讨人欢心，这样的麸皮还小吗？看到人家功力深厚、胜人一筹，赞叹说"这是真生活（真本事），勿是细酿佛"。"细酿佛"，指人体的某个部位患了疮节，使其他部位也长出了小肿块，用在这里，就有了"冰冻三尺，非一日之寒"和"真厉害"的意思。对于粗制滥造、不讲质量，一般叫"拆烂污"，可沙地人叫"拆洋烂污"。干事情拆烂污不行，拆成"洋"，比"海"还大，也确实忒大了点，那不叫"洋"还能叫什么呢？把发大财，说成"发洋财"，比海还大的财，自然是洋财呀！对于鬼头鬼脑、私下里谋划的勾当，沙地人叽之为"几（鬼）簌萝卜丝"、"台底下并八字"、"几国态"。"台底下并八字"，指在桌子底下踢脚以传递情感的苟且之事，台底下交易、暗箱操作，与私下里的"并八字"没有什么两样啊！"几（鬼）国态"一词，本意指挤眉弄眼，一会儿是这副嘴脸，过一会儿又是另一副嘴脸，好像鬼怪的角色。由于沙地人的"几"与"鬼"有时同音同意思，这就一针见血地将反复无常的小人嘴脸刻画得惟妙惟肖、淋漓尽致了。

  沙地人制造方言土语的能力非常强，一种事物、一个事象，可以用多种比喻来表达。忙，叫作"忙来跳出来"、"忙来拍脚打手"、"忙来猫腻吃百叶"。熟视无睹、视而不见，叫"戳瞎狼眼"、"眼睛长在头顶里"、"眼睛壅在皮里"。

碰上恶心事、不顺心的事，叫作"触霉头"、"霉头触到秦安市"、"布冒臭"、"触帅头"。对于横下一条心、孤注一掷的，叫作"横四横、拆牛栅"。癞蛤蟆俗称"拉团"、"拉沟把"，有人两眼直勾勾发愣，叫作"眼睛就像淋雨拉沟把"；走到哪里算哪里，说成"拉沟把吐过逆（日）昼午时"；非分之想，叫作"拉沟把想吃天鹅肉"；只吃不做，被说成"拉沟把吃夺岩岩坐"；不能胜任的事勉强去做，叫"拉狗把垫台脚"；谁个装死，叫作"诈死拉团"。差距比较大，叫作"大脱虚远"、"推扳一笾一薄孛"、"裤子头着袜——脱脱一段"。不按对方的原有意思办事，叫作"七划缠夺叉杠"、"搞七搞八"、"绞百叶结"。过分精明、吝啬，被说成"把细"、"测骨测髓"、"一钿勿落虚空地"、"麻皮勿落粪坑"、"撒屎用泵筛"。对于子虚乌有、捕风捉影的，沙地人说其是"隔山召宝"、"东召葫芦西召瓣"、"依虚约匀"、"大约冇酌"。不说实话，被人指责为"插虚乱讲"、"指东话西"、"朝南站着朝北话"。待人接物不热情，办事不利索，说成"有气死人"、"死仰活气"、"幼扭拨兮"。事情真相对张三瞒得密丝密缝，沙地人说"张三被关在门兵里"、"张三被灌在麦麰里"，如果张三不知不觉地被卷进矛盾圈，还被说成"张三被颠在夹被里"。方言中同一个字，用在不同地方，还会产生不同的意义。就说"宠"字，原是偏爱的意思，但一旦买到了次品货，沙地人就说"今朝买了'宠货'"、"今朝被斩了'宠头'"；见到恶少、社会黑势力的成员，沙地人往往说"宠头，这个宠头"；谁个丢人现眼出了丑，沙地人就说"大家跟着塌宠"。沙地人的方言土语把事物与事象表达到这种程度，实在是多姿多彩、形象生动！

　　我国的成语典故等传统语言，在沙地的方言土语中也得到了很好的继承和发扬光大，如事情不能"一蹴而就"，他们说"一锹不能掘口井"、"一口不能吃成胖子"、"才吃三天素,就想上西天"。"五十步笑一百步",沙地人说"他屎(尿床)话哈咱屎(撒尿)"、"呒得比我好到哪里去";对于"聪明反被聪明误",沙地人说"乖做乖,脱(帮)别人提草鞋";对于"每况愈下"一句,他们说"瓦屋改仔草屋蹲,草屋改仔'滚龙厅'"、"麻布袋、草布袋,一袋不及一袋";对于好梦难圆、希望落空,沙地人说"今年望夺明年好,明年仍着一件破布袄";对于"忠言逆耳"、"好心当作驴肝肺",他们说"勿上台盘"、"火到猪头烂"、"烧狗肉勿吃,要吃炖狗肉"、"勿吃便宜货,要吃夹底货";对于"金玉其外,败絮其中"的,沙地人说"绣花枕头稻柴心"、"外头好看里头空"、"泻咱(聪明)面孔呒肚肠"。

沙地人滨江临海,方言土语中不少带有"沙"、"江"、"海"字的。新中国成立前,许多沙地人的饭碗、菜碗,用的都是黄泥烧制的陶质钵子,统称为"砂锅",由于叫花子乞讨使用的也是这类"砂锅",于是沙地人也称叫花子为"砂锅",称不愿学好的人则为"砂锅坯",如果两个同样身份、同样命运、同样遭遇的人争执、吵架,有人会说"两只'砂锅'(蛮钵头)之间砍(相碰)哈末事"。旧时办酒席叫作"办海菜",大碗叫"海菜大碗",形容窟窿大而深,叫"落落海海",形容酒量大曰"海量",歪着脖子爱理不理的样子叫"告劣海波(海螺)",比芦苇粗、大、高的叫"江芦",小孩在太阳底下晒得亮晶晶,说是"就像走油江猪"。社会各方面也日益彰显出江海文化的韵味,那些黄海路、黄海公司、长江路、长江商店、长江啤酒什么的比比皆是,连一些人的名字里也都冠以"江"呀"海"的。常常挂在嘴边的有"海滩头开店——外行"、"海枯石烂心不变"、"人不可貌相,海水不可斗量"、"长江后浪推前浪,江山代有人才出",还有"石桥汆、木桥沉,东海车干起蓬(浮)尘"的唱词;就是小孩尿床,大人也说"昨晚跑海去了";不少业余作者还把"长江腾细浪"、"黄海水滔滔"作为歌词的比兴句;党政领导也开始注意起方言土语的作用,时不时地在讲话中用上几句,以期达到互动的效果。更为乐道的是,沙地人的方言土语已经走进文学殿堂,开始为众多的人所接受,如启东市文联前秘书长施伯冲先生的小说《欲望城》,就使用了"趁势之"、"火出火焰"、"花绿驳赳赳"等方言土语。

沙地人方言土语产生、传承、使用、交流的过程,实际上也是一个不断新陈代谢、推陈出新的过程,他们对于"家和万事兴"、"邻舍好、赛金宝"等方言土语口承相传、倍感亲切,对于那些陈旧过时、不合时代节奏的如"钞票勿怕束手"、"袋口朝上长(装)"等方言土语,已经很少有人使用,而新的、健康的方言土语如"自己嘴巴歪,别怪茶壶漏"等正在不断滋生。

应该说,沙地人的方言土语是沙地人的财富、沙地人的骄傲,也是沙地人行为准则的外在流露。

俗话的俗与雅

沙地俗话是与沙地雅言相对而言的一个概念,粗俗有余、褒贬相间,属于方言土语中的另类,原汁原味的原创性特征比较明显。

骨种、棺材朽头、做女婿卵(男子的生殖器)也勿带、马桶豁枒、他屎(尿床)话哈咱屎(撒尿)、量好屁股扯屎布、撒尿撒在脚背上、一场尿撒在河里、马桶乓里捞一把、类草堆上跷脚⋯⋯这些是单句型的。

江北人拉屎——硬一个头、隔岸种高粱——红屎也拉不得、五只猫腻呒得卵子(睾丸)——胡(无)乱猫腻、马桶里滴指头——凑(臭)手⋯⋯这些属于歇后语式的。

雌螺蛳趴在雌螺蛳洞里、雄螺蛳趴在雄螺蛳洞里,贪强(便宜)买来骨里酥,黄沙夜壶爆了一被窝……这些属于谚语式的。

"叫伊朝东、伊要朝西,叫伊端凳、伊要掮梯,叫伊吃咸瓜、伊要吃腌荠,叫伊屏气、伊要放屁"、"娘舅娘舅,喝酒像漏斗,吃饭像饿狗,困采(睡的时候)像死狗"、"有种像种,冬瓜直笼统,茄子弯柄棕"……这些都是歌谣式的。

细细品味,不少俗话俗得有趣,俗得有理。

骨种,储存死人骨头的坛罐,也有人称其为淡水坛,骂人语,但在实际运用中往往浸透着疼爱的意思。小孩长得可爱、野得厉害,大人用疼爱的口气说"我家这个小骨种这样野"。妻子骂自己男人的时候也是这种口气,"骨种,你这个'丘'骨种",边骂边打,拳头却是空心的,夫妻间哭笑打骂的情趣被浓浓地渲染了出来。

棺材朽头,快要死的年龄。

坏窑里烧勿出好砖头,近似刻薄语,比喻这个人生不出好的子女。

"脱脱(掉)裤子捞系腰"一句,听起来好像说的是赤身裸体、不成体统,其实是在通俗地向他人表明当事人的态度,意思是,就算我穷到脱掉裤子只用系腰遮羞的地步,也要办成这件事情。与此意思相同、相通的还有"极章程八步"、"癞蛤蟆垫台脚——极撑"等,这些作为口头禅,也常常被人运用。

江北人拉屎——硬一个头,一比喻办事虎头蛇尾,二是指犯罪、犯错的人在事实面前先是矢口否认,抵赖不了后又满口承认。

"马桶豁枹"一句也很有趣。所谓"马桶豁枹",指洗马桶的工具。沙地人喜欢把没有主见、没有立场、墙头草、随风倒、人云亦云、随着别人指挥棒转的人,比喻成"马桶豁楞"。稍稍留心咱们便可以发现，以前倒马桶的人手里揪着的那簇竹篾，主动权全在使用者的手里，手往哪个方向转，它也跟着往哪个方向转，连同马桶里的水也一起顺着该方向转，实在是贴切、传神。

"他屎（尿床）话哈（啥）咱屎（撒尿）"一句，原意是一个犯尿床毛病的，不该有什么资格去议论正在撒尿的人，还是保持沉默吧。这与"五十步笑一百步"的意思同样深刻，真是入木三分。

"嘴里吃一个，筷上搛一个，眼睛盯一个"，此话的使用频率也相当高，意思也十分明显，除了给嘴馋、胃口好、吃起来不顾形象的人画像之外，同时也被用作宣传教育的习惯语，鼓励他人在发财致富、开发项目的时候，也要像宴席上吃菜那样吃着、搛着、盯着，做到步步不落空。这样的比喻，使本来为贬义的语句变成了褒义，让人欢欣鼓舞，油然而生敬意。

还有"雌蟛蜞趴在雌蟛蜞洞里，雄蟛蜞趴在雄蟛蜞洞里"，说的是雌雄蟛蜞们从不胡乱地去占领异性的洞府，沙地人运用的时候，一方面比喻认真负责的事象，另一方面也比喻呆板、缺少灵活性的事象。"量好屁股扯屎布"，指办事精打细算、不愿浪费的意思。"屎急做坑床"，是在说，等事情迫在眉睫了才动手做大便的架子，为时已晚，这和"平时不烧香，临时抱佛脚"的意思非常相似。"贪强（便宜）买来骨里酥，黄沙夜壶爆了一被窝"，揭露贪图小便宜的人买了不结实的东西酿成的苦果。"马桶乓里捞一把"，讽刺占便宜的人连女人马桶角里的月经布也不放过。"狗肉勿吃，狗肚肠托（全部）识"，比喻这个人干练、精明，洞察一切，凡事休想瞒得过去，与"麻雀飞过看雌雄"有异曲同工之妙。"咽窝田里出牙齿"，意思说，不该生牙齿的地方生出了牙齿，告诫别人：不该让你出头的地方，你就别嘟嘟哝哝地啰唆着。还有那"隔岸种高梁——红屎也拉不得",看似简单的一句,其疑心病患者的形象可与古代寓言《失斧疑邻》中的主人公相媲美。

更有一些俗不可耐却又俗得可笑的话句,直到现在还在发酵着、认同着、运用着。如"剪脱指甲抬卵泡",小心伺候别人的意思。"过桥摸卵子",过分胆小、不放心。你看,过桥都怕那裤裆里的东西掉下河去,胆子大得了吗?"精屎刁卵",专指小气、斤斤计较、不肯在朋友身上花钱的吝啬鬼。"撒尿撒在脚背上"、"棉花条操屁股——软弄弄",比喻自身硬不起来,底气不足、办事不力。"冷水里浔小屌——越浔越皱",是指每况愈下的意思。"有操娘去、有人娘来",常常用在做生意的成功与否上,意思是:你不买我的,自然会有买我的人来。"勿操你娘,勿叫我爷",是说对你不严厉、不下狠心,不教训,你不认得我是谁。"小屌下水,卵抛也下水",大有一根绳子上拴着的蚂蚱、一荣俱荣一损俱损、大家容易大家难、要死一块死、谁都别想逃得了的意思。是啊,男人涉水,小便的东西都下水了,那个睾丸不下水才怪呢。挺有雅气的含意,却用挺粗俗的语言表述,体现了沙地人的牛。

过去,生活中经常发生这样的情况:某些男人开始的时候对中意的女人说,让我在床前的踏板上坐一会,后来又说在床沿上坐一会,再后来就钻进被窝里去了。这种事象,用文人的话来表述,叫作得寸进尺、贪得无厌。可是沙地人的老祖宗们没有那么多讲究,说话不会修饰,于是说"踏板头上捱捱,捱到床沿上;床沿上捱捱,捱到被窝里",并以此沿用到相同的事象当中去。如果类推一下,无数俗话都是这样因事而生地诞生着和传播着的。

粗俗的"出口货",说者只顾自己顺口、滑爽,便出口了,而受众们,有的喷饭捧腹、继续发挥,这是粗俗话的市场;有的发愣发呆、直犯嘀咕,这是对粗俗话的质疑;有的羞于启齿、嗤之以鼻，这是视口无遮拦、满嘴粗话为不文明，也是对粗俗话的抵制……在这样的背景下，视粗俗话为不文明的受众们就想办法去优化、提升、改变，有的干脆删改，如"隔岸看戏——依稀约绰（模糊不清）"这句话，是目前还在流行着的歇后语，可在20世纪50年代前后的原话是"隔裤子看卵（睾丸）——依稀约绰"；"嘴巴歪，怪茶壶漏"一句，也由"屄歪，反怪马桶漏"一句演绎而来，活灵活现的，是给强调客观因素而不从自身找原因的人的素描。"小屄勿叫改叫卵"，现在不少人改说"这个勿叫，改叫那个"。又如光说歇后语的前半句"马桶盖上放担绳——"、"马桶里火着——"、"夜壶里田鸡（青蛙）——"。两相比照，旧句确实粗俗、庸俗、低俗，新句和留下的半句就雅典、文明、隐晦多了。

汉字历来有会意的特点，炎黄子孙也有拆字的传统和按照各自的理解去发挥的嗜好。"上谓风，下谓俗"，这个"俗"字，按照字典的解释，也是习惯的意思。如果从字形结构的角度去看，再用拆字法去图解，"俗"有两层含义：第一层，"俗"字由一个"人"字、一个"谷"字组成，人吃谷，不免从俗；第二层，"俗"字左边立着一个大"人"，右边凑着两个小"人"，三个"人"一个"口"，小人跟着大人说话，也就成"俗"了，意思是，人从小就从俗了。

再把"俗"字与"雅"字比较一下，"牙"、"佳"成"雅"，经过牙齿的作用，咀嚼到"佳"的程度时出现雅的状态；而"俗"字用"口"不用"牙"，不需要咀嚼、不费工夫、张口就成，人们贪图省力、便当，说出来的话自然就粗了，这算是俗话的惯性吧。这样一想，对于一些俗话、粗话也就见怪不怪了。

好在也有讲究雅气不图省力的，这就为俗话提供、奠定了雅气增生的条件和基础，也让世人在回味、欣赏沙地人语言习惯、生活情趣的同时，看到了俗话由俗变雅的路线图。

土话的句式、音韵和意蕴

沙地人的方言土语听起来土里土气，看上去不伦不类，外地人说起来又拗口难学，但是只要仔细品味，就会发现沙地方言有很多精妙绝伦之处。

首先，沙地方言有着句式上的自然美。就目前归类仅存的三千多句沙地方言看，从其形成的那一刻起，就有了相沿俗成的固定句式。

一字句的有"丘、寿、嘎、杠、咸、嗨"等，二字句的有"扫劈、看眼、眼锋、麦环、嘈三、口碎、弄风、拉嗨、精转、精会、搞作、霍肉、粘劲、斜绰、连千"等。

这些单、双字的句式，一般情况下似乎不能产生视觉上的美感；当把三个字以上的句式排列在一块，其形式美的感觉就会很快地凸显出来。

三字句的如：缠夺你、裁过你、逮逮你、现拍现、做手货、卸肩胛、寻雀巴、僵索索、豁脱货等。

四字句的如：偷偷月变、挑松麦秸、偷吃素饭、插虚乱讲、索落爽当、对穿石过、阴干阳易、偃息寞息、钿钿上串、进口落梳、绊肢拉脚、一世拉介、舞拉痴作、百有解搁、焉焉瘪瘪、藤皮塌脸、痴聋慢话、磕头搏跌、纽结裹结等。

五字句的如：一筇一薄李、悬空贴壁脚、悬空吃麦粥、馋唾喇喇咽、白茫二三寸、跌翻触头棒、戳翻丫鹊窝、乌春教百哥、千钿数里没、牵勿得长算、筷头竖起点、穷来嗒嗒滴、婆婆算盘珠、啃搜摸壁髭、侃在石柱上、老吃芭蕉扇、八钯钉转爪、兑差胖肚子、几束萝卜丝、揪在软裆里、贴点航江水等。

还有六字句、七字句、八字句，甚至更多的。面对这些排列整齐、形式多样的句式，首先在视觉上有了美的感觉，可谓眼福不浅。

其次，沙地方言有着韵律上的美，表现在押韵、合辙上。按照常理，方言是口头语言，音韵合辙不是表达的时候刻意追求的首要选项，可是梳理、归类后发现，沙地方言的韵脚竟有豪条辙、姑苏辙、侯求辙、人勤辙、唐江辙、庚东辙等十三个，相同音韵的语句连起来说，又会有着惊人的效果。豪条辙的盖招、旱强盗、现开销、念牙朝、掐漏爆、千千叫、一出扫、啄头啄脑、寻头揍脑、一勃唠嘈、呒心唠叨、四丫仰跷、露水夜猫等句式，姑苏辙的老慢拖、做手货、随手吐、垫脚肚、捣糯糊、拆烂污、刹屁股、毛估估的句式，侯求辙的丘、寿、丘头、寿头、抛堆头、缠毛头、人行头、调路头、捉猪捉狗、抢脚踏手、踏头翘头、腻绿绸绸、隔夜火钵头、踢豁脚板头、反拍一榔头、东字西出头等句式，和人勤辙的逗转魂、夹壁整、去货灵、刹脚跟、后半三汛、抖拨抖迅、饿喝囵吞、勿直撸进、扯叫勿灵、提提痧筋，以及寒前辙的寻铜钿、落铜钿、轧过年、乱台面、直叉前等，它们好像诗词、歌谣、谚语、顺口溜，抑扬顿挫充满了音乐感，听起来悦耳舒心，连瞎子也会一饱耳福，增加了美的享受。

再次，沙地方言有着意蕴上的美感，即沙地方言含意深刻，独具穿透力。"丘"、"寿"、"嘎"、"咸"、"丘头"、"寿头"等虽然只有一两个字，但义理都不是三个字、四个字所能够表达清楚的。一心捞外快、占便宜，吃相差谓之"丘"；不听劝告、不识好歹谓之"寿"。"寿"字与猪头的皱纹形状相似，在沙地方言中又与商纣王的"纣"字同音，言其不能算做人。拎不清、不开窍谓之"嘎"，同事朋友间不肯用钱谓之"咸"。这些方言，不管是说者还是被说者，也不管是有意还是无意，句句一针见血、入木三分。

"隔夜火钵头"一句，原意是过了一夜的火钵子。旧时不少农户用黄沙烧制成的钵子盛火灰，以代替取暖保暖的烘缸，俗称火钵头。这种火钵头过了一夜，一般都会熄灭，但也有例外。有的时候，家人把灰倒在羊棚或者名叫灰堆的地方，一旦丢弃的灰里有火星，又正巧羊棚、灰堆边有芦柴什么的，这样，火星会在人们的不知不觉中燃烧起来，这种复燃的死灰烧起来连救火都来不及，民间称为隔夜火钵头。把这种现象运用到人事关系中，就有了新的意思，与戳笔头讼师、挑松麦秸、煽风点火、挑拨离间相似。这些意蕴深刻、意境优美的方言，有着警世、醒世的作用，往往使人茅塞顿开，具有启迪人生的功效。

"宅沟都靠不着，还想靠泯沟"一句，从字面上看，意思非常浅显，只表明"宅沟都指望不了，别想去指望泯沟"的意思，但透过字里行间仔细咀嚼，还有"儿子都依靠不了，想去依靠孙子，哼！做梦呢"的意思，深刻地揭示了父靠子养希望的破灭。

方言，是一个地方、一个时代的记事标识。曾几何时，由于普通话的推广，沙地方言的生存空间一度受到挤压、面临威胁，但从历史发展的角度看，新陈代谢是地方语言的发展规律和必然趋势，要紧的是，相关方面如何做好救护工作，把行将消失、消逝的传统整理出来，留给后人，让后人了解并理解他们的前人曾经有过的和用过的东西。

"头"字现象

在沙地人的语言环境中，很多词语将"头"字用作词缀，给生活平添了许多色彩。

词缀分前缀、中缀、后缀，在沙地人中间，以后缀最为普遍。于生产生活方面的：锄草的工具叫"锄头"，"铁拉"与柄相接的地方叫"铁拉脑头"、"铁搭头"，钉耙与柄相接的地方叫"钉耙脑头"、"钉耙头"；铁锹柄的横杠叫"锹嘀头"、泥络的横杠叫"泥络横头",铁铲角叫"斜凿头",扁担两端叫"扁担头"。芋艿子叫"芋艿头",老根部分叫"芋艿老头",用剃刀刮光头发,有时也叫"芋艿老头"。包子叫馒头,蒸包子叫"蒸馒头",过一段时间加热再吃叫"烀馒头"。睡的床铺,有"床横头"、"床沿头"、"踏板头"。还有"灶头"、"灶口头"、"铲刀头"、"朴(薄)刀头"。烟蒂叫"香烟头"。只要稍微留心一下,文化气息往往就是从这些事象、物象中散发出来的。如有的农户雇人打工,眼看下班时间到了,还有一小片没有完成,如果明天再请工,明显不划算,这时候,户主出面打招呼,或者通过某人转个弯(委婉地)说:"大家辛苦点,这点生活,铁搭头上、锄头角上、斜凿头上、扁担头上帮伊带回转。"这样一说,本来要剩余下来的活,当天也就干完了。对于寡妇不再嫁人却又与人私通的,叫作"男人家勿嫁,踏板头上鞋子摆摆"。碗、筷,在一定场合又叫"碗头"、"筷头",人来客去,有的人家喜欢"碗头"装得满一点,有的人家喜欢"碗头"装得浅一点;有的人,平常自己节俭一点,被说成"筷头"竖起点、"筷头"上省一点。比碗大,又用黄泥烧制成的器皿叫"钵头"、"蛮钵头";比面盆小,比碗口大,又比"钵头"高的容器叫"缸头",缸头分"大缸头"、"小缸头"。

沙地人管田地叫"田头"、"地头",路边叫"路头",住宅建在路边的叫"路宅头"。屋子前边的场地叫"场头"、"场坎头"、"外头",长年在外的也叫"外头"。在宅子附近的叫"宅角头"、"屋角头"、"屋檐头"、"街沿头"、"门口头",负责家里人来客去的叫"值门头"。

镇叫"镇头",街叫"街头",远离镇中心的叫"镇梢头"、"市梢头"。有干劲叫"劲头",满怀信心向前奔叫"奔头",老汉叫"老头",生的女儿叫"丫头",双方之间关系好叫"饪(有黏性)头",出手大方叫"派头",获利叫"甜头",亏本、失利叫"苦头",不识好歹叫"寿头",说话办事没个准叫"宠头",拿很少的东西想去获取很大的利益叫"唤头",废话连篇叫"非头"、"摊头"。一心占便宜叫"便宜头",走在队伍前边叫"靠前头",紧随其后叫"跟在屁股头",跑得飞快叫"发屁头",来而不往叫"呒吃头",运气不好叫"触霉头",没有心计、不长记性叫"呒得肚肠头",眼光不远叫"只看脚跟头",人们又管双胞胎叫"双胞头"。

人的身上,前额叫"额角头",手指叫"手节头",脚趾叫"脚节头",紧挨五个脚趾的部分叫"脚板头";在身边叫"手跟头",在脚边叫"脚跟头",不在身边叫"勿在手脚跟头",贴近耳边叫"腻(耳)朵当头"、"腻(耳)朵边头",眼前叫"眼睛前头",鼻子叫"鼻头",鼻头还分颜色,跳梁小丑如戏剧舞台上的奸臣之类叫"白鼻头",挑拨离间、出卖朋友、透气鬼之类的叫"蓝鼻头"、"黑鼻头"。入了睡叫"眈头",小孩贪睡叫"眍盲头"。经常吃喝,吃得多,叫"牙齿吃来木墩头",见风使舵叫"看风头",与不相识的人挑逗叫"调路头",凭空捏造叫"嚼舌头"。

沙地人又管太阳叫"日头",不是整数的叫"零头",煮熟了的猪舌头叫"赚头",墙壁根部称"壁脚跟头",针、纱、线叫"针头"、"纱头"、"线头",零碎布叫"布头",布做的袜子叫"袜套头",能撑大鞋子使其变得饱满的木制工具叫"鞋楦头",短裤叫"裤子头",木匠讲究"凿榫头"、"装榫头"。动不动亮出自己与某某人有某种关系的人叫"捐牌头",嘴巴硬后来受不了拷问又求饶的叫"叫回头",不稳重的人叫"轻骨头",互不相让叫"钉头碰铁头"、厕所叫"坑栅头",个性强叫"茅柴头",浑身是肉不见骨曰"肉段头",什么也没有叫"屁塌头"。

按理说,"头",首的意思,为首,就是第一,可是这个"头",在沙地人的嘴里,有时又有了最末、最后的意思。小

"头"字现象

孩吃饭剩下最后几口,叫"饭碗头",女人生的最后一个孩子,叫"奶末头"。以前妇女时兴织布,有人问:"还有多少没有织?"回答说:"没有多少了,再有一个布机头。"这里说的"头",就是"还有最后两三尺"的意思。

沙地人滨江临海,波浪叫"浪头",海水深浅、多少叫"水头",下海人称潮汛为"潮头",海蜇红的部分叫"海蜇头";沟有沟头,河有河头,根据方位不同又有东河头、西河头、南河头、北河头之称,沟边、河边、港沿、港边,又叫沟沿头、河边头、港边头、港梢头,海滩叫"海滩头",到海边被说成"海边头"。地名有"大洪头"、"小洪头",沟鱼、河鱼还有"黄鲢头",什么人性格内向、不善言辞、动作迟缓,会被别人叽为"余水黄鲢头",小孩尿床又叫"失潮头"。

带有"头"字的格言谚语也经常出现在沙地人的生活中,不离家乡不出门的叫"近末灶口头、远末灰堆头",有了钞票很快用完叫"钱勒手头,蚀勒口头";气象方面的有:"小暑不见日头,大暑晒开石头","乌头风,白头雨","乌云接日头,半夜雨稠稠"。"海滩头开店——外行"的歇后语,已经超出地域范围,成了许多人喜欢的日常用语。

人们曾在"头"字上做过不少文章,顺口溜就是最拿手的杰作,有一段叫作《张老头》的顺顺口溜说:张老头,住在东边市梢头,五十多岁生个胖丫头,又白又胖就像肉段头;张老头喜心头,发了糖块还要发馒头,伊话今后生活更加甜蜜更加有奔头,要在奔跑当中跑在靠前头。

沙地人对于"头"字的运用,并非始自沙地人本身。有人做过统计,仅元曲三百首,"头"字就有232个。白朴《沉醉东风》中有"黄芦岸白蘋渡口,绿柳堤红蓼滩头"句,伯颜《喜春来》中有"皂盖朱幡列五侯,山河判断在俺笔尖头"句,张鸣善在《水仙子·讥时》中有"两头蛇南阳卧龙,三脚猫渭水飞熊",徐再思在《水仙子·夜雨》中有"江南二老忧,都到心头"句,《红楼梦》中的对联就有"身后有余忘缩手,眼前无路想回头"句……这就表明,第一,前人对于"头"字的运用非常普遍,第二,沙地人现在还在使用着的"头",是在传承中发展着的。

鲁迅先生在《门外文谈》中说:"方言土语,很有些意味深长的话,我们用起来是很有意思的。恰如文言的用古典,听者也觉得趣味津津。"黄遵宪对"流俗语"也推崇备至,他指出,"最干净的水是泉水,最精练的话是谚语",谚语是"语言中的盐"。"头"字作为沙地话的词缀,可以说土而又土,就是这土的"盐",为沙地语言、沙地文化起到了"调味"、"润色"的作用,才使沙地文化凸现江海本色。

如歌似诗般的谣谚

谣谚,是以民谣、谚语为特征的民间日常用语,通俗的说法也叫谚语式歌谣,内容涵盖社会生活的方方面面,是各地民众在长期的社会实践中创造出来的文化精品。内容简洁明快、自然流畅,说起来抑扬顿挫、朗朗上口,听起来有板有眼、韵味十足,无疑是一种美的享受。

"萝卜青菜,各有所爱",精炼地概括出了这样一条道理:世人情趣各异,都在以各自的标准欣赏着自己所喜爱的事物。

"亲戚越走越近,朋友越走越亲","一个篱笆三个桩,一个好汉三个帮",又言简意赅地揭示出了建立良好的人际关系的重要性。

谣谚都是以客观存在的世事现象为表述对象,幽默风趣,形象生动。如"老婆屋里盐荠汤,老公外头'抛天庄'"、"丈夫打工提砂浆,娘子打牌搓麻将",前者活脱脱地映出了含辛茹苦、省吃俭用的农家妇女形象;也让人看到了一个赌徒的形象,后者则映出了不顾丈夫死活、只顾自己赌钱的妻子的形象。还有如"打桁木头大扫帚、露水棉花站(长得饱满)毛豆"、"蟑螂对灶鸡,坏扫帚对兀(缺口)畚箕",把个手脚不干净的人物形象刻画出来了。

谣谚与生活越密切,在口承相传的链条中,其生命力也就越强。如"三天勿吃盐荠汤,脚踝郎里酥汪汪(没有劲)"、"盐荠烧豆瓣,大家豁(吃的意思)一筷"等。这些谣谚经久不衰,堪称日常用语中的经典。

什么样的环境,什么样的风俗习惯,谣谚创作者们有什么样的心境,便会有什么样的谣谚产出。2005年春,启东市合作镇有对农村青年结婚,闹洞房的人写下几句话,要新郎的父亲照本宣科,新郎的父亲还真的执行起来,大声读道:"走走走,走到媳妇(沙地人均称儿媳为媳妇)房门口,媳妇朝我摇摇头,丈夫没有走;走走走,走到媳妇房门口,媳妇朝我点点头,丈夫已经走。"短短几句,引得哄堂大笑。

民间谣谚,对于没有文化的人也可以出口成章、"现炒现卖"。20世纪六七十年代的一天,启东市近海公社一位没有文化的生产队长在仓库前传达完上级会议精神,就让大家下田劳动,群众说:"怎么不让大家民主、民主,讨论一下呀?"这位队长脱口而出说:"民主(音:子)民主,鹅咙鸭嘴(音:志),总而言之,队长一人做主。"

民间谣谚受社会价值取向的影响,思想倾向性十分明显,具有鲜明的时代特征。20世纪50年代,中国农村掀起合作化高潮,男女老少都在念叨"楼上楼下,电灯电话",20世纪60年代前期,党和政府提倡种田为革命,全社会到处流行"身居农家,胸怀天下"、"站在长江口,放眼五大洲"、"手握铁搭柄,一样闹革命"。这些谣谚有着特别强的时代性,旧话重提,总觉得当年的时代气息还在自己的血液里涌动。

市场经济直接影响着人们的生活,现在人们喜欢用"穿衣讲漂亮,吃饭讲营养,住房讲宽敞,出门坐车讲舒畅"来概括自己业已提高的生活质量。

谣谚还是民众揭露、批判歪门邪道、社会不正之风的有力武器。2004年的安徽省阜阳市"劣质奶粉事件"轰动天下,国务院当即派出调查组,可是当地干部敷衍了事,搪塞过关。老百姓就说:"村哄乡,乡哄县,一直哄到国务院。"此类谣谚如匕首,似投枪,锋芒毕露,极尽讽刺意味。

谣谚一般出自无名氏之口,谁也不知道其作者是谁,但也有说起谣谚,经历过那个年代就能联想起作者的名字的。如"宁愿少活二十年,也要拿下大油田",一听就知道这是20世纪六七十年代中国工人阶级的代表、铁人王进喜说的。又如"群众把我们看作希望,我们不能让群众失望",一听就知道这是好党员、人民的好干部张云泉说的。

实践表明,凡是脍炙人口的谣谚,都是经过优化、提升后被用来展示特定内涵的。如:农业银行通过征集,用"农行借记卡,伴你走天下"做广告词,有人以"敬业永留心中,奉献付之行动"为自己的座右铭,有人以"只要有志气,不怕起点低"作为自己的警句。类似这样的谣谚,正在以几何级的势头增长着。

健康的谣谚,能警示人、激励人、鼓舞人。落后的谣谚,不但影响形象,让人恶心,还会涣散人心、瓦解斗志、影响关系、影响工作。然而由于思想的多样性和不同社会角色的客观存在,别有用心和胡乱表达自己思想的谣谚创作者们说什么也不可能绝迹。2004年冬季征兵体检的一天,几个体检青年在某娱乐天地打球,一位青年蓦地冒出一句"脑子搭僵,乌虫掮枪",产生了一定的负面影响。

谣谚作为文化的表现形态之一,对于表达者来说,是事况情状的真实反映,个人思想的表达行为;对于社会来说,又是公认义理的规范现象,思想落后者说"脑子搭僵,乌虫掮枪",思想先进者针锋相对地说"只有'脑子搭僵',才说'乌虫掮枪'"。

由于人的指导思想、心理作用各不相同,兴致所致,高兴时把人说成一朵花,厌恶时把人比作烂冬瓜的现象并不鲜见,对于同一事物出现截然不同的表述法也不在少数。例如对于钱的问题,有的说"金钱是个宝,人人少不了"、"一切向钱看,就是英雄汉"。有的说"金钱不是万能,没钱万万不能"、"一切向钱看,分明痴呆汉"。

民间谣谚都是因事而生、有感而发,受心理驱使,用标识(语言、动作、线条、笔画、数字、文字等符号)表达,根据具体情况各取所需,既是执政者言行举止在民众心目中的"体温计",属于老百姓思想行为的必然反应,也是民众喜恶、扬弃的标志,其产出地就在里弄社区、街道田头、机关学校、家庭社会的角角落落,具有很强的可创性、可导性、可塑性。它们的生、长、消、息,与地理环境、风俗习惯这些"土壤"条件有关,与政治空气、社会风气这些气候条件有关,更与民众心理作用这个人为条件有关。这叫作生有根据,根据在于事物的存在状况——象;成有原因,原因在于人。在"气候"、"土壤"、"人为"这三个条件的相互制约、作用下,人们的兴致、情趣和思想情感的消长增减,直接影响着谣谚生长消息的速度和滞留扬弃以及其时代印记的鲜明程度。在这里,民间谣谚"人为调谐"的作用凸显得一清二楚。

自成语境的顺口溜

沙地方言中的顺口溜非吟非诵也非唱,与人交流的时候全是说话口气,经常使用的有:三岁定八十,到老育不直。礼拜六（音读"落"），早放夜晚学（音读"鹤"）。吃光用光，勿喊冤枉。勿怕勿识货，就怕货比货。三十勿发，四十勿富，五十、六十走死路。人末（虽）穷，夜壶同。生意兴隆，前吃后空。掀庭轰隆，馒头大似蒸笼。金窝银窝，勿及自家狗窝。灶涂勿嫌柴蠢，丫头勿嫌娘蠢。烧火勿怕湿柴，蛮（慢）丫头勿怕恶（后）爷。云乓里日头，慢（后）娘的拳头。玉米籸饭茄脚柄，越吃越得劲。初三潮十八水（死），眨眨眼睛涌到嘴（子）。丈母娘看女婿，越看越欢喜。干枯涝涝，丈人家跑跑。借多还少，勿赖就好。穷爹娘赛祖宗，改换衣衫旧门风。伊吃别人哈哈笑，别人吃伊双脚跳。一物对一物，菩萨对念佛。绞七念三，裤子头当背祖。十七八，快手姑娘杀只鸭，廿七八，月上捐铁搭。这些顺口溜与歌谣、谚语最大的区别，在于句句押韵，一口气能够连说多句，而且说者百说不厌，听者也百听不厌，非常招人喜爱。

社会行业中的泥匠、木匠所使用的劳动工具，因其形状的长短大小各不相同，沙地人就说"长木匠短铁匠，勿长勿短泥水匠"；发现有的人在干活的时候胡乱应付，就说"三七锄头念八倒，绣花锄头像马跑"；有的人掌握了某人的性格特点，从早到晚紧盯不放，于是又说"摸着黄牛骱，一日叮到夜"；倒插门的女婿在家里没有实权，沙地人便说"灶头镬子里生（里边的那口锅）度（大），养老女婿老婆大"；做了几十年夫妻，妻子从来没有发现丈夫有出轨的迹象，后来竟然发现丈夫瞒着自己与他人有染，于是妻子们说"十条裤子九条筋，勿知丈夫啥个心"；生活清贫的人家，家里只有很矮的凳子，为了自我解嘲，他们又说"低凳高台子，拉采（出来）就到嘴"；揣摩他人心思，他人不认账，于是就反讥人家"麻袋里锈钉，自出本心"；对于只希望进钱、不愿意出钱的现象，沙地人又说"进账好像下圆子，出账好像倒勺刺"。如果想要追寻这些顺口溜产出的源头的话，日常的生产、生活就是这些顺口溜的产出地。

这些顺口溜，每一句都述说着一个事象，形成一个完整的意思，属于自成语境的语言形式。"打水鱼头痛，敲冰水纹动"，意思是：用竹子、棍子打水，鱼以为捕捉的来了，大事不好，感到头痛；在结冰的沟河里敲打冰，没结冰的地方就起涟漪。

"粮户下巴一揬（一开一合），穷人要跑一夏（夜）"，有钱有势的人轻飘飘地只说一句，穷苦的人就要从黄昏忙到天亮。

"太太婆忙了一昼，孙媳妇跑来一透"，婆母的婆母做烧饼什么的忙了好长时间，孙媳妇跑过来只不多时间，就把所做的都吃掉了。

"虿（笃）脚姑娘拐（跛）脚嫂，各人张夸（争夸）自家好"，意思是：一个瘸腿的姑娘，一个跛腿的嫂子，两个人都不承认自己的毛病。整句话将不做自我批评、只顾标榜自己的人的嘴脸给刻画出来了。

"舌头底下打个滚，说话办事不蚀本"，打招呼只不过是舌头尖上打一个滚而已，说话也好、办事也好都不会亏本。

有一则顺口溜说：招招天拍拍地，夜来宿夺（在）壁角里。这是一则谜语的谜面，谜底是榈（连枷）。以前打麦打谷用的榈，拍打的时候一上一下的，抬上的时候真的像在招天，打下的时候确实是在拍地。这则顺口溜好像是在写生，实在耐人寻味。

还有"算斤算两，弄只小鸡养养"、"自家白是嫩，别人白是病"、"闸鸭蛋炖酒，留留你阿舅"，"左手勿托右手，外甥勿托娘舅"、"面孔黑溜秋，睏到开年（明年）挖乌秋"、"乖做乖，脱（帮）别人提草鞋"、"拼头笃搁，勿及冷饭掺粥"、"床歪歪被凑凑，被短短脚赳赳（卷曲一点）"等，意思也都跃然纸上。

语言交流中的顺口溜也有三句、四句式的。例如"一个半斤，一个八两；一个欺心，一个勿让"、"爷有、娘有，勿比自有；老婆有，腰门（寝室门）口还要等一昼（好一会）"，"勿到沙场，晓夜思量；到了沙场，冷气叹伤（声）"。

笔者儿时有幸参加一次婚礼，主持婚礼的人当着新郎新娘的面说："这几夜你们怎么过呀？我看出来了。"接着就说："第一夜谈谈家常，第二夜动动家生，第三夜乒乒乓乓。"话音未落，四周的人早已笑得合不拢嘴了，连新郎新娘也忍俊不禁。

有时候谁个不学好，沙地人也会以顺口溜的形式予以讥讽："串头绳顶倒提（不会勤俭办事的人的乖僻行为），伤（生）个子女勿争气，男人秃（全部）学剪冥衣，女人秃学吊鳗鲤（偷汉子的勾当）。"

吃苦耐劳的人，有时忍耐不住了，也会用顺口溜的形式叹息几句："唉，十只指头做来盆（指尖没了尖），呒得哈（没有）人领我情；哪怕人家勿领情，拼性拼命还要寻（做）。"抱怨归抱怨，嘴上说着的时候，双手还在不停地忙。

还有"娘舅娘舅，喝酒像漏斗，吃饭像饿狗，睏采（睡的时候）像死狗"，将小外甥受他人唆使而嬉戏小舅父的场景勾勒出来了。

更令人难以忘怀的顺口溜是："才高运勿通，拾着黄金变黄铜，寻（娶）个娘子雌毛雄（变性），一天到夜肉胡蜂（夫妻吵架，拧肉疙瘩）。"三言两语，把一个命运多舛者的窘境活灵活现地呈现在了人们的面前，真是精准、精美、精妙、精彩。

略加寻思，这些顺口溜也有其特定的时代背景。慈禧太后、光绪帝死去，宣统帝登基，民间到处在说"宣统元年，勿出头年"，意思是世道纷乱，民不聊生。再往前看，春秋战国时期就有类似于"麦在场上，饿煞（死）在床上"的记述，孔夫子在《论语·里仁》里有"君子喻于义，小人喻于利"的说法,《史记》中也有类似的句式:"士为知者用,女为宠者容。"陈独秀的祖父见陈独秀个性独特,犯了事任凭怎么打都不讨饶,就有"这孩子以后'成则龙,败则虫'"的评述。这些话在当时来说源自生活,但对于今天的人来说,是从那个时候流传过来的传统语言。这就让人看到了顺口溜在整个语言传承链条中的时空跨度和磁场效应。

当然,众多的顺口溜中间也有很多粗鲁、俗气的,例如——

"吃了麦饭屁多,娶了媳妇气多"一句,利用比兴手法,把婆媳不和、夫妻斗嘴的家庭现象给活灵活现出来了。

"放个'嗡动屁',吞煞你个(的)姊妹婿",此乃责怪别人时的用语,说的是对方说话办事不看场合,属于不聪明的"乌阿舅",把个妹夫给熏死了。

"卵哄卵哄,两头脱空",说的是不认真做事,结果两边都不着实。

"好人不得宠,好卵呒得哄",说的是不把好人团结在自己周围为己所用,将会得不到好的结果。

"一二三,乌鸡(龟)着背祖",这是大人和小孩都常讲的俏皮话,一旦发现爱开玩笑的人穿了背祖,就大大咧咧地说,有时异口同声地喊,或者当作啦啦词一遍又一遍地重复着,挺有生活情调。

这些都是最原生态的语言。对于爱用嘴巴讲话的人来说,什么样的人,总是爱说什么样的话。以前的沙地人大多不识字,表述时不在乎选字用词,是什么,讲什么,重在意思到位,这就难免产生出了粗俗的顺口溜,同时代同性格的人觉得很对,于是就又传开了,后来人又觉得有同感,于是也就流传下来了,这就让人看到了先人们的印记,领略到了这些顺口溜原创时的风貌。当然,有人在说这些粗放型顺口溜的时候,也会像亵渎了他人似的遭到旁人的白眼,甚至走开。怎奈这些顺口溜很有见地,意思又很深刻,持反感的人也只得如此而已。不过,此举也足以提醒喜欢运用顺口溜的人,在语言交流的时候一定要顾全受众的文明诉求,尽量少用那些容易亵渎他人的话句。

顺便也要说一下,如今网络上的顺口溜太多太多,可惜大多留有文化人雕琢的痕迹,与原生态的顺口溜相比,似乎缺少了一种自然美、原创美和质朴美,我们希望网络多多推出原生态的上乘佳作。

家传的儿歌

人人都是听着父母、爷爷、奶奶辈的儿歌长大,结婚生子后,又用儿歌去哄逗自己的子女孙儿辈长大,可谓一代又一代影响深远、源远流长,印象深刻的就有《牵磨叽介喂》、《打大麦》、《鸡鸡斗绕绕丝》等。

说是儿歌,家传的都没有曲谱。学唱并表演《牵磨叽介喂》,是以前两三岁小孩必然会有的经历。首先,大人让小孩面对面地坐在膝盖上,或者夹在膝盖间,大手揪着小手,一前一后地轻轻拉着、送着,嘴里念叨着歌词:"牵磨叽介喂,牵拨(给)哈(谁)人吃?牵拨(给)外婆吃,外婆拗(勿要)吃,省拨宝宝吃,宝宝吃了看黄牛,黄牛落在井田(潭)里,一根芦头豁(撑)勿起,两根芦头直豁起,一豁豁到半天地。"整首儿歌使小孩子的童趣,大人们的殷殷之情溢于言表。

学唱并表演《打大麦》也是两三岁小孩必然会有的经历,和《牵磨叽介喂》一样,大人让小孩坐在膝盖上,然后教小孩先伸左手或右手的手掌,与大人的左手或右手的掌面相合,歌词只有两句:一大麦、两大麦,第三开大麦。此歌不但启蒙着小孩对劈劈啪啪打大麦的认知，还能从小培养小孩与大人协调、合作的同步能力，一旦不合拍，得从头再来，直到双方动作一致。

儿歌《鸡鸡斗，绕绕丝》也使孩童的情趣跃然纸上。大人让小孩同方向坐在胸前，或者也是面对面坐于膝上，然后双手把着小孩子的双手，使其两手的食指伸出，其他手指卷曲，先象征性地碰触几下，接着再缠绕几下，然后拍几下手掌，让手指头挪至额头两侧的太阳穴，每说一句做一种动作，边说边做："鸡鸡斗，绕绕丝，拍拍蓬，飞到小角上！"其天伦之乐也溢于言表。

唱儿歌，其实也是大人们对孩童传送呵护、启迪智慧、输送温暖、培养情感的一种方式，在孩童出生以后不久就开始了，比如大人让孩童睡在"麻笼"（摇篮）里，或者将其托在怀里，一边摇着，一边吟着、哼着"呀咿——呀咿——"的催眠曲。再如将小孩抱在胸前，或让其偎依在肩头上散步的时候，大人一手护着小孩的头或轻拍其背部溜达，一边又念叨着"嗳咋——嗳咋！"的散步曲子，其亲昵、疼爱、呵护之情简直一言难尽。

长大一点，情况有所改观，孩子们相处在一起的时候互相学唱、传教，最普遍的叫《腌荠烧虾》，歌词是这样的：腌荠烧虾，踏煞老鸦；老鸦告状，告拨（给）和尚；和尚念经，念拨观音；观音撒屁，撒了一地，叫外婆来扫地。另有"亲家姆，告诉你，你的丫头脱（帮）我织织布，撒污（屎）撒在裤子裆里"。如果有几个孩子同时发声的话，朗朗之声如同低年级学生在集体背诵古代诗词，真真切切地反映出了天真、童趣和童言的无忌。

随口传唱的还有"丫削削（喜鹊），尾巴长，初三初四嫁姑娘，嫁夺（到）哪里，嫁夺崇明县第三家"，"找啊找啊找啊找，找到一个朋友，敬个礼，握握手……（音符）"，后者是学校里教唱的。这些短句,也实在让人终生难忘。

也有恶搞的。小时候经常发现,当大家正在背诵"丫削削,尾巴长"的时候,突然会有小孩背诵起"麻花雨(蒙蒙小雨),江北娘子跑勿及,一跤跌在雄泥里……"的段子。段子的最后一句共有两个版本,一是说"老烧蜞监(钳)在××里",被视为"荤";二是说"环来环去吃勿及"。小孩子调皮捣蛋恶作剧的情状又让人一览无遗。

上面说的都是家传的,到了学前教学的年龄,幼儿园的老师会教一些官版的儿歌。话说有一次,黄海村学前班的小朋友放晚学排队往回走,边走边唱"看见了看见了看见了"的词儿,该歌共有4句,其他3句是,"螺丝帽,真正小,祖国建设少不了",可他们翻来覆去偏偏就唱这一句。正在这时,一个四十岁左右的妇女出现了,厉声问:"什么'看见了'?'看见'什么了?"

孩子们并不理会,声音越发响亮。那女的又气又急,就去找小孩子的老师评理,老师说没错呀,是我们教的呀。那女的当场就泄了气。原来那女的躲在草丛处解手,以为孩子们看见了她的什么,就讨说法来了。这个故事把小孩子的童趣、稚气刻画出来了,也把不讲文明的、心虚人的形象刻画出来了,让人忍俊不禁,同时也显现出了儿歌的某些作用。

综观网络世界,最近几年推出的儿歌洋洋大观,可是与民间家传的儿歌比较,总觉得缺少一种浑然天成的原创感觉。当细细咀嚼起那些原生态的儿歌时,又总觉得每首都是儿时的乡音,能勾起每个人的无限乡思、乡愁。可惜的是,这些弥足珍贵的资料,有的仅在靠口口相传,没有正式的文字记录;有的,由于学前教育的正规化,有价值的儿歌一般也进不了课堂,这真是一个不小的遗憾。

正在生长消息着的那些土话

　　土话历来为语言学家所关注,在有人认为土话日渐式微,有人准备将土话"申遗"的时候,专题探讨一下沙地土话的生、长、消、息,对于沙地土话和其他土话的正确认识,以及它们的健康发展有着一定的意义。

　　土话,首先是一个"土"字了得,土生土长,相沿俗成,因果关系非常明显。由于种什么收什么,就有了"撒什么种子结什么果"的土话;年近岁边,家境窘迫,于是又有了"十二月廿八,呒得办法"的土话;有人懒惰成性,也就有了"油瓶跌倒也勿揸"的土话。20世纪40年代初,家住启东市南阳镇南阳村的杨德民被日本鬼子抓进炮楼,鬼子通过翻译,指着先前抓来的人问:"他是好人坏人?"杨德民想,说他好人,被你小鬼子认定坏人,肯定活不成;说他坏人,又被你小日本颠倒着判断,也是活不成,不如说个灵活一点的话,于是回答说:"中等。"鬼子一听,对着杨德民就是两耳光,从此以后,"杨德民话——中等"的土话,也就在南阳村一带流传开来。

　　土话与官方语、普通话相对。沙地土话包括俗话组成的谚语、歇后语等,是沙地人集体智慧的结晶,也是沙地人的专利,有着鲜明的地域特征和个性特点。人们从老掉牙的土话中,可以品味出前人的生活境遇和当时的社会风貌。如"毛估估"、"大约冇酌"、"抛堆头"这些土话,折射出了旧时农民在不用秤、不用斗的情况下,交易买卖靠的是八九不离十的估计;"焊吃饭"、"偷吃素饭"、"轧过年"、"轧大帮"这些土话,是在给南郭先生之类的人画像;"八钯钉转爪"、"麻皮勿落粪坑"、"撒尿用泵筛"、"吃屎吃出豆板"、"测骨测髓"、"七扒二,八扒三"、"毫厘丝骨都算出来"

的土话,是在为很精明、特讲究,又很吝啬的人画像;"横绰"、"楷三胡"、"拟(二)耸三耸"、"三七锄头念八倒"、"推死人搁架"、"脱皮拉骨"、"脱脱仰仰"的土话,是在给不卖力的人写生;"跑来发屁头"、"八脚婆逃"、"兔子也追勿着",活脱脱地刻画出了溜之大吉者的形象;"麻雀飞过看雌雄"、"头顶里一拍,脚底下'汪——'响",则是在给明察秋毫、聪明能干的人树形象。

　　沙地土话内容丰富多彩,一个意思,能有多种句式表达。"肚子饿",就有"饿来死脱"、"肚皮霍瘪"、"肚皮霍到背脊骨"、"眼睛前头饥火直石"等句子表达;大口吃饭,又有"饿喝囵吞"、"就像世把人生勿吃过"、"打巴掌勿放嘴"的句子表达;吃得心满意足,就有"煞了个馋头"、"吃夺'爸打'"、"吃来饱急南呼"、"肚皮四滚滴滴圆"、"老眉点(跳蚤)也掐得煞"、"盒子枪也打勿进"、"实饥伤饱"等句子表达;肚子膨胀又有"肚皮就像石结之(蜘蛛)"的句子表达,对于无主见、圆滑、推卸责任,沙地土语就用"趁势拉介"、"橡皮车舵"、"趁滚六十三"、"扁塌塌滑纽纽"、"大指头抓胖——随上随下"来刻画;对于啰唆、唠叨个没完,土话用"口碎"、"嘈三"、"曹家老太婆"来刻画;抢着说话,土话用"直叉前"来描述,说话说得快,沙地土话用"就像六只小舌头"、"抢三十"、"桃树麻将(麻雀)"、"束翻丫削(喜鹊)窝";谁个冒冒失失、不开窍,沙地土语用"乌头癫脑"、"更头更脑"、"乌脱兮兮"、"乌气动耸"、"乌嘎纽纽"、"乌气一面孔"、"乌吃吼吼(虹)"、"愚三吼吼"、"肚里有三条吼(愚吼吼、嘎吼吼、乌吼吼)"、"肚里有括柴笆"、"肚里有蛋簇"等来表述。

　　现今流行着的沙地土话,已经有几百年甚至更长的历史,伴随着普通话的倡导、推行,沙地人语言交流上已经呈现出了"多元并存"的态势,也出现了普通话、土话"杂交"

后的"彩色"普通话。例如,普通话称"汗水"、"汗珠",沙地土话称"汗子(珠)扭扭"、"汗泼流浆";普通话称"耳朵",土话称"腻朵",当有的人用普通话说"他这个人对我的话当作耳边风,充耳不闻、置若罔闻"的时候,有的人说"他这个人腻聋拉痴、痴聋慢话、腻朵生在夹夹里";普通话对于口出怨言的现象称之为"发牢骚",土话叫作"一勃唠嘈";对于丢三落四、无心办事的,普通话叫作"魂不守舍"、"不负责任"、"注意力不集中"、"不投入",土话叫作"逗转魂"、"脱皮拉骨"、"魂灵勿勒身厢里"、"勿放勒心郎";收入大于支出、得不偿失、不划算,土话叫"丫头大似娘"、"饶头大夺正本"、"麻子(脸)拍粉(涂脂抹粉)——蚀煞老本"。许多时候,干部的讲话、做报告,少一点官话,多一点土话,会拉近距离,起到融洽感情的作用。

毋庸讳言,沙地土话也在不断地淘汰着,消失着。这有几种原因,首先取决于生产力发展和生产关系变化的关联度。如"箍桶人捉上档",那是过去竹匠们劳作的场景,先将竹篾编成箍,再给木桶箍上,后来引申出了"我不愿干,你硬要我去干",有了促成我上当的意思。今日,农村用起铁皮桶、塑料桶,箍桶人也没了踪影,于是,"箍桶人捉上当(档)"的土话,也很少出现在人们的嘴边。

又如"牙齿就像木墩头"一句。以前,有些人家的凳子是用树的三角形木墩做的,粗糙、难看,加之糠菜半年粮,常年不刷牙,那牙齿既黄且黑,张口说话就裸露在那里,人们便称之为木墩头,意思是你的牙齿长年吃着这些东西,吃成木墩头的样子了。现在生活水准普遍提高,也讲究卫生,如此现象基本没有,于是这类的土话也就退出了人们的话语圈。这叫作:随着生产力的发展和生产关系的变化,也属于上层建筑的土话,在没有了被表述、被反映的社会事象这一目标对象的时候,使用频率自然也就降下来,乃至消失。

某些土话的消失，一般在代际的交替过程中体现。由于兴趣和代际、代沟的关系，加上推行普通话的时间节点，现在五六十岁以上的人一般都没有接受过普通话教育，年纪更大一点的，甚至连听懂、理解普通话都有困难，所以也就喜欢用土话交流。而年轻人，尤其是现在这些青少年，他们从小接受普通话教育，喜欢按照拼音字母发音，对于老年人说的"和尚麦斋颠倒做"、"来里来呆"、"幺腻角落头"、"抛缴元数"、"笃白割"、"盯眼毒"、"脚汤脚水绞干净"这些土话，往往是"三个铜板买个摇糖鼓——不懂不懂（卜咚卜咚）"。传递至今出现断层、断代，传承没有了链条，这些土话自然也就悄无声息地隐退、消失了。

"兜火"一句，是以前的常用语。一百多年前，农村普遍没有火柴，有的人家做饭的时候需要去别的人家借火，借到火种，用腰间的系腰（布做的）兜着，急步走着，防止熄灭。因此，凡急急走着的，都被称之为"兜火"，但到了现在，年轻人已经不知其为何意了。

又如"束几"、"常爽"、"吃牢羹饭"，这些话一般是在小孩子顽皮、淘气、不肯吃饭的情况下，大人呵斥时的用语。现在大多是独生子女了，疼爱都来不及，因此，也渐渐地消逝了。

还有一种需要翻译的土话，如"乌洋蚂蚁"、"行群行市"、"咩嘎咩嘎"，都有"多"的意思；发音为"即墩"、"即墩里"的，意思是"这里"、"在这一块地方"；发音为"革墩"、"革墩里"、"杠墩"、"杠墩里"、"杠革墩"的，意思是"那里"、"那一块地方"；发音为"恋牵"、"豪稍点"的，是"立即"、"马上"、"快一点"的意思，后一句还带有催促的成分；"抖拨抖迅"、"头勃龙宠"、"磕跌搏跌"、"跌翻束头棒"，是"性急慌忙"、"跌跌撞撞"的意思；"纽结裹结"是关系好、抱成团的意思；"几个勃落花"，是指"玩弄手腕"的意思。如果沙地人用这些土话跟外界交谈,那得像吴仁宝一样聘请翻译了,不过那样一来,讲的人受不了,听的人受不了,翻译也肯定受不了,所以,公开场合这些古董级的方言土语也就销声匿迹了。

然而不管如何说,沙地土话的生、长、消、息有其客观规律,沙地土话与普通话的长期多元并存也将是必然趋势,愿沙地土话在今后发挥出更大、更好的作用。

处世谚语中的处世之道

长期以来,一代又一代沙地人在生产、生活中创造出来的处世谚语好像夜明珠似的,任凭风雨岁月的侵蚀、吞噬,依然闪闪发光,有着强大的生命力,时至今日,沙地人还在运用着、传承着。

"人要脸,树要皮"、"堂堂正正做人,清清白白做事"、"火要空心、人要忠心"、"树怕蛀空心,人怕昧良心"、"人美在心,话美在真"、"人争一口气,鼓靠两张皮"、"人好心又好,富贵直到老"、"河水不倒流,男人不回头"、"宁落(丢)银子,勿落面子"、"有志男儿朝前走,大刀阔斧雄赳赳"、"爷来三扁担,娘来六的持(棍子)(公正,不徇私舞弊)"、"宁可栽花香天下,不可种刺害别人"、"知恩不报非君子,恩将仇报不如猪"、"画虎画皮难画骨,知人知面不知心"、"若要真,问小人"、"亲兄弟,勤算账"、"人怕出名,猪怕壮"、"自出本心,麻袋里锈钉"、"托人托了几(鬼),舀油舀了水",不少中老年人在儿时"打砖板"、"猜大拳"的时候还要说一句"字勒(还是)背,人勒几(鬼)"。这些谚语折射出了沙地人对自己的希望、要求、鼓励,也折射出了对他人、对社会的认知和祈盼。

车脚一等（停下）、屋里脱顿（断炊），住么住的"滚龙厅"、烧么烧的"八百斤"，东南风爽（向）自开门、西北风爽自关门。冷么冷点风，穷么穷点债。虱多勿叮，债多勿愁。欠了小人债，一日叮到夜。十二月廿八、呒得办法。一个巴掌拍不响，两个巴掌震天响。这些谚语，表述的是以前沙地人的千般窘境、万般无奈，发自心底的呐喊。

男子逢六吃鱼吃肉，女子逢六穿红着绿。说的是男的生日逢农历"六"的，命里注定有鱼肉吃，女的有花花绿绿的衣服穿。这是旧时沙地人把好生活寄托在命里注定的真实写照。

一人得道，鸡犬升天。黑心做财主，杀心做皇帝。鹅吃鹅，鸭吃鸭，大鱼吃小鱼，小鱼吃虾米。棋高一着，伏手伏脚。你拨（给）点心（中饭）我吃，我拨夜饭（晚饭）你吃。堂堂衙门八字开，有理无钱莫进来。以及乌七八糟的"日里看看像人，夜里看看像几（鬼）"、"迷雾勿开有雨，话事（调解纠纷）勿开有几"、"露水棉花赚毛头，打桁木头大扫帚"、"急支（蜘蛛）咬急支，只做勿得知"、"欺末欺欺屋里人，打末打打叫花子"、"话出（谈论）别人聪明煞，自家做采（时）歪斜煞"、"克柴救火，穿人斗火"、"东南风爽急悠悠，寄爷要困寄丫头"、"菠菜田野扯白旗、姐夫要困小阿姨"等，听似土、看似俗，好像还挺下流，其实更像投枪、匕首，以辛辣、讽刺的口吻，将上至帝王、下至平民，大至社会、小至家庭的丑事、烂事撕碎了给世人看，给后人看，功夫十分了得，意义也十分深刻。

鞋有样袜有样、媳妇学婆样。上梁不正下梁歪，中梁勿正倒下来。这是沙地人在肯定榜样的重要性。

"盖屋勿引檐（草盖屋顶，檐头割平用引条和蔑固定叫引檐），一拖二三年"、"懒男人家呒得绳用，懒娘子呒得线用"，说的是作风松松垮垮、办事拖拖沓沓、治家无能、无作无为的人。

　　沙地人对家乡有着独到的感情,他们说,出门万利、勿及屋里。金窝银窝、勿及自家狗窝。勿到沙场、小（霄）夜思量;到了沙场,冷气叹声。在人际关系方面,他们说,邻舍好,赛金宝。出门靠朋友,在家靠父母。一个篱笆三个桩,一个朋友三个帮。投之于李,报之于桃。而对于不愿交友,花钱要看面子、交情、权势的,他们则说,伊吃别人哈哈笑,别人吃伊双脚跳,只管箩内粞、勿管箩外米,娘家人肉馄饨、爷家人隔沟蹲,左手勿托右手、外甥勿托娘舅,老老面皮、饱饱肚皮,算斤算两、弄只小鸡养养。

　　还有:千人吃饭,一人做主。要吃饭,大家办。自家争好勿算好,别人说好真个好。招呼打夺前头,少吃两个拳头。一个半斤一个八两,一个欺心一个勿让。人来洒茶,客去扫地。眼睛一眨,老母鸡变鸭。你靠眼睛尖,我靠手里搬。揉着丫枝摸着根,外甥娘舅筋连筋。说话搬搬（辩辩）多,东西搬搬少。小菜吃吃鲜头,说话听听音头。越吃越馋,越白相越懒。十只指头做来盆（不尖）,吭得啥人领我情。水涨船高,人抬花轿。连用餐时有人专挑鱼吃,有人专挑肉吃,旁人也津津乐道地说一句"萝卜青菜,各有所爱"。细细品味,这些日常用语无不饱含着深刻的哲理。

　　生活很有趣,许多时候在许多场合,小孩子哭哭笑笑、摇摇晃晃地缠着绕着大人,大人老半天甩不开,只得重新抱起小孩,一边拍打小孩衣服一边指点着小孩,还会假嗔装怒地说出一大串话:"矮子矮颈骨（椎）、嘴也搭不得,跟你搭搭谈（讪）,鼻头要发蓝,缠柄粪渣柴,得手牛皮糖。"此情此景,实在是可供摄影师们抓拍的精彩镜头。

　　家庭婚姻方面也有不少金玉良言。比如,百年修得同船渡,千年难得共枕眠。一夜夫妻百夜恩,百夜夫妻海洋深。物品新的好,老婆旧的好。宁拆千座庙,不拆一桩婚。拼头笃搁（组合家庭），勿及冷饭剩粥。媳妇低攀，丫头高拨（嫁）。一家丫头吃两家茶，屁股打来烂番瓜。十条裤子九条筋，勿晓得丈夫啥个心。

教育子女方面，沙地人说，檄条自小育，三岁定八十。严是爱宽是害，不打不骂要变坏。小时偷针，大了偷金。父子一条心，黄土变成金。棒头上出孝子，筷头上出逆子。至于"大人养小倌路能长，小倌养大人扁担长"，这是对不孝敬父母辈的指责、议论之词。

沙地谚语中的处世之道，在古人那里很容易找到相似、相近和共通的印证。战国时期的著名纵横家张仪说过"众口铄金，积毁销骨"，沙地人则有"谁人背后不说人，哪个背后无人说"、"人捧人凡人变成神，人贬人黄金勿及粪"、"别在人前夸自己，别在背地论人非"、"人人说好须防一人着恼，事事有功须防一事不终"的说法。孟子的母亲有择邻而居的爱好，沙地人则有"邻舍好、赛金宝"的赞语。古往今来一直有"情人眼里出西施"的说法，司马迁在《史记》里留下过"士为知己者死，女为悦己者容"的笔墨，沙地人又有"对末弯眉细睛，勿对凤凰攀眼"的说法，沙地人还有"吃人家嘴软，拿人家手短"的警句。而翻开明朝洪自诚的《菜根谭》，里边赫然写着：吃人嘴软，使人手软。在西方国家那里也能找到印证。法国浪漫主义作家雨果就说过：亲善产生幸福，文明带来和谐。由此说来，在沙地人处世谚语中，让人看出了沙地人向上、向善、团结、文明、和谐、爱乡、爱家这一价值取向和人生走向之道，也让人看到了沙地人在继承传统文化方面的清晰脚印。

耕织沧桑

垦荒造田四部曲

沙地之所以有沙地,与围海造田、套圩垦荒有着直接的关系。

套圩垦荒一般必须遵循着四个步骤,一是筑堤垒岸,二是开横河分埭,三是开泯沟分"垧",四是种青引淡去碱退盐,民间称这四个步骤为垦荒造田的"四部曲"。

筑堤套圩,指组织成千上万个男性劳动力,硬是用肩挑、扛抬、车推的方法,在测量后的海滩处构筑堤岸,以阻挡江、海潮水的侵蚀。这是居住在黄海岸边的沙地人特有的劳动方式,一般在春夏之交举行,原因是,这个时候风暴少、潮位低。

筑堤套圩是垦荒造田的前提,在构筑正式岸堤之前,先得在堤岸外边几十米远的地方垒起一条小岸,叫"小襻",作用在于:避免涨潮时海水对堤岸的直接侵袭。

堤岸的取土,三分之二在堤外,三分之一在堤内。堤外的,必须从堤岸底部向外二三十丈远的地方"开格子"挖取,有潮汛的时候,便从堤岸的内侧挖取。

那些挑泥垒岸的人叫民工;去参加挑泥垒岸的,叫"出勤";在一个地方挖泥取土,叫"开格子";在格子的地方验收工程量，叫量沟坑；长、宽、高相乘得出的数字叫土方；掘泥人在掘泥时留一个墩子作为丈量的依据，叫样墩；变着法儿为自己增加土方量，叫偷沟坑。与挑泥做岸相配套的工具有泥络、畚箕、铁锹、扁担。套圩结束，堤岸平地崛起，外侧有一个半高的平面坡，叫平台；内边的坡，叫岸脚，四边沿着堤岸走向的沟很像一个大"口"字，叫方河、方沟。堤岸筑成，象征着圩也套成。

在挑泥垒岸的过程中，有时碰到流沙、淤泥，会影响建筑岸堤的进程和质量。在这种情况下，主事人就不断地装香点烛、磕头跪拜、鸣放鞭炮、烧化纸钱。说怪也怪，这样做了，岸堤往往真的会即刻合拢。这种敬天敬地的风俗，在一代又一代沙地人中间留下了很深的印象和美好的记忆，直到二三十年前，有的地方还偶尔为之。

套成后的圩，除了几条港道之外，可以说是一望平川、晴雨两茫茫（晴天白茫茫是盐碱地上晒出"盐锋"，雨后白茫茫是涝灾）。这就有了第二步的开横河分埭。

开横河分埭的做法应该归功于清末状元、实业家张謇。张謇的垦牧公司，统一在圩内南北相距500米的地方开挖若干条东西向的横河，在两条横河之间的这个500米长度地带，谓之埭。每个圩内有几个这样的500米，就有几个埭。也可以这样说，埭与埭之间是由东西向的横河作为分界线的。横河开挖成，埭也就划分完毕。

埭的布局根据圩的南北距离而定，南北距离长的，设计为七埭、九埭，最短的，不少于二埭，称小圩。有的地方，埭有大小、长短之分，民间的称呼也就有长埭、短埭、大埭、小埭之别。

第三步的开泯沟分"埦"，几乎与第二步的分埭同时进行且同时完成。其做法是：在整个埭的地段上，统一以５０米为距离，以沟中心为界，再开挖若干条南北向的沟，叫作泯沟。这个南北以横河为界、东西以泯沟为界的狭长地段谓之塆，全垦区一个样子，统称"塆田化"。

　　套圩、分埭、分塆，均由垦牧公司统一操作，这些步骤一俟完成，接下来就是招租垦荒了。佃农们分别在每一个"塆"的前半部分，即离南横河一二百米的地方，统一规定为砌房的纬度线。这样的格局使东西南北划平竖直，甚为整齐。1971年，时为上将的许世友乘飞机在启东上空视察的时候曾经高兴地说："你们的房子成行成埭，东西笔直笔直，像是用尺划出来的。"

　　旧时规矩，每只埭，南横河北侧辟有一条路，叫作南横路，又叫作埭路，沙地人特别相信风水，一旦发现埭的横河与南横路出现西北走向，被称为斜路。"斜"与"邪"谐音，西北方又是民间传说的阴曹地府阎罗王的方位，于是会纷纷弃此就彼。发现塆内存在港形的，也弃之不就。这个没有住户的塆，就被称为空塆。

　　另外，在荡田里选择位置，有经验的人有一个信条，叫作"圩圩西边好，堰堰北边高"，此说很有科学道理，符合沧海桑田的变化规律。海在东边，泥沙总是从西边的长江里往东流，经过与海水碰撞形成回流水，渐渐的由西向东沉淀成陆，西边最先成为绿洲。这是圩圩西边好的原因所在。海滩的地势，由于海水流向的作用，往往是北边高一点，形成向阳面，也决定了圩内埭、塆和沟河泥坝的向阳面，这便是堰堰北边高的意思，当年佃农选地，都会先选这两个方位的。

　　沟、河、埭、塆成型，佃农、农户进驻垦区，接着就是种青、引淡、去碱、退盐的第四步了。这一步，都由农户独立承当，先像押豆腐似的，在塆里再开若干条南北向和东西向的排水沟（当初叫华洞），用于蓄淡去盐去碱，同时种植芦苇、草头（苜蓿）等耐碱作物用于"拔淡"。这是土办法，使用之后，便会渐渐地发挥效用。

现在的沙地人中间，对于"四部曲"中印象最深、最害怕的，莫过于挑泥做岸这个"出勤"的活计了。在20世纪六七十年代，人们的口粮被"三定"，男性劳动力一个月32斤，出勤时一天挑一个立方土，可以加2两粮，最多一天挑3方至4方，一天下来也只有半斤八两的幅度，况且，这些数字的粮都是记着、欠着的，到工程结束以后的若干天才能拿到。更加要命的是，每天吃着区区1斤多的口粮，挑着百来斤的泥担爬高登临岸顶，两只脚不停地"筛糠"、"跳舞"，这"四部曲"的第一步，也实在太难为挑泥人了。难怪有人说：中午还没到，肚子咕咕叫；挑担上高坡，腿脚学跳舞。还大声嚷嚷：启东人民乌大卵，大六月里挑洋岸。有的人家生了男孩更是当场叹息："唉，就怕挑泥做岸啊！"

怀旧的人，常常去海边周游，想再看一看肩挑扛抬的旧式"镜头"，可是每次看到的，总是挖泥机在作业，昔日的肩挑扛抬的壮观景象荡然无存，这使人油然而生欣慰。在套圩、分垛、分塂、排灌的序列里，让人不由得感叹：从挑泥做岸劳动形式变迁中看到的这个生产力的发展速度，以及分垛、分塂的意义，敬天畏地的风俗，都是脚下这片土地上迸发出来的芳香啊！

埭路　径路　桥门路

径路、埭路、桥门路，是沙地人的专利，桥门路连埭路，埭路连径路，由此组成了每个村子特有的埭路系列。

径路为南北走向，在从东到西约1000米处的中心河地方设置一条，用以维系埭与埭之间的勾连和交通，南北的出口则伸出村界连接公路。随着时间的推移和出于称呼方便的需要，有的地方早已改称机耕路或中心路。

埭路原名横路，20世纪50年代以前，都筑在远离住宅的南横沟，称为南横路。1957年前后，南横路统一北移，于宅前一二十米的地方另辟新路，才称埭路。埭路以埭为主，有的以中心河为尽头的，就短一些；有的以东西的方河为尽头的，会长一些。但与径路相比，埭路不出埭，很少与外圩、外村的埭路相通，一般也很少与公路连接。

桥门路是指埭路通往住宅的那段路。以前，沙地有不少"四汀宅沟"、"四汀宅"，宅主在宅前的沟面上架起一座桥，进来的地方叫作"桥门"。其他人沿用此说，就把进宅的路都说成桥门路了。若是哪个人不断地上宅串门，有人还会开玩笑地说："桥门路快被你踏塌咯！"

桥门路又称进宅路，也称财神路，宽窄似有定制。以前，凡是大户、富裕人家，以轿、马进出为宜；小户人家，以挑担、独轮车进出为宜。现在，不少人家已经达到了汽车进出的宽度。想想也是，要想富，快修路，都说财神路嘛！路越是宽，财源也就越广呀。

不少人家的桥门路两侧还各有一道篱笆。篱笆脚下，有的种菊花，有的种向日葵，有的种扁豆，黄黑红绿青蓝紫，花开花落煞有意思。如果有兴趣，欣赏菊花的时候，陶渊明"采菊东篱下，悠然见南山"的诗句，一定会把你带进一千五六百年以前的意境。

沙地人把桥门路称"出路"，规矩也特别多。第一，位置要在大门偏左一些的地方，叫"上首"，如果不同姓氏合住一宅，或者合走桥门路，就置于两户人家中间的"山傍"，或者东西两家各在自己的上首出路。至于每一塳南北走向的田埂小道，那也须置于上首的。第二，任何路不能冲着人家的房头（卧室）和床的位置，防止影响屋主的身体健康。第三，路的走向不能对着西北。第四，不能歪斜，也不能太狭。"斜"与"邪"谐音，民间历来视邪道为不齿；狭，与官方大道相悖。平日里，差不多天天有老人在晚辈耳边念叨："要走官方大道，不要走歪门邪道。"从这些规矩我们可以看出沙地人对路的执着、认真。

以前，"埭路系列"全是泥路，每逢阴雨天，串门都要穿雨鞋，出门办事，晴天人骑车，雨天车骑人，泥泞打滑，行走艰难，被人说成"阎王路"。"文革"期间，造反派们想出绝招，一俟雨后天晴，就将"埭路系列"交由"专政对象"修补铲平。从20世纪的80年代至2012年，不少地方推出集资举措，"埭路系列"的路面逐渐变为砖屑、煤屑、砖头乃至砂石路；到2012年年底，所有埭路的路面都铺成水泥路，而且打破了埭路只通埭的老规矩，实行了甲村、乙村埭路的零距离接轨，有的地方还建起了公共汽车的停靠站，城乡距离从此缩短了许多。细细回味，沙地人的埭路系列，记载了沙地人的辛酸苦辣。

古人笔下常用"阡陌"二字，"阡陌"者，有的说是田埂，有的说是田间那些东西南北、纵横交错的小路。古今相通，这"埭路系列"，完全是"阡陌"在当今时代的延伸和变迁。从这些变迁中，似乎又让人看到了沙地民生变化的速度和沙地文化。

方沟 泯沟 宅沟等

沙地人的方沟、泯沟横平竖直、长宽有序，而宅沟却形如块状，星罗棋布，是有别于其他地方的一大特色。

20世纪初，从张謇在长江口以北的沿海地区筑堤垦荒设计沟河开始，就有了围绕圩堤开挖成的大口字的方河，根据方位不同而分别叫作东方河、西方河、南方河、北方河。

为了开埭、分垡，又开挖了配套的横河、泯沟、中心河，泯沟通横河，横河通方河、中心河，方河通过涵洞、水闸连接港道，形成了颇具排灌功能的沟河网络。

筑堤围圩的时候，海滩港道的走向，决定着堤岸的走向和圩的范围大小，也决定着涵、闸的设置。一般来说，堤岸沿着东西走向的港道两侧往东构筑，视情况再向南或向北环绕合围，然后在圩内中心河的出口处或东方河的东、北、南三个方位筑造水闸与堤外的港道相衔接，从而使堤内外的排灌设施产生配套效应。

除了上述的沟、河之外，还有一种叫排水沟，也叫华筒，下雨的时候，地面的水汇入华筒，华筒里的水流入泯沟，泯沟里的水流入横河、方河、中心河，中心河里的水通过水闸流入港道，东去入海。这样的排灌系统，在蓄淡、排碱方面起到了相当大的作用。

另一种叫作邻沟，虽然与排水沟差不多，但主要作用在于户与户、大田与自留地之间的分界。

在方河的某个部位，往往会有一个深不见底的水潭，俗称龙潭。它的成因很简单：都是在风暴期间的堤岸决口时，由汹涌的海水凭借着冲击力一鼓作气造成的。龙潭里的水清澈碧蓝，酷暑季节冰冰凉，数九严寒不结冰，偶尔也有溺水者葬身潭底。于是，故事诞生了，传奇也出现了。有的说决口是大海里老龙王派遣小龙王来此造成的；有的说是水神镇守水府、管理一方水域的缘故；也有的说，在月黑风高的夜晚，亲眼见过头如巴斗、眼如铜铃的怪物。这些一厢情愿的说法到了20世纪七八十年代，才渐渐地在人们的口中淡化。人们喜欢眼见为实，亲目所睹多个龙潭在填沟造田中填平，也有的龙潭在疏通大型河道时被抽干潭水而现潭底，终不见什么水神、龙王，也就没有了传布的市场。这一方面反映出筑堤围圩的艰辛，另一方面也反映出堤岸质量的到位程度。

这里还须说清楚的是宅沟。这种沟，与其说是沟，不如说是池塘,位于住宅后边二三丈许,与泯沟有很多不同的地方。

首先从来源上看,泯沟是筑堤围圩之后由当时的盐垦公司统一规划开挖的;宅沟是住户们在砌房子填屋基时开挖的。其次,在形状上,泯沟狭长;宅沟有两种形状,一般为外弯内直,也有内弯外弯形成半个月牙形的,又称月牙沟。两侧的宅沟梢都得超过屋子的东西山墙,寓意于"元宝"状,住房兜得住财。再次,在水质上,刚开始的时候,泯沟、横河里的水都是咸的;宅沟里的水却大多是淡的,有的甚至还有甘甜味。第四,在功能上,泯沟、横河用以排灌,宅沟用在于蓄淡,保证饮食用水和养鱼。

民间普遍视挖宅沟为大事,动锹之前,总会调和几碗白糖茶,让挖掘的人站在宅沟的范围圈内喝一口,第一个动锹的人,还得面对西南方向恭恭敬敬地唱喏三下,闭着双眼连连祷告。这里有个信仰的问题。从方位上看,黄海在沙地的东北,太湖在沙地的西南,当时的人们普遍相信太湖神,希望太湖神为本宅送来淡水,所以有此动作。说来也怪,宅沟与泯沟近在咫尺,宅沟里渗出来的水,大多是淡的,泯沟里渗出来的水,大多是咸的。用今天的科学来解释,这应该与水层深浅有关。

宅沟的出现,为沙地人的方言土语增色不少。其一,有的人家子女不孝顺,他人劝解说:"你的子女靠不上,你的孙子、孙女还是很好的。"其父母叹息着说:"唉,宅沟都靠不着,还靠什么泯沟啃!"其二,"趴宅沟爷"成为许多人乐于挂在嘴边的惯用语。这里有个故事,据说以前有户人家,男的外出谋生,与孩子守家的女人常常容纳野男人在家过夜。一天夜间男的突然回家,野男人吓得要命,连忙打开后门从宅沟里趴出。从这点来说,这个野男人做了一回那个孩子的假爸。沙地人的"爸"与"爷"有时是同一概念,于是,野男人有了"趴宅沟爷"的名分，俗话也就由此形成。这话虽然有失大雅，但在民间特有市场，说笑时不论男女，都想要做这样的"趴宅沟爷"。其三，"四汀宅沟后头大，养老女婿老婆大"，借此比喻倒插门的男人，在家里的地位不如女人。这些习惯语，全是宅沟出现以后的产物，为沙地人所特有。

沙地人的沟河也出现过"肠梗阻"，那是20世纪八九十年代期间，有些地方随着联产到户的实行，泯沟水面也截成多段，各家各户垒起泥霸养鱼，也有的将杂草、柴火丢入水中，致使沟河堵塞、排灌失灵，旱涝灾害重新抬头。

另外还有一种被叫作洋沟的。别看它冠以"洋"字，似乎比海还大，实际上只有手指头粗细的玩意儿——下雨时屋檐水滴成的水槽。人们说这是"洋沟娘娘"管辖的地方，人们皮肤上生有"天泡"，夏天雷阵雨时，用"洋沟"里的水往患处搓，几次后会痊愈，而且不留痕迹。只是随着水泥场地的增多，"洋沟"也渐次淡出了人们的视野。

最近几年，沙地人尽力整治沟河，已经呈现了水清、沟绿、天蓝、人更美的可喜局面，为旱涝之年取得丰收起到了保驾护航的作用，也使新农村建设跃上了新台阶。随着崇启大桥的开通，南来北往的旅客们眺望窗外，大有置身于江南水乡的感觉。

大熟 小熟

大熟、小熟，是沙地人对夏、秋两季农作物的俗称，在春夏播种、秋后收割的叫大熟；在秋季播种、来年夏季收割的叫小熟。

大熟泛指玉米、黄豆、赤豆、水稻、棉花，还有高粱、黄穄、粟穄、山芋等，小熟包括"三麦"（大麦、小麦、元麦）、蚕豆、油菜、豌豆等。种大熟的季节，同时又是收小熟的季节，还要施肥、松土、治虫，收、种、培、管全程交织，前后40多天，是全年第一个农忙时段，不少地方称之为"三夏"大忙或者"四夏"大忙。

秋天收大熟是全年第二个大忙季节，从八月的掰玉米开始，到摘赤豆、收黄豆、拾棉花、挖山芋，其间还要种蚕豆、拔棉花箕种麦，历时两个多月，也是收、种、培、管全程交织，人称"双秋双抢"，意思是秋收秋种都要"抢"字当头。种田人也高兴地说："八月黄金满地铺，只愁没有手来做。"

种大熟、种小熟的季节性都很强，从20世纪六十年代开始，沙地人瞅准"清明断雪，谷雨断霜"的天时，提倡适当早播，玉米在清明节的前几天播种完毕，棉花强调温床育苗，也在清明、谷雨之间制钵下种，后来相沿俗成，一直沿袭到了现在。

沙地人种粮、种棉比较特别，有老式种法和新式之别。旧时粮棉纯种，谓之老式种法，后来粮棉夹种，谓之新式种法。老式种法的田块，棉田全部种植棉花，且全部散播，偌大一块地，只要撒上棉籽，铁搭刨过一遍，就等着出苗、定苗了。粮田，大部分属于玉米、黄豆套种。这种套种讲究播幅，一律3尺6苴口，这一埭（行）玉米与那一埭玉米之间空隙的地方播种黄豆，俗称黄豆"仓子"。

种玉米也分老式和新式种法。以前，先在玉米埭里"扣青"（把青草埋在下边），接着拉平、点穴、下种，并在三、四穴之间下一穴赤豆，最后抹土。后来，只要种前下足基肥，避免白耕白种，接着翻松土壤，然后开埭下种就可以了。唯有种麦，总是用铁搭开埭，种蚕豆也很少离开铁锹。

新式的粮棉夹种始于20世纪70年代，那时，统一按照8尺或1.08丈的苴口播局，在玉米埭之间的"仓子"里开行种上棉花，叫作条播。玉米、棉花的共生期不长，玉米收割后正好生长棉花。实践表明，这种新式夹种法的成效相当显著，1970年和1971年，启东县（今启东市）皮棉总产量超过百万担，粮食亩产超过一千斤，上级相关部门派员核查，专家们个个惊诧，纷纷发问说：全县100万亩土地，100万口人，一年大、小两熟，皮棉亩产100斤，人均也是100斤；粮食亩产1000斤，人均又是1000斤，这是怎么种的呀？到田头一看，啊，就是靠粮棉夹种种出来的哟！

  与大熟、小熟相关的文化符号也不少。沙地人根据种瓜得瓜、种豆得豆的实践，总结说："有收无收在于种，多收少收在于管。"根据播种期的迟早与产量的关系，沙地人说："十年早麦难得一年'秋'（差），十年早豆难得一年好（早黄豆游青，早蚕豆冻伤）。"根据施肥的有效程度，沙地人说："基肥一次，等于追肥七次。"为了抓住收种的最佳时机，沙地人又说："麦熟过条桥。""芒种，棉花黄豆乱种。""头莳棉花二莳豆，三莳种赤豆。"打麦场上，往往是成群的青壮男女分列两排，面对面手举连枷，你一下我一下边打边移，动作整齐划一，同时喊着"哎唷喂，嗳唷喂"的打麦号子。棉田里，会唱山歌的，一边"脱棉花草"（旧时用锄头在棉花根部松土除草），一边唱山歌，或者讲故事，很有交响曲、农家乐的味道。

  如果再深入地搜索一下，与大熟、小熟相关的童谣有"一大麦，两大麦，第三开大麦"的句子，民谚有"彭祖活了八百，就怕拔棉花箕种麦"的警句。为了防止小孩"疰夏"（夏天生病），民俗又有小孩子在立夏这天去"钻麦园"和小孩子吃"炮麦饪"（火烤青麦穗）的习惯。男女双方在麦田里幽会，被说成"麦瑶会"。打大麦和掼小麦不能混用一个场地，于是当发现这边有人打扑克娱乐，那边也有人打扑克娱乐的时候，人们会一语双关地说："啫，大麦一场，小麦也一场呀！"有人又把乘机敛财、收入丰厚的勾当说成收大熟,把效益欠佳、收入不多的外快称作收小熟、小秋收。这样看来,沙地人一年到头播种和收获的不仅仅是大熟、小熟的庄稼,还有大熟、小熟的文化哩。

种田人的十八般兵器

　　沙地种田人爱称自己的劳动工具为"十八般兵器",这些"兵器"造型不同、各成系列,其中有长枪短刀、轻重武器,也有新式家伙。

　　锄头、铁搭、翻耙、泥扒、爪(柴)扒、粪杓、吊梁、千婆、连枷、扁担、握叉、横刀等装有长柄的,属于长枪类;斜凿、铁锹、小尖、镰刀等短柄的,属于短刀类。粪桶、粪提桶、泥络、担绳、麦笆、棉花棋钩子、小钉耙(挖花生用)、制钵器,算是轻型武器;犁、耙和大小独轮车算是重型武器。后来的治虫喷雾器、电动泵、插秧机、联合收割机、播种机等,那就属于新式家伙了。

　　锄头系列由三角形、阔嘴平板形、大号卷角形、小号卷口形组成。三角形的用于"脱"棉花草。以前,启海地区种植籽花(棉花的一种),且又散播,农民于培管期间,在棉田里站着或坐着,伸手用小锄头除草松土。

　　阔嘴平板形锄头,比铁搭小,可以松土,但是不能"扣地"。其中的大号卷角型,适宜开埭种黄豆、种蚕豆、种棉花,以及开埭施肥、"盘玉米"绿肥;小号卷口形,仅仅在20世纪七十年代的时候出现过,主要用于开埭种棉花,后来提倡温床育苗制钵子,小号卷口形锄头便退出"江湖"了。

　　铁搭系列分一号铁扣、二号铁扣、三号铁扣和翻耙等。铁扣,是"铁拉"的配件,不论何种型号,都能般配。铁搭的作用在于种玉米扣地、种麦"削埭"开行、掺山芋做"勒"

和松土。一般来说，力气大的或全劳动力的，喜欢用大号铁扣；女性或弱劳动力的，适宜小号铁扣。

铁拉又有四齿、两齿之分，四齿的，退掉铁扣，可以"脆垡头"抹土。钉耙用于翻土、挖花生。

铁拉、钉耙装柄的地方叫钉耙脑头。组装铁搭的时候，柄的高度在使用者的肚脐处为宜，过高了感觉"野"，容易入泥；过低了又会觉得"近力"而费劲。这些柄和脑头相连主要靠硬树制成的"座桢"、"添桢"固定。

铁锹系列由押锹、千婆、板锹、煤锹组成。押锹是土话、俗称，开沟掘泥的首选工具。千婆是铁锹的配套工具，有时沟底深，掘泥者一下子不能将泥掼到很远的地方，他人就手持千婆接住掘泥人铁锹上的泥，再掼到地面上。可以说，千婆是掼泥的专用工具，也是积肥掼污泥的首选工具。

横刀与镰刀、关刀、"小尖"不同，是刀类系列中的另一类，适用于沿海垦区和牧区一带。以前，新围垦的荡田、牧区长有密密麻麻的蒿枝、芦苇，用镰刀、小尖砍斫费时费力。这蒿枝还有个特点：耐盐耐碱，生长期不斫掉，来年更多，还会推迟土地的成熟期。由于这些原因，就在蒿枝结籽之前、芦苇成熟之后用横刀"横"。横的时候，横刀手站着，双手横握长柄，从右到左沿着地面横扫过去，柄有多长，横扫时经过多少地面，一刀"横"过去也就覆盖了多少面积。刀下的蒿枝、芦苇随着刀把的惯性惯至每一刀停下的"落刀点"，众多的落刀点连成一线，又会成为行。对于有经验的横刀手来说，这些行会"笔立直"；对于新手，就有点儿蛇行的样子了。如今，这种生产事象已经淡出了人们的记忆，倘若不说，谁还知道我们的前人曾经有过这样一个"劳动节目"呢？

属于桶类系列的有粪杓、粪桶、粪提桶。粪杓有柄，粪提桶有嘴，粪桶有耳朵。粪杓柄用于舀粪，桶嘴用于浇粪，桶耳朵用于穿绳挑抬。再从材质上看，以前这些桶类都是木质制造的，现在早已改为塑料制品了。

"十八般兵器"有着很深的文化根脉和浓厚的人文气息。举例来说，早前"脱"棉花草就是一种很有文化韵味的劳动现象，或者说是沙地种田人特有的文化享受。那时，多人成一字儿摆开，一边"脱"，一边说笑话、讲故事，或者唱山歌；也有的时候，即景生情，隔着泯沟互相"对山歌"，目前沙地存世的山歌集，多半就是在这种场合产生的。后来撒种改为条播，锄头的脱棉花草也由铁搭的松土除草代替，由于脱棉花草和松土除草的工具不同、姿势不同、用力程度不同，加上时代的变迁，唱山歌的现象也就逐渐消逝了。

沙地人衡量一个人会不会种田，首先看其对待"兵器"的态度。有的人收工回家，"兵器"不擦不洗，随手丢弃，人曰"烂污人"种田。有的人经常擦洗，收工回家，还要在铁质兵器上"上油"，弄得亮光闪闪，还要靠壁竖立或者分行倒挂，像是陈列馆，到了"粪具不闻臭，铁器不见锈"的程度，极见劳动的功底、素养。

沙地种田人的"兵器"发展构成了沙地人的农具史，让人看到了它的过去、现在，又仿佛让人看到了未来农具的前景。

担绳 担钩 悬钩

担绳、担钩、悬钩，曾经是沙地人生产习俗、生活习俗的载体，抬头能见、低头也见。

担绳，由担钩、麻绳组成，以前的农户家家都有，属于捆扎柴火和挑担的配套工具，粗似拇指，长约丈余，尾部呈蛇尾状。出于习惯，沙地人管担钩所在的一端叫头，中间以下部分叫尾巴。

制作担绳的工种叫"绞担绳"，这种活儿不用兴师动众，也不要车间厂房。绞之前，只要备好黄麻或白叶棕麻，在担钩的柄棕处刻上两道凹槽，然后由两个人配合，一个负责添麻，一个负责"绞"，便可大功告成了。

绞的时候，甲取一小撮麻皮拧几下"紧气"，随即"合并"，使合并处形成"鼻过头"，让乙的筷子横穿于此，然后一个添料、一个绞。往右边绞的叫右手绳，往左边绞的叫左手绳。鉴于每条担绳都由三道单股合成的缘故，所以一次性的单股要达到三个"丈余"的总长度。长度完成，甲手里的单股绳作为尾巴作结，暂且固定于半人高的门槛或柱子上。而乙取下筷子，将"鼻过头"套上担钩柄棕的第一个凹槽处，拧紧不使松动。接着，将担绳头往中间挪，以三分之一缺一点的地方为节点而"合拢"，从而形成两个单股，让节点的地方成为尾部的"别过头"。其时，乙或甲再用筷子插进这个"鼻过头"继续向着"紧气"的方向绞，另一人也将手里的单股绳往"紧气"的方向传递，使其成为双股绳。到了担钩柄棕的时候，也缠绕、固定在担钩的凹槽处。缠绕、固定后如前绞，也如前向着腰、尾部传递，使传递着的单股与先前的双股合成三股，直至尾部的"别过头"处。这时，第三道单股还绰绰有余，乙或甲须将筷子取下，将绰绰有余的那一段插入尾部"鼻过头"，同时将这道单股尾一分为二，搓成双股绳，扣上结子，甲揪住担绳头，乙揪住担绳尾巴，用劲拔（拉）几下，担绳就算制成了。这样绞成的绳子，由于"紧气"的作用，连火烧后也会绞在一起。

如果担绳被磨损，或者断了，只要在中间打一个扣子，还可以继续使用。就算是没有用了，有的人也不想随意抛弃，而是用其来吊挂篮子、"烧箕"。在这种情况下，原来的担钩也就被叫作悬钩了。

担绳 担钩 悬钩

担钩也好,悬钩也罢,都是就地取材用树枝杈制成的。每当树木进入冬眠季节后,精明的农家会借整枝的机会,先将大小不一的树枝杈锯成"V"字形,再修饰成左高右低的钩子,高的部分称柄或柄棕,低的部分称钩。当被用到担绳上去的时候,就称为担钩;用来挂东西的时候,就叫悬钩。从实际情况看,做担钩的,必定能做悬钩;做悬钩的,未必能做担钩。可见,这小小树丫,映出的是被量材录用的社会意义。

悬钩的设置很随意,有的人家,在灶间、饭间成行成排地悬吊,连前门后门的屋檐下也有。设置的时候都讲高度,一般是2米左右,身子站直、举手,踮起脚能挂上,再踮起脚能取下。也有的人家,会在悬钩上方倒吊一只旧锅子,以便保洁。

人们常说,存在的,都是合理的;有用的,又都是有意义的。"工欲善其事,必先利其器",担绳、担钩,在农事活动中曾经起到过事倍功半的作用,种田人挑担,说什么也离不开它们。

人们一直称捆扎柴火为"装担"。早先,这种活计比较费事,捆扎的结实度也很不到位。自从有了担绳,只要将其放在地面,柴火放在上边,装得差不多了,再将担绳的尾端挽入担钩,轻轻地往回抽,然后在担钩"V"字形底部处扣上结子,捆扎就算完成了,挑担走路不会出现柴火"着地拖"的尴尬。如果将担绳穿进粪桶"耳朵",再调整到一定高度,还可以挑起便走。这对于当时的挑担人来说,可以算是生产力的小小解放了。

悬钩,对于沙地人的生活也产生过直接的影响。夏秋之际天气炎热,饭菜容易变质,夜晚来临,将它挂在前、后门屋檐下的悬钩上,起到"穿风"的效果,第二天食用,便不会变质。就是平日里,将饭菜装在篮子、"烧箕"里再挂上悬钩,还能避免老鼠、猫儿的骚扰。从这些方面看,担绳、担钩、悬钩的运用,又是沙地人聪明、智慧的结晶。

　　细细把玩,担绳、担钩、悬钩还能折射出沙地人的不少情趣。例如,大人在田间"装担"的时候,小孩会拖着、甩着担绳边跑边撒欢:"蛇来了!蛇来了!"看着孩子身后的担绳,还真像蛇游的样子。这叫孩子的乐趣。

　　还有,沙地人首选榆树等树种的枝丫来做担钩、悬钩,不喜欢用桑树、桃树、楝树等树种来做。一方面,在于榆树的韧性、结实和耐用,桑树、桃树的易蛀、易折;另一方面,在于"桑、丧"同音,楝树的果是苦的,人们不希望这类意境出现在生产、生活中。趋吉之心人皆有之,综观过去,一代又一代的沙地人就是用这样的方式祈盼着自己的安逸、甜蜜和幸福的。

　　随着改革开放的不断深入,科学技术的不断发展,这些20世纪八十年代还在普遍使用着的担绳、担钩、悬钩,到了今天,技艺已经失传,实物渐趋绝迹,那些挑担活计也渐渐被机车代替;就是饭菜的保鲜设备,也由冰箱等设备代替。从这个角度看,沙地人告别担绳、担钩、悬钩的昨天,盼来的是安逸、甜蜜、幸福的今天。

泥络　扁担　铁锹

　　泥络、扁担、铁锹,是挑泥的专用工具,被沙地人称为种田人的"吃饭家生"(音"伤"),在长期的生产过程中曾经做出过重大贡献。

　　泥络,挑泥人称副,一副两只,分别由泥络横头、泥络环、泥络绳组成。横头可以是六七十厘米长的细毛竹,也可以是细树条,泥络环可以是八九十厘米长的桑树条,也可以是毛竹片。制作的时候，先在横头的左右各凿一个雌榫，在环的两端各锯一个雄榫，让雌雄榫结合到位后形成半环形，再用绳子将其编织成网络，接着在三个地方系上小手指粗细的"泥络绳"，泥络算是初具雏形了。

系泥络绳的第一、第二个地方，分别是泥络横头左右两侧的雌雄榫接合部，第三个地方则是半环形的中间部位，从形状看，"三脚"泥络绳构成一个三角形。由于泥络横头在前，泥络的前半部分称泥络的前半身，后半部分则称泥络的后半身。

系绳都是从后半身开始的，步骤是：先将整条绳子"对冤"，使其并在一起形成"双脚"、两个头，尾部形成"鼻过头"，让"鼻过头"托在半环形中间部位，两个头同时透过"鼻过头"，在泥络横头的左右两处各系"一脚"。这时候，泥络绳的格局是，前半身左边的到后半身的是一脚，前半身右边的到后半身的也是一脚，唯独后半身的成了"双脚"。然后在套扁担的地方形成一个"扣子"，泥络才算制成。

泥络绳的装置很有讲究，必须是前低后高。前低叫"尽力"，倒泥时只要先让一只泥络"着地"，一只手提起未"着地"的那只泥络的双脚绳，泥土会非常"听话"地倾倒在地，再用同样的方法去提"着地"的泥络绳，一担泥就轻松地倒完了。若泥络前高后低，那就叫"拗力"，倒泥的时候不管着地与否，泥络总不那么听话，显得费力、迟缓、不好使用。调节前低后高的奥妙全在套扁担的"扣子"里。另外，挑担者个子高矮不同，泥络绳的长短也应不同。

泥络只能容纳掘成团的泥块，那些稀松的泥土，往往是装上去便成了"漏网之泥"。为了不使泥土漏网，主人便安装两只畚箕，装上了畚箕，就是泥络畚箕了。当泥络畚箕装上湿泥的时候，还会粘在四周不易倾倒，徒然增添了泥络的分量，这时候，再弃掉畚箕，垫上一层土布或油纸，于是，就

泥络　扁担　铁锹

61

又叫泥络垫了。

扁担是供挑担用的,有竹扁担、树扁担之称,又有翘头扁担、拗头扁担之别。所谓翘头扁担是指扁担两头弓形似的向上弯着,挑东西的时候,扁担两头向下"荡"着。一般来说,会挑担、挑重担的,多用翘头扁担;不会挑的、挑轻便些的,多用毛竹扁担。

对沙地人来说,扁担是男人的专用工具,妇女很少使用,挑担也是男劳力的专利。那些善挑者,在挑之前站直身子,托起扁担,先清一清嗓子,喊起挑担号子,接着蹲身侧肩,担起来试一试扁担的到位情况,然后起步,再合着脚步节奏,一边打着号子,一边向前行进,健步如飞,旁人感到一阵风似的。如果用心观察还会发现,当挑担人向前行进的时候,翘头扁担两头的货物也会随着脚步的节奏一上一下的,一则彰显着物理原理,二者也起到了切切实实的减负效应。挑担者自己也说:"喊号子能够起到发泄、调节作用,使得肩胛舒展、胸膛减压、脚步轻松,要不,胸口都闷伤了。"那些不会喊号子的,憋着气、涨红着脸挑闷担,而不会挑担的人,双手还要不断地托着扁担,"哼哪哼哪"没个完,一路上不断地歇脚,连连抱怨自己:怎么会生在这个世道!现在好了,不少地方的挑担动作只能在舞台上的文艺节目中看到了。

铁锹,沙地人称"挨锹",以月牙形锹为主,是掘泥、"陈(种)蚕豆"、挖山药、挖芋芳的理想工具。江海沧桑、沙地变迁,千百万江海拓荒者,凭的就是这些泥络、扁担、铁锹组合。

泥络、扁担、铁锹看似简单,使用的人也常常被视为"弄烂泥人"、"挑担的脚夫",但是细细品味,就是这些"弄烂泥人"、"挑担的脚夫"和无数个实践着的沙地人,从泥络、扁担、铁锹的底蕴中悟出了不少大道理。

根据挑担时的亲身感受,沙地人说:"宁挑千斤担,不挑拗头担。"谁的思想落后、顽固,不符合时代要求,他们会说:"你的思想比泥络环还要'环'(顽)。"有谁一味地为自己的利益钻营,结果又一无所获,他人在以"竹篮打水一场空"进行比喻外,往往还讥之为"脱空阿锹"、"弯扁担打蛇——两头勿着实";性格固执的人,会被形容为"杉木扁担——宁断不弯"。一些地方还流行着一种刻薄语,叫作"毛竹扁担暴竹笋"。生活乐观的人,还把泥络扁担看作军衔的标志,其往往自豪地说:"哼,扛起扁担,挑起泥络,我还是一杠两星的军官呢!"最有趣的是拿挖芋艿作比,例如有谁一旦收获颇丰,就高兴地说:"今天我阿(铁)锹挖芋艿——掘拉哉!"就连算命、"抽星宿"的也把铁锹挖芋艿的图案编成签,一旦有人抽得此签,足足高兴几个月。

有人在博物馆里看到泥络、扁担、铁锹的时候,不由得感慨地说:"年轻时说起解放生产力、提高生产力,老半天都不知道生产力为何物,也不知道如何解放、提高生产力。是呀,以前挑泥垒岸用泥络、扁担、铁锹,一人一天只挑两三立方米,现在泥络、扁担、铁锹进了博物院,使用挖泥机,一天工效几百立方米,这就是生产力的解放和提高啊!"这话真是一语中的。

麦耙 泥扒 抓笆

以前,麦耙、泥扒、抓笆,是启海地区沙地人的农事"三小件",与日常的生产、生活密不可分。

麦耙,也即麦扒,由竹片和"U"字形木套组成,呈长方形,底部所钉的十五爿竹片,一端必须削尖,尖端的朝向须与"U"字口一致,长度超过"U"字口上沿五寸,靠边的两根还要呈"外八字"向外张开,以构成接收麦穗的"嘴巴"。

"U"字形木套的边高五六寸,左右两侧钉着木杠,供操作员收麦时揪、握,木杠的长度以不超过"外八字"的毛竹片为限。

　　沙地人收麦,对于不同的品种,历来采用不同的方法。那时,麦类主要有小麦、大麦、元麦,是割后掼的,大麦是割后打的,元麦又称"搂麦",是"拉"后打的。所谓"拉",一种是原始意义上的,男女老少全家出动,手裹布片或戴着手套,一个个伸出右手、分开五指,左手拢上去,拉一把搂进来,放入芦筐,再拉、再搂第二把。"搂麦"的俗称,多半就是这样来的。这种做法,手套、布片很快损坏,手掌也很快起泡、流血。另一种就是使用麦耙,两人握着木杠,将麦耙口对准元麦的"埭头"往前跑,麦耙里的麦穗满了,同时停下来,用刀将麦耙底下连根拔起的麦梗割掉,倒入芦筐后接着拉。这种方法很轻松,进展也快,现代收割机的收割设计,多少借用了这种原理。难怪每逢麦耙收麦,青年男女抢着干,有说有笑的歌声连天哩。

　　泥扒是冬季扒生泥的专用工具。当年,沙地人种庄稼的肥料来源,一靠人畜肥,二靠种绿肥,三靠做生泥。做生泥也有几种形式,一是罱泥,驾着小船,用泥夹子去别的沟河夹污泥,一夹子一夹子的装满船,运回自己田块的沟边,改用"迁婆"一下子一下子的掼在沟边,等晒干后再挑往田间。这种做法,20世纪四五十年代非常普遍,常常有兴化、盐城方向的罱泥船来启东罱泥。二是用铁锹掘泥做泯沟,先将泯沟里的水"车干",然后将沟底的黑色淤泥挖掘出来掼在沟边,也是晒干了挑往田间。三是用泥扒扒泥。这种泥扒与"铁拉"、钉耙近似,只是有六个"齿",比"铁拉"、钉耙大得多,也斜得多,呈月牙形的,每个齿既宽且扁,"脑头"装上长竹柄,或者再在泥扒齿两侧缠成铅丝网,齿向下抛入沟底,接着将竹柄"桁"在肩膀上,双手压着往后扒,三下两下的,会有满泥扒的污泥拉出来。

　　相比之下,罱泥的方式复杂一些,掘泯沟的方式,花工量大一点,只有扒泥的方式简单、易行,利于单家独户展开。沙地人看准了这一点,就普遍以扒泥的方式进行,久而久之,使用泥扒也就成了习惯了。

　　抓笓,根据功能又称柴笓、爪扒,用八九根小手指粗细的毛竹梗制成,也有用铁丝制成的,其状好像叉开五指的手掌,爪头弯曲,有柄。对于农家来说,拾柴扒草不弯腰,多柴多草饭菜香,很有实用价值。鉴于柴笓含有抓着、扒着后再也不会散去的意思,加上生活中又总有这样一种人:钞票进了自己的腰包,再也不想被拔出去,于是人们便称这种人为"铁抓笓"。

　　然而到了20世纪八九十年代,麦耙、泥扒都被收割机、挖掘机代替,抓笓也被烧茶煮饭的液化气、液化灶挤出炊事队伍。不可避免,旧的生产、生活习俗往往会被新的生产、生活习俗代替。

农事谚语

　　沙地人对自己的土地最熟悉,对农事也最在行。谚语说,"三百六十行,种田头一行"、"只有懒人,呒得懒地"、"做人怕鬼混,种田怕草混"、"人勤地长宝,人懒地长草"、"三分种,七分管,十分工夫最保险"、"人误地一时,地误人一年"、"稀麻猛(密)麦,等于火着(被炎烧)"、"握泥笃豆,凿石头种麦"、"种瓜得瓜,种豆得豆"、"点灯不用油,耕田不用牛"、"工欲善其事,必先利其器"、"磨刀勿浪工,白落获得轻松松"。这些谚语似乎让人听到了耕耘土地时主宰者的声音,看到了种田人的形象。

年复一年的种啊收啊，对于酸甜苦辣又最有体会，沙地人几乎都会形象地说，"一熟蚕豆一熟麦，种来头发'苏牙'（胡子）雪雪白"、"两个黑隆隆，起早摸黑当一工"、"将（鸟）叫做到几（鬼）叫，夜来还有一顿镬灶（洗锅碗）"、"扁担是条龙，一世吃勿穷"、"泥络扁担'一杠两星'，挑泥做岸缺它不行"、"宁挑千斤担，勿挑拗头担"。这类谚语又似乎让人看到了沙地种田人以苦为乐、苦中作乐、坚忍不拔、乐观向上的一面。

在高举"总路线"、"大跃进"、"人民公社"这"三面红旗"的时候，农谚又说，"手握铁搭柄，心里冷冰冰"、"自留地上拼命做，集体生产生病做"、"话到吃饭，生活一贯"、"雨量小到中，正好勿出工"，影响最大的要数"宁要社会主义草，不要资本主义苗"。这些农谚活脱脱刻画出了那个时代的特征。

沙地种田人历来认为，"人靠饭饱，田靠肥料"、"肥是农家宝，庄稼少不了"。这些谚语就像口诀，经常在沙地人的嘴里出现。"人哄地皮，地哄肚皮"、"求学靠读书，种田靠养猪"、"养了三年蚀本猪，田里好来勿得知"、"想要庄稼长得好，就要罱泥绞温草"、"青草沤成粪，越长越得劲"、"追肥不如底肥，春肥不如冬肥"、"上粪不浇水，庄稼干喷嘴"、"冷粪果树热粪菜，生粪垩田土变坏"、"冬生泥是金块，春生泥是欺块"、"一寸棉花勿怕一尺水，一尺棉花只怕一寸水"……细细品味，此类谚语充满了辩证的味道，具有较高的科学道理，堪称经典。

对于天时地利和农事的关系，沙地谚语也有独到的表述。"六月盖了被，田里不长米"，意思是六月份气温低，夏熟作物的收成肯定不会好。"一年之计在于春，一日之计在于晨"、"一寸光阴一寸金，寸金难买寸光阴"、"季节不等人，一刻值千金"……这类谚语旨在提醒人们珍惜时光，抓住机会及时耕耘。"冻断'搂麦'（元麦）根，牵断磨坑绳"，表明寒冬腊月气温越低，害虫冻死的越多，有利于麦子丰收，都快要把推磨的绳子磨断了。"三月沟底白，青草变成麦"，是在说农历三月没有雨，有利于元麦、小麦、大麦的生长、发育、抽穗、扬花，甚至夸张地说这样的天气，连青草也会长成麦子。"小满前后，种瓜种豆"、"芒种不种，过后落空"、"芒种，棉花黄豆乱种"、"头莳棉花二莳豆，三莳种赤豆"，这几句讲的是旧时的播种时节掌握，后来讲究科学，推行温床育苗，播种时间大大提前，沙地人又说，"清明备耕种大熟，秋后丰收有把握"。种田是露天作业，受多种因素制约，他们又说，"春夏秋冬不做工，冷天要喝西北风"、"寻娘子勿着一世，种田勿着一熟"，言下之意，吸取教训，勒一勒裤腰带，咬咬牙关，来年下决心看我的。如果农历八月青蛙鸣叫，象征着秋播干旱，他们又会敏感地说，"八月田鸡叫，耕田犁头跳"，而"寒露里开黄花，弄堂里剥棉花"的谚语，则是道出了节气与采摘棉花的关系。

沙地人的农事谚语，是沙地种田人的诗、沙地种田人的歌，也是种田人所特有的话语权。

关于鞋子

长期以来，沙地人一直喜欢穿自己做的布鞋子。这种鞋子，是中华民族、炎黄子孙整个鞋子家族中的一员，历史非常悠久，早在三千多年前的殷商时代就已经有了。

鞋子家族中的名目十分繁多，按材质分，有布鞋、草鞋、木崛底、皮鞋、胶鞋、芦花靴、纸鞋等；按形状分，有直底鞋、弯底鞋、方口鞋、圆口鞋、高帮鞋、低帮鞋、高跟鞋、低跟鞋、尖头鞋、圆头鞋等；按穿鞋人的人生历程分，有"叽咕"(周岁)鞋、结婚鞋、寿鞋、冥鞋等;按颜色分,有黑鞋、白鞋、红鞋、白沿口鞋、黑面白边鞋。还有男鞋、女鞋、小儿鞋之别,暖鞋、夹鞋、棉鞋、凉鞋之分,近代又有皮鞋、球鞋、靴子、雪里鞋之称。幼儿时期的鞋子都呈猫头状,又称虎头鞋。

不同的鞋,都有不同的制作方法。旧时布鞋纯粹是女人的手工活,都要从"背硬衬"、纳鞋底开始。鞋底用的布,少的五六层,多的七八层,每双鞋底,又都要纳上千百针,因此又称千纳鞋。制作最讲究的是花鞋,为了吸引眼球,制作者往往会别出心裁地用丝线在鞋面上绣上各种颜色的花草、文字,最常见的有荷花、牡丹、鸳鸯戏水和双喜字、寿字。

制作草鞋则是男人的手工活。由于启东、海门的陆地全由长江水带来的泥沙沉淀而成,江边滩涂上的薯草、江草成了沙地人取之不尽用之不完的制鞋原料。他们仅凭一张凳子、一个耙子、几条绳子,不分家前屋后、场院门边,只要摆开作场,就能将薯草、江草和其他软化了的稻草等变成一双又一双成品,这个制作的过程叫作"推草鞋"或"打草鞋"。

草鞋分两种,一种呈船形状,与布鞋相似,叫蒲鞋。材质上乘、款式新颖、做工精致的,又称"关精蒲鞋"。另一种为"赤骨型",以底为主,脚板的正面处编一个"三叉结",脚后跟系两根带子,直接称草鞋。有些地方将以布编制而成的叫"布草鞋",用麻编制的叫"麻草鞋",用稻草做的叫"稻草鞋"。

木崛底,只要锯一块脚形状的板,在脚板、脚跟部位钉上与脚板一样宽的小木杠,系上绳子即成。还有一种木拖鞋,只需将木板锯成脚板状,钉上带子,便可穿着行走。如果将高帮鞋子涂上油,底部再加上若干颗铁钉,就是油布钉鞋。这几种鞋很简单,也很实惠。

沙地还有许多芦苇,芦花理所当然地成了沙地人制作芦花靴（也称芦花蒲鞋）的原料，每当芦苇抽穗季节，沙地人总会忙着采摘，然后像"打草鞋"、"推草鞋"那样地制作起芦花靴来。

　　不同的鞋，都有不同的功能和用途。芦花靴供冷天使用，既保暖，又无脚汗。木崛底、钉鞋、套鞋、高统靴子，总是在阴雨天使用，木拖鞋适宜于夏秋季。还有一种从北京流传过来的款式叫北京鞋，是20世纪六七十年代在沙地广泛流行的青年鞋，鞋边用白色的确良包边，然后与鞋底缝合，男青年经常在约会、相亲时穿上，洗刷的时候，都会用牙膏、粉笔在鞋边描绘加白。花鞋是女性专利，在于体现秀美；尖头鞋也是女性专利，那是百年前的时髦。有一种鞋，女子在十五六岁的时候就做了，做成后老是藏着，供结婚以后穿。结婚用的喜鞋，一般会有双喜字；死后穿的寿鞋，有的在五六十岁的时候就准备了，鞋底刺有"寿"字；冥鞋，人死后，搁在灵台底下，里边放着纸绽。另有一种纸鞋，跟冥衣一起粘贴，在祭拜死者的时候当场烧化。白鞋子，死者的子女穿，叫孝鞋；白沿口鞋，死者的孙辈穿。红鞋子，死者的子女专门在"释服"之后穿。以前的蒲鞋还有一个特殊的用途，死了人，将其扳翻过来，截掉后跟，称之为"颠反蒲鞋"，让儿子穿着，手里牵着纸船，跟着和尚、道士在丧场中间转，第二天，再穿着去集镇"扫街"，这种做派叫"披麻戴孝"、"粗麻重孝"。这是千年习俗，什么意思，一般人解释不清。唯有婴幼儿穿的虎头鞋，民间都会说：避邪气。

　　应该说，刚刚开始的时候，草鞋是个时髦货、稀罕物。大思想家庄子曾经穿着自己编织的草鞋去见魏王。汉朝以前的皇亲国戚、公侯将相都以穿草鞋为荣，汉朝的汉文帝刘桓，更是一个穿着草鞋上朝的皇帝。三国时期的蜀国国君刘备，是跟母亲一起卖草鞋的主。民间的侠客、隐士，也常常"竹杖芒鞋轻胜马，一蓑风雨任平生"。只是随着物质生活的富足，文明程度的提升，草鞋才开始为王孙贵族所不齿，也渐渐地成为平民的专利。

草鞋有很多优点，尤其是沙地菁草、江草制成的草鞋，轻便、柔软、防滑、滤水、透气、防脚臭。一代又一代的沙地人，小伙子也罢，中老年也好，走亲访友、出门办事，顶多打一个绑腿，穿一双新草鞋，便已精气神十足，就是推车、挑担，行军赶路，一天步行百十里，两脚也都不起泡。沙地人的草鞋，成了鞋子家属中一道亮丽的风景线。

沙地人生生不息的鞋子文化也很淳朴、浓厚。沙地人将不正经的女人称为"破鞋"；不值得交往的人，又曰"别擦（采）它坏皮鞋"。歇后语如"穿草鞋打领带——土洋结合"等，谜语如"两只黄狗四只耳，牵着不走拴着走"等，格言谚语如"脚正不怕鞋歪"、"鞋有样、袜有样，儿媳学婆样"、"脚掌起泡，别怨鞋子"等。他们把自寻烦恼、自讨苦吃、搬起石头砸自己的脚的现象，表述为"自推草鞋自打脚底"；又取笑那些自作聪明，机关算尽，到头来事与愿违，反而让别人得到了好处的人，称其为"乖做乖，给别人提草鞋"。草鞋，总是成双成对的，但耐用程度各有不同，损坏的时间也有先有后，使用的人将没有坏的那一只，与另一双没有坏的那一只拼凑为一对，土话叫作"拾蒲鞋拼对"。这种现象引申到婚姻配偶中，就把死了妻子、死了丈夫后的男女双方重组家庭的现象，也叫作"拾蒲鞋拼对"。还有一个洞房花烛夜谁都不愿公开、又谁都没有验证的小秘密：脱鞋上床，男的或女的事前受母亲的叮嘱，要将自己的鞋子叠在对方的鞋子上，说这样，日后会做得了对方的主。也有人喜欢拉大旗作虎皮，吹嘘、炫耀自己的亲戚或朋友都在上级机关，以示其靠山了得。碰上这种情况，最恰当的回应是，"皇帝也有草鞋亲"。沙地人还有《绣花鞋子噱利尖》的山歌，唱道："风吹芦叶环头尖，挽子落夺（拉在）掩窝田（潭）。毛腻蓝（深蓝色）转裙

（围裙）短纠纠，绣花鞋子噱利尖。"有一位落泊文人还曾以被弃的草鞋自喻，作词一首："少日青青老来黄，十抠万结结成双。甫能打就同心结，又怕旁人说短长。云雨事，我承当，可惜不能进兰房，有朝一日肚肠断，弃旧恋新撇道旁。"有关鞋子的对联有"鞋绣金凤着地那堪登天，扇描墨龙呼风不能唤雨"、"大楦头，小楦头，乒乒乓乓打出穷鬼去，莫要纠缠小弟；粗麻绳，细麻绳，吱吱嘎嘎拉出财神来，不妨照看晚生"等。当年做军鞋、送军鞋唱的"打双草鞋送给郎，南征北战打胜仗"、"脚穿草鞋跟党走，刀山火海不回头"的山歌，更是唱出了拥军爱党、军民鱼水情深的个中真谛。

随着时代的发展，鞋子在不断地变化着、翻新着，人们的认识也在不断地变化着、更替着。草鞋由布鞋代替，布鞋被皮鞋、球鞋代替，皮鞋、球鞋、靴子的人均占有量越来越大，磁疗鞋也进入千家万户。可曾几何时，草鞋又身价倍增，重新说它有按摩、活血、强身健体的作用；远离布鞋的人又回潮了，说布鞋通地气，有阴阳调和的作用。女人的尖头鞋早已绝迹多年，可是有的人又思念了，说是尖鞋走路更能体现出女人婀娜多姿的风韵。这鞋子，还真映出了人们的审美观和社会文明的变迁。

一囊棉花做到头

沙地人曾经有过一句老话来表达一个共识：一囊棉花做到头！这是沙地女人（也有少数男人）聪明、能干、勤劳、智慧的结晶，也是沙地人对沙地女人的最高褒奖。

所谓一囊棉花做到头，指的是从拾棉花开始，将棉花做成衣裤、鞋帽的一系列过程。据粗略估算，其间要经过晒棉花、拣棉花，轧棉花、弹棉花，擀棉花条、纺纱、货纱（将纡子绕成纱页)、浆纱、做筒管、敲经绳、套筒管、经布、挽布、匀布、潜纵、嵌扣、做梭陀匀(形似小纤子)、织布、裁衣、缝衣等20多道工序,如果加上整地、播种、培育,工序会更多。

在"一囊棉花做到头"的工序流程中,通常的配套工具有轧花车、弹花车、擀板、擀棉花条飒子、纺纱车(又称伞穿)、芦蓙臼、老华绽子、绽子、货车、豁板、织布机。织布机本身也有很多部件和配件,如仙鹤脚、仙人跳、梭子线、布机耳朵、追布跷、抬高、放纱船、扣撑、小撑、坐机扁担、踏脚板、纱轴、隔纱芦头、高(绞)棒、扣、纵、洋口夹、小口夹、扣娘、梭子、梭心等。纱轴装机,叫作上机。与纺纱织布、裁衣缝衣配套的行业有"差绽子"、磨剪刀、弹被絮等。

在众多的流程中,经布一关最为复杂,首先要根据布幅的宽窄、颜色的搭配和花纹、纱头的多少,才能决定筒管、踏脚板和梭子的多少。这些数据定下后,接着要选择场地,于场地一侧的地面上划一条略显弧形的线,插上与筒管数字相同的筷子,再在筷子的下端安放两根交替式的芦头,然后套上筒管。还要在弧线前边的左右两旁敲上"经绳",其间的距离为一丈,想织几丈的布,就敲几根"经绳",在经绳前站着的人专事挽纱。筒管上的所有纱头,一开始就拢在一个人手里,这个人叫经布人。经布人手拿一只无纱筒管拢住手里的纱,跑到左边的经绳前,把纱交给挽纱的人,等挽纱的接过去挽上经绳,立即再往右边的经绳跑,把纱交给右边那位挽纱人,等其挽上经绳后,再匆匆忙忙地往左边跑……

"忙来就像经布"的习惯语源出于此。经布人每跑完一个轮回,还要负责"作绞",以便在潜纵、织布时形成开合空间,供梭子穿梭之用。经布人还要在挽完第一轮纱的时候,于第一撮纱的地方涂上黑色或绿色的墨水什么的,叫作"墨头",便于织布时识别长度。经布结束,进入匀布阶段,将纱卷成团,放入"藤盘",装进朝天凳子,再放几块砖头,以增加分量，另一端缠在布机的卷轴上，一段一段地通过扣与纵的梳理卷上纱轴。卷的时候，每一圈都得放上几根芦头，防止纱层间黏合，这叫隔纱芦头。经布、匀布结束，整个过程也算完成了大半。

织布有易也有难，有简单也有复杂，最容易、最简单的是"单串"、帐纱、白生布、条子布，只需两只踏脚板。越复杂，难度越大，踏脚板会越多，分别是四只、六只、八只、十六只、十八只，最多的二十四只。织布时不但要使双脚踏稳，还要使双脚踏正确，与此同时，对于众多的梭子，出手不但要快，还要不能拿错，保证眼到、心到、手到、脚到，如果略一分心、稍一走神，将会返工老半天。正因为如此，姑娘都是从"单串"、帐纱、白生布开始织起，然后织条子布、格子布、麻田布、斜纹布、芦菲花布等。

许多女子在使用"洋口夹"织布的时候，其速度快得惊人，"洋口夹"推、碰发出的"轻轻哐"、"轻轻哐"的声音有板有眼、悦耳动听，直让人心旷神怡、心驰神往。

织布用的纱有两种称呼，纵向的叫经纱，横向的叫系纱。经纱，要经过"浆纱"的过程，即是将纱放在面粉做成的糨糊里锤炼，待拧干、晾晒后做成筒管，供经布所用。系纱，指棉纱缠绕成数陀匀，装在梭子里供织布用。

昔日，"一囊棉花做到头"的人文气息体现在社会生活的方方面面，连相亲都要把这种关键因素考虑进去。传说有一对母子去女方家相亲的时候，觉得女方的面孔很耐看，想再看一看女方的针线活，谁知这位姑娘不善针线，结果使亲事告吹，从而在留下遗憾的同时，也留下了"聪明面孔傻肚肠"的话柄。

新媳妇上门，祭祖"待招"后的第一件针线活是做布袋、装衣领。布袋，象征着传宗接代；衣领，沙地人又叫"高领"，象征着夫婿高高在上带领民众的意思。

沙地人又称缝衣的针为"女线",女人们在为自己的子女、丈夫,抑或是意中人缝衣纳鞋的时候,不小心将"女线"刺入手指,如果受伤处血流如注,再痛也会含笑说:"嗯,有良心!"如果受刺的地方没有半点血印,会不高兴地说:"硬心肠,没良心。"最难得的是唐代诗人孟郊,将女人缝衣做衣的情爱全都融合进了《游子吟》里,其诗云,"慈母手中线,游子身上衣。临行密密缝,意恐迟迟归。谁言寸草心,报得三春晖。"清朝溧阳的史骐生、彭桂,分别在《写怀》和《建初弟来都省亲喜极有感》的诗里说:"父书空满筐,母线萦我襦。""向来多少泪,都染手缝衣。"人性、母爱溢于言表。

在"一囊棉花做到头"的流程中,偶尔也有男性参与,且男性的手艺、质量不比女的逊色,这应该是好事,可是人们不予认同,马上招来非议,说什么"男做女工,越做越穷"。想想也对,男耕女织是农耕社会的分工,你一个大男人,干吗去凑这份热闹呢?

沙地女人在"一囊棉花做到头"的过程中很有创造性,也喜欢织造具有时代特色的文字,20世纪六七十年代常见的"工农兵"、"总路线"、"大跃进"、"人民公社好"的字句,让人大开了眼界,稍后又将龙凤呈祥等图案都织出来了,这实在是"一囊棉花做到头"的一次飞跃。

在沙地人的历史上,"一囊棉花做到头"的女人们经历过计划经济时代,可惜的是,种田人穿衣的布票限定在每人每年2丈1尺,衣服的款式也受到限制。由于这个缘故,女人们"一囊棉花做到头"的天赋多少受到了影响。尽管如此,她们也没有半点怨言。

值得一提的是,在1986年的时候,启东县民间文艺采风组于秦潭乡农民张锦文家里发现了一幅回文织锦,织的是前秦女诗人苏惠思念丈夫窦滔的诗句,全文廿四句:"夫妇深恩久别离,鸳鸯枕上泪双垂。思量结发当初好,谁知今日守空帏。语去传书知未便,晓醒寄信雁未迟。寒来暑往催人老,美貌青春两不齐。本想家中柴与米,再思身上少寒衣。山遥路远情难睹,冷落空房懒画眉。本欲与夫同日去,公婆年老怎丢离?去时嘱咐真情话,不料如今久不归。梦里想来同枕睡,醒来不觉痛伤悲。可怜天地同日月,阳雀盘山中早归。野鸟向林寻对宿,人生何事各东西,回文织锦朝天子,早放我夫配寡妻。"这是一幅价值连城的文物,将沙地女人"一囊棉花做到头"的技艺演绎得淋漓尽致,也见证了沙地人"一囊棉花做到头"的源远流长。

　　有句老话叫作"物竞天择适者存",想那"一囊棉花做到头"的话语,毕竟是农耕时代留下的印记,社会发展到现在,老式的纺纱车、织布机等,都已为智能化的高科技所代替,"差绽子"、磨剪刀等行业也渐渐不见了踪影。时空环境改变了,"一囊棉花做到头"的话语自然也就不再适应眼下的社会发展了。如今年轻人不知道"一囊棉花做到头"的大有人在,唯有一些老人,在投缘的情况下,还能说出几许来龙去脉。

芦苇　芦头

　　芦苇、芦头有很多值得说道的地方。

　　首先,芦苇具有过滤泥沙、净化水质的功能,是造纸、人造丝、人造棉的重要原料。

　　古时,"苇索"、"苇茭"被人们视为辟邪的东西,《本草纲目》说它"解诸肉毒",《王揪药解》说它"清肺止渴,利水通淋"。在缺少砖瓦、木料的年代,芦头的最大价值在于:如果砌房造屋"推"成笆的话,能够以笆代墙;"推"成篾的话，能够以篾代网砖；做成床的话，就是芦笆门床。也可以用来搭建山药栅、扁豆栅、篱笆，丧事人家将芦头去壳后用以"扎课"。敲成芦轧后可以做畚箕、芦菲、芦户、檩条、芦篮、掼篮、酱油缸盖子、烀糕垫、数陀匀篮等各种芦器。次品芦头，拿去做织布用的"数陀匀"心子，或者让病人吮吸茶水。最普遍的，用来烧火做饭，也就是俗话说的"灶涂着桢"；最最没有用的，沙地人拿它括屁股，叫作"拣污芦头"，扔进茅坑里，又称"粪渣柴"。芦花可以做扫帚、芦花靴，也可以代替棉絮作枕芯、棉袄、芦花被。芦青是牛羊的首选饲料，芦叶是包裹粽子的首选品。

当地人对芦苇的称谓相当细化，在泥土里的部分，叫芦根；春天破土而出，叫芦芽头；而发芽又未出土，则叫芦刺，《九九歌》里"六九五十四，泥里出芦刺"的"芦刺"即指此；芦芽头长出叶子后称芦青、芦苇；砍斫后称芦柴；从芦柴中整理出来的正品称芦头；整理的过程叫"飒芦柴"；芦头敲扁后制作芦器的称芦轧。

芦柴从收割到砌成房屋，其间的工种步骤有：斫芦柴、捆芦柴、掮芦柴、飒芦柴、铡芦柴、推笆。推笆的配套工具有铡刀、蓬豆（穿篾于笆内）、墨斗。

笆有护笆、实笆、虚捏、篾、芦笆门之别。护笆、实笆用于房屋的四壁。篾，摊在椽子的上边，供盖草、铺瓦用。芦笆门，一可以代替床板，二可以代替门板，均由笆匠操作，这个操作的过程就叫推笆。笆匠在推笆的时候，根据季节的变化都会戴帽子，据说，戴帽子推笆，意味着房子不会漏雨。

推笆有右手笆、左手笆之分，砌房子用的都是右手笆。有一种茅草屋叫"环洞舍"，先扎成粗壮的"柴把子"，然后在搭建的地方架构起数道环形，覆盖上"虚捏"，摊上草，最后盖上"芦骨狼"，顶多装一个芦笆门。这种环洞舍又称"滚龙厅"，中间还会砌一个泥灶，俗称"八百斤"，如果再按一张芦笆门床，就算是全家人的窝了。

笆、篾、虚捏、芦笆门，另有多道辅助性工作，扎引条、绞芦轧绳、穿蔑针、踏篾针、扭篾针（打结之意）、铡平。

引条也由芦头制成，有酒杯粗细，每隔五六寸的地方用白叶鬘捆扎。芦头的长短不限，只要随着引条的延伸，不断地添加芦头就成，添加时要匀称不能粗细不均。引条的长短，根据笆、篾的长短决定，引条制成后，固定在笆、篾的背面。在完成了穿蔑针、踏篾针、纽篾针等几道工序后，整个笆、篾等的制作也就结束了。

绞芦轧绳，就是将芦轧拧成单股绳，到了一定长度后，再将其拢在一起成为双股（稻草绳亦可），然后一手揪住两根芦轧绳，一手捏住两根芦头，在两根双股芦轧绳相同的部位穿插进去，每隔五六寸的地方穿插一次，穿插完毕，将两根芦轧绳推向两端尺许的地方，几个人帮着竖起，以芦头的上下、芦轧绳的左右平直为准，最后卷成圈，甩到屋顶，这个物件就叫"芦骨狼"，起到固定屋面茅草的作用。"芦骨狼"的长短宽窄，也视屋顶面积的大小而定。

敲芦轧的工具名叫芦抽，又叫芦柴棍，一般由手臂粗细、一二尺长的弯形竹根制作而成，其一头削成双面斜尖口。敲芦轧的方法、步骤也很简单：先将芦头根部削成斜口、敲破，左手用芦抽将削尖、敲破处压住，右手揪住芦头根部往后拉，这样，芦头会顺着芦抽一根到梢地裂开，然后再来回地敲打几下，就成为真正意义上的芦轧了。

长期以来，沙地人在侍弄芦苇的时候积累出了不少学问。将笔直的芦头去梢去壳，用几道绳子编成长串，称帘子。帘子打桁，可以晒被晒谷子；夏秋季节，捕鱼人将帘子放在水面上，一边敲打水面一边向前移动，鱼儿会自己跳上帘子；将芦头编成帘子插入沟河里，则称"簿子"，与"簿子"相配套，用以装鱼虾的笼子称为籪。将若干块三十厘米左右宽、五六米长的"簿子"插在海滩上，块之间埋一只小缸，在涨潮退潮时，蟛蜞顺水遇阻爬入小缸，退潮后前去捞取，准会满载而归。

芦苇通过文人的艺术加工，产生过许多新的意境，如《诗经》中"蒹葭苍苍，白露为霜"，唐代贾岛《雨后宿刘司马池上》中的"芦苇声兼雨，芰荷香绕灯"、白居易《独树浦雨夜寄李六郎中》中的"可知风雨孤舟夜，芦苇丛中作此诗"、贯休《秋末入匡山船行八首（之二）》中的"芦苇深花里，渔歌一曲长"，宋代苏东坡《惠崇春江晓景》中的"蒌蒿满地芦牙短，正是河豚欲上时"等。如果说，历代文人关于芦苇的诗篇是芦苇文化中的珍品佳肴的话，那么，世世代代的沙地人创造、传颂并沿袭着的关于芦苇的方言、土语、习俗，则是沙地人献给芦苇文化的土特产。药书上有芦苇能"解诸肉毒"、"清肺止渴，利水通淋"的记载，沙地人就有"拼死吃河豚，要活吃芦根"的经典谚语。古书上有芦苇辟邪的记载，沙地人就有使用左手笆的讲究。说是得了邪气的人，睡了左手芦笆门的床铺，邪气就会遁去。让死人手里揪两节芦壳，成了民间的习俗，意味着死者会在阴间路路畅通。对于萎靡不振、走路也东倒西歪者，沙地人称之为"跌倒山药栅"；对于动不动吹胡子瞪眼、挥拳相向者，沙地人称之为"朝天芦桩头"；对于没有真才实学、没有主见，喜欢东风东倒、西风西倒者，沙地人称之为"墙上芦苇，头重脚轻根底浅"；对于没有用、不受欢迎者，沙地人称之为"拣污芦头"、"粪渣柴"。人们还经常用"坏扫帚配坏畚箕"来比喻丑男丑女间的门当户对。再有一种劳动现象，即每当收割芦苇的季节，老伯伯、大叔叔们手持刀把、伛着身子在沟坡上收割芦苇，上边离沟沿尺许，下边离水面不远，总要一手抓住了柴把，才挥刀收割，又总是揪住了柴把，才不使身子掉入水沟。人们把这一劳动现象跟小朋友们的学习现象挂起钩来,家长间互相问:"你那孩子考试成绩怎么样?"答者说:"老伯伯斫沟沿——抓住。"这条歇后语告诉你:孩子的成绩刚好及格,没有掉下去。以前,沙地人在享受着"滚龙厅"、"八百斤"、"芦笆门"这些"待遇"的时候,喜欢哼唱"住么住的'滚龙厅',烧么烧的'八百斤',前边装的芦笆门,东南风爽自开门",笆匠师傅也唱着"一根芦头七尺长,活人死人派用场,雕空椽子凿空梁,一年四季乘风凉"的山歌。后来有了《拔根芦柴花》的歌曲,"……拔根的芦柴花花,姐郎那个劳动来呀比赛,姐胜那个情郎啊山歌那个唱呀,情郎那个胜姐亲桃腮",这情深深、意浓浓的感觉,直让人荡气回肠、回味无穷。

  沙地人的芦苇一年一茬,在沟河边发芽、生长、成熟、枯黄、收割。当年,沙地的老祖宗们为了防止沟河坍塌,也为了淡化土壤,在沟边、河边栽上芦苇,谓之种青;经过世世代代沙地人的精心呵护,才形成了独具沙地特色的芦苇生长态势。然而,随着生活水平的不断提高,沙地人的茅草房由砖瓦房代替,烧草由液化气代替,用芦苇制成的生活用品由塑料制品代替,人们对芦苇已经渐渐地失去了应有的重视,有的地方芦苇处甚至遭到了除草剂的喷洒。沙地人的芦苇正在呻吟着、呼救着。

渔猎神韵

摸甲鱼

甲鱼,官名曰鳖,清炖、红烧,都是宴席上的珍品、人们喜欢的佳肴。沙地人讲究名分,他们将逮鱼、抓蟹称为摸鱼、摸蟹,所以爱将逮甲鱼的营生称为摸甲鱼、捉甲鱼。

甲鱼身体的周边又圆又滑。平常甲鱼似乎很随和,但在发起攻击的时候十分凶悍,发现猎物,张嘴就咬,一般捕鱼人往往会被咬痛,有的甚至被咬断手指。然而只要方法得当,掌握窍门,再凶再大的甲鱼也能对付。

方法之一,摸。摸甲鱼的时候不抓背、别揪脚,顺着方向,挑其腹部的后脚裆下手。也就是说,用拇指与食指"挽"其后腿的两只腿窝。这个地方俗称"软裆",揪住这个软裆,甲鱼准会束手就擒。如果跟它开个玩笑,用手指在其腹部挠几下,它还会缩着头痒痒得只有划动四肢、手舞足蹈的份儿。

方法之二,捉。人们根据甲鱼只会趴行和筑塘而不会划水的特点,事先在沟底挖一个面盆大小的坑,俗称"井田(潭)",也称"甲鱼塘",或者埋一只"落缸",当甲鱼经过时掉下去,当即成为不能自拔的角色,眼巴巴地只有等待被捉。

方法之三,钓。钓甲鱼与钓其他鱼的最大区别在于钓甲鱼得使用直钩。甲鱼喜食猪肝,猪肝在水中又能发出一种光,于是人们常以猪肝为饵,先切成若干条块,再将缝衣针穿上线,穿裹于条形状的猪肝之内,甲鱼食之,针线横卡在嘴里,正好被钓住。

还有一种飞镖捕捉法,其手段十分了得。飞镖的一端由十分牢靠的线系着,线长若干,缠于线陀之上,发现甲鱼,急速出手,高手往往会百发百中。前几年有一个上沙人来下沙捕猎,使用的就是这种方法。有个王姓青年跟随老半天想要学会这门技艺,结果仰天叹息:"此非一日之功,难也!难也!"可惜这样的捕捉方法无法传世。

如果气候适宜,网具、"提笼"也能捕到,甚至连走路的时候脚尖都会踢到甲鱼。当然这些就要碰运气了。

甲鱼的生命力极强,离水多天也能生存。被抓后倒入缸内,缸的口上还得用纱、布或筛子扣住,防止蚊子叮咬,再伺机拿到集市上去出售。为了不使甲鱼伤人,捕捉的人常常用针线将其嘴巴缝上,叫作"锁口"。锁口的线留下尺许,供出售时挂在摊子前让人观瞻。

宰杀甲鱼的时候,先踩住锁口的线,或者揪住其颈部,然后挥刀。根据这种动作,人们又把宰杀甲鱼称为"拷甲鱼"。

沙地人喜欢拿甲鱼说事,也爱拿甲鱼进行比喻。有些人圆滑、逃避责任、不愿担当,被人说成"比甲鱼边还滑"、"扁塌塌、滑扭扭,捉都捉不住"。

有的父母平时舍不得吃、舍不得用,省下钱心甘情愿地供孩子花费的时候,往往在四下里说:"我的嘴巴是锁起来的。"看,自己的省吃俭用跟甲鱼的锁口联系到一块了。

在一些调笑场合,甲说:"你这只乌龟。"乙回敬说:"你这只甲鱼。"双方都没有便宜可占,结果彼此讥讽就在相视大笑中作罢。

　　有些人不知道自己的短处、缺点，总以为自己行、别人不行，常常盛气凌人、不可一世。有人不服，于是暗地里寻找他的毛病，专抓他的缺点。一旦逮住盛气凌人者的把柄，盛气凌人者会措手不及、招架不住。其时，旁人高兴地说："哈，这一回抓住了他的软裆啦！"嘿，沙地人把"捉软裆"的一套扯到人际关系上去了。

　　如果相互熟悉、知己的人说错了话、办错了事，朋友间还会开玩笑地说："你是吃猪肝长大的，这样不开窍。"

　　当走路匆忙，不小心踩进坑洼地的时候，平常与你爱开玩笑的人也会送寻开心地叫嚷："噢，落井田咯！"就连瘸腿的人，也被一些人呼为"甲鱼"。

　　更有趣的是，两个或几个爱开玩笑的人相聚，一个突然揪住另一个的手大声宣布："今朝抓到了！"被揪的有些愕然，问："抓到什么了？"答："甲鱼呀！"或者两手拤住对方颈部乐呵呵地说："拤甲鱼了，拤到甲鱼了。"这样的场面，引出来的自然是前仰后翻的大笑。

　　"软裆"，软肋、要害、短处、弱点的意思，"捉软裆"还有"抓小辫子"的意思。与人相处"抓小辫子"实不可取，把自己的欢乐建立在他人的生理缺陷上也不可取。然而值得称道的是，捉甲鱼的现象体现出了渔人的勤劳智慧和勇敢精神，连一些出奇制胜的战略家们，也曾运用"捉软裆"的战术在对方的要害部位做文章。沙地人能够在摸甲鱼的事象中悟出这种哲理、酿制出这样的人文意境来，实在是可喜可贺。至于甲鱼养殖业的逐渐兴起，养甲鱼专业户的不断涌现，导致摸甲鱼的现象几乎绝迹，那就另当别论了。

鱼鸦捕鱼

鱼鸦，乃鱼鹰中的一种，有的地方称鸬鹚、水老鸦，属于鸟纲鹈形目鸬鹚科。经过饲训后的鱼鸦，长江口、黄海边的沙地人习惯地称其为鱼蛙。

鱼鸦体型似鸭又似鹰，全身长着黑中略带紫蓝色的羽毛，眼睛碧绿，长长的嘴巴在尺许之外弯而有钩，颈脖处的皮囊弹性极大，是捕鱼时最理想的储存仓库。这种以家养为主的鱼鸦，脚下系一条半尺多的脚绳，绳的另一端系一块长方形的小木板，便于捕鱼人竹篙勾拉时使用。它们不会飞，闲着无事的时候，会扑打着翅膀，摇晃着身子走几步。它们也会欺生，不相识的人上门，或者小孩上前，就成群结队地围上去"嘎——嘎——嘎——"地叫个不停。如若瞌睡了，它们会在架子上站着，双脚趴住架子，眯着眼睛睡觉。

鱼鸦的唯一功能就是捕鱼，当主人带它们出门捕鱼的时候，运载方法有两种，一是肩挑，二是船载。肩挑，靠的是竹篙，去的是近地方作业。这种竹篙，杆头扎有能够勾住鱼鸦脚绳的竹梗，临走，主人将竹篙置于地面，先用"关草丝"将鱼鸦的皮囊下沿处扎住，名叫"扎喉咙"。扎完后，将鱼鸦往竹篙处一丢。这时，比较乖巧一点的鱼鸦，会自动趴上竹篙，懒惰一点的，老地方待着，等着主人的发落。那主人抓起竹篙放于肩上，然后揪着那懒惰鱼鸦的头向上提起，也向着竹篙丢去，算是上架了。接着，主人挑着它们直向捕鱼的沟河奔去，来到目的地，放下担子一声吆喝，将鱼鸦赶下水，捕鱼开始了。

船载，指的是鱼鸦捕鱼的专用船，这种船体积很小，仅容一人站立，船头船尾都向上翘着，又称舴艋舟，底部安有轮子，便于水陆两用。出门的时候，让鱼鸦站在船沿两侧，主人在陆地上拖着走，到了目的地，先将船推下水，主人再撑篙一纵身跃上船中央。船至沟心,即把鱼鹰赶下水,捕鱼作业也开始了。

这时候,鱼鹰们在主人的驱赶吆喝下,一会儿潜下水去,一会儿浮出水面。浮出水面的,有的叼着鱼,当着主人的面伸几下脖子吞进皮囊,怎奈有"关草丝"扎着,再怎么咽也只能到此为止。有的嘴里没有战利品的,也会空摇着脖子显示几下。对于那些皮囊凸出的鱼鹰,主人伸出竹篙勾住其脚绳,拉上船,掰开其嘴巴,倒出皮囊里的鱼,松掉"关草丝",挑一点小鱼送进鱼鹰嘴里,既作为奖励,又不使其吃饱,让其在船沿边歇息片刻后,再如前扎上"关草丝",将其丢进水里,让其乘着"饿性"继续战斗。

在水下,"饿性"的鱼鹰最具冲击力,那发绿的眼睛很有特异功能,只要发现猎物,会远远地锁定目标,同时会箭一样的冲去,有时碰上大鱼,其他鱼鹰也会主动地张开长嘴配合叼衔。诚如网络上流传的由鹤咏所写的《踏莎行·漓江观鸬鹚捕鱼》一文所言"泛轻舟,渔夫棹起涟漪现。鲫鲤缓游,鸬鹚急犯,河鲜四窜争逃难。可怜数尾定魂时,已成来敌喉中馔"那样,大凡到了鱼鹰们嘴的,都没有逃脱的机会。

鱼鹰很有灵性,只要留心你就会发现,那只被揪着头丢上竹篙的懒惰鱼鹰,下一次也会自动趴上竹篙了;自觉配合某只鱼鹰叼衔大鱼的,也一定会是平常跟它栖息在一起的那几只。

再说那个鱼鹰的主人,他也很能见机行事地展现自己的身手,如果有众多人观看,会将浑身解数毫无保留地发挥出来。说真的,用舴艋舟捕鱼的地方,一般都是比较宽、比较长,又比较深的沟河,这种船漂浮在这样的地方,成了名副其实的"一叶小舟",如果换了一般人上去,准会爹呀妈呀的呼天唤地。可是你看他,凭借着手中的那根竹篙做平衡,一会儿箭一样地向前,一会儿又箭一样地向后,双脚有意识地将小船踩得左摇右摆，还在水面上滴溜溜地旋转，同时又不断地击打水面、吆喝呐喊着给鱼鸦发号施令。有时陆上的人越喊"当心"，他还越是起劲，摇摆旋转得越有节奏，吆喝呐喊声也越有韵味。而这些鱼鸦也善解人意似的，嬉戏、劳作在小船的前后左右，潜水、出水的速度越发加快，捕鱼的频率也加快了许多。待一条沟的任务完成，几十乃至百多斤的战果已经进入鱼舱了。

只有等到任务完成了，鱼鸦颈部的"关草丝"才被完全解除。这时候，鱼鸦们也开始向主人讨要"报酬"，一只只张开着嘴，扑腾着翅膀，纷纷向主人靠近。主人也早有准备，从所有鱼货中再挑出最小的，让它们吃个痛快，不够的，就用豆腐应付，整块整块地丢给鱼鸦让它们吃个饱。

然而，从20世纪六七十年代开始，由于国家把个人副业当作资本主义尾巴予以批判、割除，致使沙地鱼鸦几乎绝迹，直到20世纪八十年代，一些人才重新花大价钱买来鱼鸦饲养，人们这才又看到了鱼鸦的踪迹。不过现在的情况又变过去了，不少人又重新卖掉了，原因是为了向其他更赚钱的产业转移。尽管如此，鱼鸦捕鱼时"扎关草丝"的现象，鱼鸦的眼睛在水底看得比什么都清楚的镜头，还是缭绕在人们的眼前脑际，让人不时地玩味着那些通俗易懂的道理。诸如，有的人在看到金钱的时候，眼睛里总会迸发出异样的光芒，沙地人据此就说："看他眼睛好像鱼鸦，水里的东西也看得出。"有的人自己舍不得吃、舍不得穿，将好的东西留给子女享用，还要自我解嘲地说："我是鱼鸦喉咙——扎住的，咽不进哪！"或者说："宁愿自己喉咙像鱼鸦，也要让小孩吃饱、着暖啊！"也有的人在对自己付出多、收获少表示不满的时候说："凭什么让我做捕鱼的鱼鸦，创造得多、分配得少哇？"还有，鱼雷快艇什么的，据说就是根据鱼鸦捕鱼的原理设计出来的。这鱼鸦捕鱼给人的启示也真是太深刻了。

弄蟛蜞

居住在海边的人喜欢把捕捉蟛蜞说成"弄蟛蜞","弄"的方法也很多。如果将一根芦青去掉叶子,在梢头系上醮油的棉絮或其他食料,循着蟛蜞的地方轻轻地伸去,蟛蜞见了会来抓咬,待其抓住抓牢,再将芦青缩回来,这叫钓蟛蜞。一边钓,一边屏气凝神,倘若蟛蜞犹豫不决、欲咬又止,钓蟛蜞的人会说,"咄,真是'蟛蜞骚'!"嘴里说归说,钓饵继续引诱。这种方法简单有效,往往一钓两三只,既减少了危害庄稼的"捣乱分子",又增添了垂钓人的生活情趣。可惜这种方法只适宜在新开垦的荡田使用。

沙地人在海滩、港梢看见蟛蜞洞,伸出整个手臂进洞去掏,这叫"掮蟛蜞"。这种方法适宜在沟、河、港道边展开,也只适宜七八岁、十来岁的小男孩参与,原因是:他们的手臂细,再则,掮蟛蜞往往脱光了衣裤,最多也只穿一条短裤,孩童无忌么!

在海滩上插簿子埋"落缸",退潮后去捞的,叫捞蟛蜞;跑海人用虾网在潮水里向前推,推了一段扳起来抄的,这叫推蟛蜞;拿着铁锹,看见蟛蜞洞便去掘,这叫挖蟛蜞;如果你赤手空拳,又很想要逮住蟛蜞,那也不要紧,只要快速地用脚去洞口二三寸的地方一下子踩下去,断了蟛蜞归路,蟛蜞也会自觉地出洞,这叫捉蟛蜞;若用"蟛蜞春"将蟛蜞藏身的洞口与洞道捣直,再用蟛蜞钩子捅进去将蟛蜞勾出来,这叫勾蟛蜞;将排蟛蜞的网撒在海滩上,使网眼呈开放型,捕蟛蜞的人先猫腰躲藏在远处,过了一二十分钟,侯洞内的蟛蜞都趴出来,再将网纲拉起,这时候,网眼紧闭,蟛蜞的脚爪正好卡在网眼里,便乖乖地成了沙地人的战利品,这叫拉蟛蜞。

还有一种叫"惹蟛蜞",事先在沟底两侧插上"簿子",中间安装一只"落梢",或者干脆将"簿子"安在泥坝中间,过一夜去取,蟛蜞已经塞满了矣。

又有一种叫"照蟛蜞"的,专门在盛夏初秋的晚上进行。每当吃过晚饭,捕捉人约上左邻右舍,抑或带着一家老小,提着马灯、拿着手电筒,拎着提桶或网兜,说说笑笑地直奔海滩。这时候的海滩,灯光点点、人头攒动,蟛蜞在灯光下只有被抓的份。于是,一个晚上十斤八斤的不在话下。由于是提着灯去抓的,所以当地人总是称"照蟛蜞"、捉蟛蜞。

蟛蜞有雌雄之分,雌的壮,雄的肥,想要雌的多一点的,双日晚上去照,想要雄的多一点的,单日晚上去照。照蟛蜞还有一个讲究,没有月亮的时候多,有月亮的时候少。一旦沙滩上的蟛蜞少了,过几天潮汛一来,数量就又上升了。蟛蜞也有生长规律,每年的霜降开始封洞,直到第二年惊蛰以后再慢慢地出洞。

蟛蜞分黄蟛、白蟛。本来,沙滩上都是白蟛,后来围堤或种植大米草,有了黄泥淤积,白蟛也变成了黄蟛。又由于喷洒农药的缘故,堤内的蟛蜞渐渐地绝了迹。稍加追究,与蟛蜞同属浅海滩涂甲壳类海洋动物的,还有俗称火刀片的毛蟛、青烧蜞、红烧蜞、爪纠等。

海边人吃蟛蜞的门槛很精,醉、腌、"舂"、炒、煮名目繁多。

所谓醉蟛蜞,就是将洗净后的活蟛蜞放入盛器,然后倒上烧酒和其他佐料,略过片刻便可食用,尽管有的蟛蜞还在蠕动,食者也照吃不误。记得有一位朋友当着用餐的客人,炫耀自己如何会吃醉蟛蜞,还当场给大家示范,谁知正在洋洋得意地示范的时候,蟛蜞的螯挟住了他的嘴唇,弄得他喊又不能喊,说又不能说,直到去了医院才解决。即使如此,海边人也没有改变食用醉蟛蜞的习惯。

腌蟛蜞的方法挺简单，洗净后撒上盐，拌入佐料，过十几个小时便可食用。在食用的时候，要数黑油油、黄葱葱的蟛蜞黄最好吃，有时，几只蟛蜞盖子里的黄，就能使人吃下半碗饭。

　　蟛蜞也可以"舂碎"以后做蟛蜞酱吃，冬天烧青菜，如果里边放一酒杯或两酒杯蟛蜞酱，青菜呈碧绿色，味道比烧猪肉的还可口。还可以做蟛蜞茄子吃，如果玉米糁饭跟大米饭搅拌，再用蟛蜞茄子下饭，包你吃了一碗还想再吃一碗。"舂碎"的新鲜蟛蜞加上些许清水，搅拌后去渣煮沸，伴以佐料，用于蒸蛋，或用于煮成菠菜、青菜、腌荠汤，再将鸡蛋调匀后入锅，其味美不可言。

　　蟛蜞炒着吃，多半用在招待客人；煮着吃，往往是自家人享用。许多怀孕的农村女子，视此类为上等佳肴，往往要用这些菜单医治妊娠期间的挑食症。透过沙地人吃蟛蜞的举止行为，让人看到了沙地人的风土人情。

　　沙地人对蟛蜞的观察十分到位，运用也很别致。五月端午，不少人家会将蟛蜞或烧蜞与艾蒿、大蒜一起挂在门口用来驱邪。以蟛蜞做比喻的事象更是比比皆是。要求上进是人的天性，沙地人打比方说，"烧蜞、蟛蜞也会向上爬"；赌徒输急了说什么也不歇手，沙地人打比方说，"蟹与蟛蜞热了才趴出洞"；事情没有办成，有点难堪，沙地人打比方说，"烧蜞趴在芥菜上——尴尬"；事情做得面目全非，沙地人打比方说，"哎呀，'手舂'蟛蜞酱哉"；对于半推半就、扭扭捏捏的人，沙地人干脆打比方说："做什么'蟛蜞骚'！"

　　蟛蜞是海边人司空见惯的物种，可是从古到今，也没见关于其起源的准确说法。倒是收编在《中国民间故事全书·启东卷》的《黄三郎与黄海》的故事说，"黄三郎出生的当天能讲话，第二天能走路。黄三郎跑到海边，四周看了看，伸手去太行山抓了把土，绕着海边撒了一周。前后大约半个时辰，海陆相接的地方就有了海滩。黄三郎干完这些站起身来，抖了抖衣衫上的灰尘，拍了拍手掌心的泥沙。灰尘随着风儿飘扬，洒落在荒滩上，变成了蟛蜞、螃蟹、文蛤和泥螺。"短短数语，算是道出了蟛蜞的来龙去脉。

外地人来海边观光的时候，往往询问弄蟛蜞的沙地人："你们家住什么地方呀？"有些时候，弄蟛蜞的沙地人先不作答，只是向问者送上一个微笑，然后轻轻地唱出几句："你问我住在啥地方唷，呶，东临黄海南靠长江，启东就是我家乡……"那婉转悠扬的山歌，轻松、自在的表情，实在让人羡慕不已。

弄蟹情趣

在广袤的江海平原上，沙地人关于蟹的习俗非常有趣，蟹文化的气息也特别浓厚。

喜欢在江湖河海边捕蟹、养蟹的，民间称之为弄蟹人。在世人的眼里，吃蟹很有情趣；而在弄蟹人眼里，捕蟹、养蟹同样很有情趣。

捕蟹的方法很多，夏、秋季节的下雨天，掮着"霍罾"（网具）到沟河、水闸边去"顿一顿"的，叫"霍蟹"；嘴里叼着网兜或小布袋、"袜统子"，双手去浅沟、浅河底抓的，叫摸蟹；手臂伸进蟹洞里抓的，叫捐蟹；秋、冬季节拿着网具撒入河里，用肩膀背的，叫拖蟹；用钓饵的，叫钓蟹；九、十月间的夜晚，提个灯罩去放水沟的泥坝处恭候蟹将军的，叫"听蟹"；在海里用网具专门捕的，叫捉蟹；发现蟹在田边、地头、沟边走而去抓的，也叫捉蟹。

民间对不同水域产出的蟹有着不同的称谓。在海里生长的，叫海蟹、螃蟹、咸水蟹；在内地生长的，叫沟蟹、河蟹、湖蟹，也叫大闸蟹、淡水蟹。近年来人们对蟹的分类更加细化，有的地方还冠以产地名。改革开放之后，沿江、沿海的许多地方推行人工养殖法，弄蟹人吃蟹，就不一定再使用"霍"、"摸"、"听"这些老概念、老方法了。

养蟹的名称也有讲究，在沟湖池塘里放养的，叫淡水养殖。在海堤内筑池后引用海水放养的，叫海水养殖。海水放养的蟹，有的地方又叫"方蟹"。

被称为淡水蟹的湖蟹、河蟹，其幼苗期喜海水，都在海边的港梢、水闸边游弋。以前科技落后，居住在港梢、水闸边的沙地人，春季得悉有蟹苗了，就拿着网具成群结队地去捞，六七十岁的也不甘落后，捞回来后倒进沟里放养，吃的是现成蟹。后来掌握了育苗技术，不管海蟹、河蟹，人工都能养殖，不少养殖户一年下来，赚上十万甚至上百万。吃蟹的人，凭着自己的经济宽裕程度，尽可放心大胆地吃，吃的是科技蟹。

吃淡水蟹得注意季节性，寒露、霜降期间西风起，蟹开始活动了，九月雌蟹黄膏丰腴，十月雄蟹黄白鲜肥，到了冬天，蟹就蛰伏在沟河底了，这时候的蟹最好吃，称为"撑壳黄"。另外，淡水蟹在春天交配之后肉松、壳脆、黄膏散，味道也大打折扣。

吃海蟹要讲潮汛大小、水速快慢。一般来说，在农历的初五、初六、十二、十三、二十五、二十六这些日子里，海蟹的肉结实一点。初一、月半大潮汛，水流快，蟹就徒有其身，甚至煮熟后只是"一泡水"，就连野生"方蟹"的肥瘦，也会受着潮汛的影响。至于那些养殖的"方蟹"，就只能是一年一次开捕了。

蟹资源也曾有过枯竭的时候，那是计划经济时代，加上农作物喷洒大量农药，蟹的成活率大幅度降低，吃蟹季节人们无蟹可吃，也使弄蟹人没有了用武之地。物以稀为贵，大约是1977年的隆冬,大上海就爆出过一斤河蟹140元的天价新闻,听者无不咋舌。

　　弄蟹生涯曾经让弄蟹人悟出过许多道理。有感于吃蟹讲究季节性,沙地人说,"寒露发脚,霜降捉着"、"西风响,蟹脚痒"、"九雌十雄"、"九月团脐,十月尖"、"立了冬,影无踪";某些人对好东西吃个没完,沙地人会说"馋来八只脚";有些人发现张三贩蟹发了财,马上也去走这条路,沙地人说他"摸人家'脚渍印'";有人怀疑致富者的致富原因,沙地人会说"虾有虾路,蟹有蟹路,仙人勿晓得光人来路";有人花少量的钱物,图谋引人上钩为自己谋取更多的利益,沙地人把这种现象叫作"吊蟹";谁个长得难看,沙地人还会送他个"老毛蟹"的绰号;谁个以貌取人,沙地人会有人引用清代晋灏《食蟹》中的诗句回敬说:"以貌取物失诸蟹,岂知内蕴非同凡。"

　　看起来,弄蟹人的蟹趣,映出的不仅是沙地人弄蟹的生活情趣,还有沙地人待人处世的大道理。

吕四蚊蛤,天下第一鲜!

　　文蛤,也名花蛤,古时又名蜃,现代也有写成蚊蛤、纹蛤的,是吕四渔港的特产,曾经被唐朝的小秦王誉为"天下第一鲜"。

　　据说当年唐朝的这位小秦王乘船出海,航至吕四东边海面的时候,突如其来的狂风大雨把整个船队打得七零八落,人员也死伤大半。小秦王的龙船搁浅在沙滩上进退不得,时间一长,缺吃少喝的,饿得眼冒金花、四肢无力,连腿脚都挪不动,幸亏众大臣扶他去了陆上的一户人家,才得以绝处逢生。

这户人家只有父女两人,平日以挖文蛤为生,见有多名落难者上门,遂去缸里瓮里摸一摸,还到壁脚下边挪一挪。摸挪半天,凑齐几碗面粉,掏出几把文蛤后,一个舀水做面条,一个动手洗文蛤。工夫不大,热气腾腾的文蛤煮面条端了上来。这小秦王不吃不知道,一吃呱呱叫,吃下第一口,顿觉双目生辉;吃下第二口,又觉四肢有力;吃到第三口,好像飘飘欲仙,那味道比吃琼浆玉液、龙肝凤胆都带劲。小秦王吃了一碗又一碗,每吃一口,就情不自禁地说一声"此乃天下第一鲜也"、"此乃天下第一鲜也"。"天下第一鲜"由此得名。

文蛤

意想不到的是,从那年开始,吕四文蛤也就成了贡品,年年运往京城让皇帝品尝。也从此时开始,不管是内客,还是外商,凡是到了吕四,都以不吃"天下第一鲜"为人生一大憾事,而吕四人,在以用"天下第一鲜"待客为荣的同时,也干脆将其列入婚事庆典的必备菜肴,有的时候,还到了没有"天下第一鲜"不开席的地步。久而久之,这样的做法就成为当地的风俗习惯了。

这文蛤也确实招人喜爱,外壳略扁,呈三角形的扇状,壳面天赐釉涂般的彩色花纹,壳质坚硬,大小在茶碗口以下,当地人爱称"啊之"、"昌捕"。这些"啊之"、"昌捕",烹饪方法多种多样:第一,活劈可以参汤、生炒,也可以取肉剁浆后加入糯米、面粉,做成丸子、饼子。第二,劈开,将剁碎的猪肉嵌入壳中，参汤、红炒、清蒸均属上品。第三，不劈，热锅红炒，或参汤，亦属上品。一句话，不管怎么烹饪，其味鲜肉嫩，越吃越喜欢。怪不得《酉阳杂俎》载有"隋帝嗜蛤，所食必兼蛤味，数逾数千万矣"的文字，欧阳修也在《初食蟟螯》诗中留有"共食唯恐后，争先屡成哗"的笔墨。

文蛤还有很大的延伸价值，例如吃完之后的外壳。第一，以前拿去盛油点灯；第二，小孩拿去做玩具；第三，可以装防冻油；第四，也可以画画，制成工艺品；第五，磨成粉做饲料；第六，经过提炼还可以制成保健品。《本草纲目》说是能治疮、疖肿毒，消积块，解酒毒等病，近代研究表明其确实具有"润五脏、止消渴、健脾胃、治赤目、增乳"和"抑制癌细胞"的作用。

然而不可思议的是，有些饭店、宾馆，将概念弄颠倒了，只说炒文蛤是"天下第一鲜"，而煮的、蒸的不在其内；也有少数本地人、一些外地人，抑或一些开发商、广告商，不经意地将文蛤说成蛤蜊、匍桃（当地发音），也有将蛤蜊、匍桃说成是文蛤的，有的甚至张冠李戴，在文蛤形象照片下边，刊载着说明蛤蜊的洋洋洒洒的文字。此举在让文蛤掉价的同时，也让识者哭笑不得。实在是遗憾至极。

诚然，蛤者，指具有两爿相对的壳的双壳类水生动物，也是软体动物门双壳纲无脊椎动物。但是，多数沙地人对于它们之间的界定是另有独到见解的：文蛤就是文蛤，蛤蜊就是蛤蜊，匍桃只能是匍桃，它们仨好像家属中的"叔伯兄弟"，文蛤永远是佼佼者，处于独领风骚的地位。

此话很有道理，也很得体。文蛤、蛤蜊、匍桃三者之间各自的牙齿和韧带的韧性程度就有区别：文蛤，煮熟后的两爿依然胶连着，齿之间不易分离，蛤蜊次之，匍桃更次之。又如捕捉的方法，文蛤，许多时候是能够踩的，如果有兴趣，你可以在文蛤产地的沙滩上一边嘻嘻哈哈地说笑唱歌，一边凭你的两只脚板跳舞似的在原地踩踏，文蛤会像听从呼唤似的从你的脚下冒出来，当地的文艺团体还有《踩文蛤》的舞蹈节目。蛤蜊呢，扁圆形状，最多酒杯口大小，具有墨黑色、乳白色相间的双面条纹，外壳脆薄，不宜炒着吃，洗后连壳"参汤"，只能分别与腌荠、茄子、冬瓜、萝卜等搭配，虽然味美无比，其壳还能代替汤匙舀汤喝，但食后其壳被弃之不用。捕捉蛤蜊的时候，用三刺小钉叉捣挖，挖一只拾一只。而匍桃这东西，字典里没有它的条目，当地人只能约定俗成地称之。形状圆，外壳脆弱，淡黄、浅黑相间的条纹，"三斤匍桃二斤壳"，烹饪起来比较费时。首先，洗净连壳煮，取肉后还得放进篮子，在水里顺着一个方向搅动几分钟，这样其泥沙才能洗净，或者一只一只的将其内脏颠翻过来洗尽，之后才可以与其他蔬菜搭配着煮、炒，也可以剁碎后做匍桃饼、匍桃圆子之类的。捕捉的时候，用的是锄头式的铁铲倒退着刨，往往是刨一段，就有几只收获，其价钱不贵，食用、药用价值远远不如文蛤、蛤蜊。

　　当今，文蛤这个天下第一鲜，已经在淮安、扬州、深圳、上海等许多地方安家落户，看起来，还将在世界各地安家落户呢。这吕四文蛤，到底是"天下第一鲜"啊！

蛤蜊

匍桃

吕四渔民饮食习惯中的江风海韵

饮食习惯，通常指人们吃什么和怎么吃的问题。世居吕四港的渔民以海为生，以捕鱼为业，一日三顿离不开海鲜，开口闭口少不了海味，世人通过吕四渔民与众不同的饮食习惯看到了他们的生活情趣，也看到了他们江风海韵的文化底蕴。

先看看他们是如何吃河豚的。

河豚，乃吕四渔场的特产，有黄斑、花斑、带刺三种，味鲜肉嫩，堪称佳肴，酒席宴会缺之失色。然而，河豚血与籽甚毒，能置人于死地，因吃河豚而殒命的也大有人在，因此，许多人谈豚色变，敬而远之。

河豚有两种吃法，一为鲜煮，二为咸烧。鲜煮，将鲜河豚剖腹，取出内脏，摘去腮，洗尽血，然后入锅，同时放进各种佐料，煮熟、煮透，煮得愈透，安全系数愈大。一旦中毒，有经验者极不惊慌失措，煮碗芦根汤，服下即愈。解危的办法还有：第一，扶中毒者快跑，使其冒汗；第二，喝粪清水。

所谓咸烧，指将河豚腌咸后烹饪。对于这道工序，吕四渔民熟门熟道。他们先将河豚剖背或剖腹，洗否勿限，撒盐，用布包裹，草木灰垫底，然后用砖石或水缸压之，过几天食用，干香异常。再则，将河豚剖完后腌于缸甏之中，撒一层盐，放一层河豚，最后一层以盐封面，一两天后晾晒，食时也干香无比。就是河豚籽，吕四渔民也舍不得轻易抛弃，聚集起来腌上几天，日后下酒下饭，细细咀嚼，越发津津有味。然而不管如何，河豚的心不能食用。

吃河豚也讲究季节，一般来说，五月端午前，河豚的毒性浓烈；端午后，相应减退，所以端午后，吃河豚的人胆子更大，人也更多一点，连陆地上的居民都争着食用。

可以说，吃河豚这一饮食习俗所体现的是吕四渔民大无畏的英雄气概的,他们食之又食,百食不厌,在食前他们往往互相戏谑:"怕死的,不要吃;不怕死的,先来吃。""拼死吃河豚,要命吃芦根"的谚语,就是他们的经验之谈。"纺纱婆婆拆纺车煮河豚"的民间故事,在传递着煮透了吃的道理的同时,还传递着人们对旧社会渔民生活悲苦凄惨的揭露和对新生活的热爱之情。

海蜇,也是吕四渔场的特产,更是人们宴席上的名菜。对于这道菜,吕四渔民有着更为高级的吃法。先把海蜇洗干净,然后切成巴掌大的块,伴之佐料,入锅热炒,弄个百来斤海蜇,炒个几碗几盆子的,又鲜又嫩,其味美不可言。据说,观音菩萨也曾闻香流过口水。

海蜇,因入口咀嚼时有着清脆的响声,民间俗称"响菜"。吕四渔民与沙地人杂居,沙地方言中的"响菜",也有与"响起来"相同的意思,沙地人所说的"嚼",还有背后议论他人的意思。于是,就餐时往往一边伸筷,一边对着某人说"来,当面嚼你",接着还说"响起来,吃掉你",言下之意是,别开腔顶嘴吧,你已经是海蜇了,还没来得及顶嘴的时候就被我吃掉了。有的时候,有人戏谑他人:"你是个海蜇!"有的时候,有人气愤地指责某人:"你这个海蜇。"其间的人文气息油然而生,扑面而至矣!

吕四渔民的口福委实不浅,山珍海味,他们都能近水楼台先得月。随着改革开放的不断深入,渔民们的饮食习惯正在发生着根本性的变化,那些实现亿元乡(镇)的地方,河豚、海蜇、文蛤,是渔民餐桌上的家常菜,招待亲戚朋友,其等级、规格,可与京、沪两地比美。但是话得说回来,近年,为了多赚外汇,他们常常将自食的海产品投往国际市场,以增加出口额。

海虾、海蟹,吕四渔民的吃法更有门槛。

海虾,有青虾、条虾、对虾、梅虾、"红帽子"之分。

青虾，洗尽之后拌盐加酒（醋），配之葱、蒜、姜、酱油，谓之戗虾。戗青虾随戗随吃，越新鲜越好，如果入口时活蹦乱跳，则其肉更鲜嫩，其味更佳更美更可口。也有将青虾戗完之后搁几个小时甚至一天以后吃的，这样，戗得透，吃起来入味。

大一点的虾，伴之面糊，用小勺将面糊入锅，锅子加温，再将虾放入面糊，使之包在其中，谓之虾团；将虾去壳、剁碎，可做馄饨心子；拌之面粉，又可成虾饼，油煎、汤参，人人喜爱。

条虾，很少有戗着吃的，盖因其壳厚且韧，其他吃法同青虾。

对虾，是近十几年来才大量上市的珍贵之物，煮熟后装盆入席，其身份是青虾、条虾都无法比拟的。

至于梅虾，又细又小，仅是虾米而已，常与茄子、盐荠搭配。

"红帽子"，因全身赤红得其名，吃法同青虾，只是没有青虾那样肥美，晒干的话也分外瘦身。

海蟹，其种类甚多，有尖蟹、石蟹、团蟹、方蟹、籽蟹、梅蟹。种类不同，吃法也不同。

尖蟹，有大有小，戗、煮均可，方法与青虾同。

石蟹徒有其名，团蟹煮熟后能吃，然则渔民们往往弃之不要，盖因其貌不扬也。

籽蟹，都在方蟹汛期过后应市，皆因肚子底下生有大块的籽团而得名，其肉松散，不如方蟹味美。唯蟹籽，取下后磨成浆，可以做蟹籽豆腐，用于烧青菜、煮腌荠，味道赛过三鲜汤。可得注意，随着人工养殖业的兴起，籽蟹都被用来繁殖后代，已经没人再干"杀鸡取卵"，拿籽蟹当作下酒菜的傻事了。

海蟹，还可用来做蟹羹，方法是剥壳，将蟹膏、蟹肉放入碗或盘中,搅匀后入锅烧煮。这种制作方法吕四渔民世代沿袭,家家户户无师自通。

吕四渔场还盛产黄鱼、鲳鱼、马江鱼、海鳗鲤,海滩上除了文蛤,还有前面说到的蛤蜊、"匍桃"(当地音)和蟛蜞。蟛蜞又有白蟛蜞、黄蟛蜞、毛蟛蜞(俗称火刀片)之分。吕四渔民对这些东西的吃法也各有讲究。

只要稍加留心,挂在嘴边的"虾不跳,水不动"一句,有着主动和被动的意思,如果特指男女关系,还会有"一方不挑逗,不会有作风问题发生的"意思;"虾有虾路,蟹有蟹路"一句,通俗地诠释出了各有各的人生之路或各有各的门路的意思;吃虾团、鱼圆汤,又寓意团圆、富裕(余)、活络。

需要指出的是,吕四渔民世世代代下海捕捞,不见得世世代代一日三餐吃鱼吃虾。新中国成立前,许多渔民没有渔船、竹筏这些生产资料,无法下海作业,只有肩扛"三稀网",趁涨潮时去海滩"推"毛蟛蜞,而且喝着薄麦粥,吃着半咸半淡半死半活的毛蟛蜞,一天到晚来回于海滩、陆上。真可谓新旧社会两重天,中国民间文艺协会会员陆志秋搜集的渔歌就直接道出了个中原委,歌词唱道:"七簇星儿闪闪亮,我撑船下海到黑水洋,十网倒有九网空,老板吃鱼我吃汤,下世若是再撑船,我入煞他家老娘亲。"

我们平常所说的文化,其实是指人们在认识世界、改造世界过程中以标识体现、反映事况的义理赋予现象,也是人们对事象义理的一种表达方式。山川地理也好,生产生活也罢,诸多事态事象,只要赋予义理,情深深、意浓浓,文化气息就会扑面而至。同样的道理,吕四渔民的饮食习惯,经世世代代融会贯通,赋予某种义理,利用某种方式,施与某种标识,江风海韵的灵气就随之而来、呼之欲出。如用"千年碰着海瞌睡",比喻稀少和难得;用"大鱼吃小鱼,小鱼吃虾米"比喻人剥削人；用"煮蟹等不得红"，比喻急躁的心情；用"任凭风浪起，稳坐钓鱼船"，比喻老到老练、处事不惊的态度；用"哪怕鱼死网破，也要死里求生"、"人死心不死，鱼死眼不闭"，比喻不甘心失败和敢于斗争、敢于胜利的大无畏精神；谁个生得横阔竖短，发育不匀称，有人准会送他"团蟹"的绰号；就连龙虾也有绝妙的写照，根据龙虾见人就要举起大螯像似攻击却又不进而退的特点，于是人们就在谈及相关人事的时候会说"龙虾冲锋——吓人倒拐"，且这些话往往都是在餐桌上你说这几句、我说那几句的，真乃惟妙惟肖，入木三分。反映吕四渔民不畏强暴、敢于胜利的多篇民间故事，也曾先后在《文学故事报》和《中国海洋报》刊出，农民画家施汉鼎的木刻作品《渔港明珠》、《劈风斩浪》，还带着吕四渔民特有的江风海韵走出国门，不但提升了吕四的知名度，还提升了吕四渔民的形象。

有道是一方水土养育一方人，吃谁家的饭，像谁家的人。餐桌本来就是聚光镜，吕四渔民吃渔家的饭，就像渔家的人，他们在从事海洋生产的时候，直接体现出的是人与自然、人与人之间的关系，闪烁着的是他们的智慧、力量、思想境界、精神风貌和时代的火花，促使他们这样做的是文化的内在动力，让世人回味无穷的是他们的文化底蕴。

2005年的12月20号，正是入冬以来最寒冷的一天，上午9点左右，近海镇渔业村的许海忠驾船途经乌龙沙海域，发现远处有一"浮子排"式漂浮物。原来，这是向阳镇14大队朱姓渔民，排上共有3人，18号晚上被铁壳子船碰撞，2人当场死亡，仅朱姓渔民1人幸免于难。19号白天曾经有2艘浙江籍渔船经过，但呼而不应，至20号上午，已经苦熬了一天又两个晚上，其间，有关部门曾经调动三艘渔政船出海搜救，但均无果而返，至许海忠发现，朱姓渔民喉咙沙哑，说话已经发不出声音。许海忠和自己的父、兄立即将其救护上船,为其换衣取被,又煎熬粥汤使其取暖,随后将撞坏的"浮子排"拖回港口,并主动与其家人联系。有关单位获悉后对许海忠进行表扬和奖励,许海忠说:"海上救人是应该的,不要奖励。"

目前,随着改革开放的不断深化,吕四渔民一日三餐的质量在不断提高,尤其是逢上婚丧庆典,档次更为讲究,什么蟹宴、鱼宴、虾宴……其间的文化气息越来越浓。更加令人欣慰的是,启东市一年一度的海鲜节,不断地将吕四推向全国,推向世界。全国、世界也在向着吕四走来,向着吕四渔民走来。

渔民的气象谚语

居住在南黄海沿岸的居民,他们气象方面的土知识十分有趣,这里不妨一说。

一是看。留心生活中的事象,观察动植物的生活轨迹。发现蚂蚁搬家、燕子低飞、乌龟的背脊潮湿,说明天气要由晴天变成阴雨天了;蜻蜓成群,可能有龙卷风出现。发现芝麻的头弯的、鸟的窠臼筑得低的,断定当年的风暴会是大的;如果芝麻直着头,鸟巢筑得高的,下半年台风等的暴发概率会低、规模小。元宵节晚上的灯笼是红的,高粱会有好收成。人们根据这些观察结果,再不断地去调整自己的农事行为,比如台风暴发的概率小、规模小,对农业生产的高秆作物生长有利,于是就多种一些玉米、高粱之类的高杆作物;如果台风暴发的概率多、规模大,就多种些黄豆、花生、山芋之类的低秆作物。平常月份看初三、十六和月底、月初,叫作"上看初三、下看十六,干干湿湿半个月"、"廿九三十骑月雨,初一初二勿好天(晴天)"。

二是听。南黄海经常出现海潮响的现象，当地人称"海推磨"。这类声音有时往南，有时往北。海边的人说，声音往南，近日里会下雨；声音往北，将会连日晴天，实际情况也往往如此。还有听雨前的雷声，如果打雷的声音像是从水底下发出的，叫作闷雷，说明雷雨是会降临的；如果是在海里起雷的，就预示着台风将临，叫作"海雷兆台风"。

三是凭感觉推断天气变化。每当阴雨、寒潮来临之前，一些人总会感到不舒服，身体的某些部分也隐隐作痛，这时，有人会说，"做暴"了，意思是：受天气变化的影响，身体的老毛病先爆发出来了。这些现象出现不久，阴雨或寒潮往往真的也会跟着出现。

他们对四月初一至初四的下雨很反感，说"初一落雨细似针，初二落雨贵似珍，初三落雨有也没处寻，初四落雨吃了呕煞人"。道理很简单，这几日下雨明显会影响麦子的抽穗、灌浆和成熟，长出来的麦子颗粒细少、价贱、易霉变。如此这般，人们自然要厌恶这样的鬼天气了。

他们对白露这一天的风向有着独到的见解，说"白露日子东北风，十个棉桃九个浓"，象征着夏、秋之际阴雨闷热，把大多数棉桃都蒸烂了。对于白露日子的雨也十分反感，据说这一天下了雨，病虫害会增多，不利于庄稼生长，于是他们就说，"白露日子雨——到一处坏一处"。

日积月累，沿海居民已经拥有了不少由当地谚语组成的经典语言，例如："清明南风起，农家好福气"，说的是清明这一天吹南风，预示着当年丰收。"五月十三青广（光），床底下摸鳖"，含意为：农历五月十三这一日如果天气晴好，万里无云，会发大水，这大水将坛坛罐罐都余到床的底下，不得不涉水去摸。"五月十三云待待，百姓人家多做几只棉花袋"，意思是：如果农历五月十三这一日，天上飘着朵朵白云，这一年棉花一定会大获丰收，种田的老百姓得多做几只棉花袋,准备着装棉花吧。"五月里迷雾,航船勿问路",意味着雨水多,河水到处泛滥,舟船航行的话,到处是水路,不再需要询问方向。"八月田鸡叫,耕田犁头跳",言这时候青蛙鸣叫,十月里耕田播种麦子的时候,土地干得会使犁头都跳起来。还有"朝看南云涨,夜看北云推"、"乌云接日头,半夜雨稠稠"、"日食三朝大雨下"、"日街(日晕)风,夜街(月晕)雨"、"东北风,雨太公"、"乌头风、白头雨"、"东虹日头西虹雨"、"朝撑(清晨太阳在云层里发出的光柱)勿要晒,夜撑(太阳下山之前在云层里发出的光柱)勿要收""小暑一声雷,倒转黄梅十八天"、"六月里三个沉(雷电声),白米吃来剩"等。这些谚语,朗朗上口、悦耳动听,让人容易记住,难以忘怀。

  沿海居民中有不少是下海的渔民,称为跑海人。俗话说:"船老大看风扯篷,跑海人看潮下网。"他们所拥有的气象知识,更是到了看天就能知道当年鱼虾的多与少、通过风向和水色就能断定当天鱼虾有与无、多与少。他们说,"中秋节月亮在云里拱一拱,海洋里小鱼小虾要绝种"、"南风水浑,鱼虾成群"、"北风水清,鱼虾没影"、"西南风药鱼风,十网九网空"、"东北风,一条小鱼儿几斤重"。还说,"无风来长浪,不久大风狂"、"涨潮水发红,将要刮大风"。关于"五月初五下雨,一滴雨,一只海蜇"一句,更是跑海人的经验之谈,他们认为端午节的雨,越多越大越是好,当天海面承接了多少点雨,当年就会繁衍出多少只海蜇。如此好事,求之不得呢!

  人们用气象知识作比的事也经常发生,例如沿海居民喜欢把那些每到一个地方就搞砸一个地方的人,以及到任何地方都搞不好关系的人比喻为"白露日子雨——到一处坏一处"。还用土知识中的常用语言打诨取乐,如当有人说"这几天的天气要变了"的时候,也会有人凑上去说:"你背脊里还（返）潮了吧？"隐喻他乌龟背脊先得知。这种戏谑性场面的出现，给生活增添了不少乐趣。

可以断言，在没有天气预报和气象卫星之前，人们对自然界天气变化的认识或掌握显然比较被动，但沿海居民的许多事象却又表明，人们在被动的情况下，也在努力地总结着经验，积极地从被动中争取主动。这也许就是他们气象知识的意义所在。

田园生活

独宅独水　四汀宅沟　四汀宅

独宅独水、四厅宅沟、四厅宅，是沙地人的老祖宗们曾经拥有和不断向往的民居新追求。

独宅独水，指的是一个宅子只住一姓人家，宅子四周的水也只供住户一家享用，近似于现在的独门独院。

四汀宅沟，是指环绕宅子四周开掘的沟；四汀宅，则是指宅沟范围以内，坐北向南砌有厅堂、东西厢房，左右砌有东西向的房屋，正中形成院子，最前边又砌造门房、门楼，并设有吊桥供人进出的那种。也有的形成两个或三个院子，好像井字形，称为一井、两井、三井，简称三井两场心。

独宅独水、四汀宅沟、四汀宅的概念由江南一带传入，张謇在黄海边筑堤垦荒后以圩分堠、以堠分堭的做法，为喜欢独宅独水的人创造了条件。

"堭"，统一以东、西泯沟的沟中心为界，宽度为50米，面积五千步（当时人称法），合15亩，也有双胞堭，称大"堭"，合30亩，接着就以"堭"建宅，以户入住，如果有两户以上的人家居住，便是"合宅头"了。

在当年的沿海垦区，独宅独水的现象比较普遍，垦荒者搭个环洞舍、砌个三架头，盖一间茅草屋或瓦房，都称独宅独水。

这样的居住方式颇有耐人寻味的地方。他们认为：这样的住宅，起床迟早没有人干预，饭菜好坏没有人看见，吃多吃少没有人议论。虽说有点自我封闭的味道，倒也符合小农经济社会的自耕农身份，是当时许多人追求的居住目标。难怪到了20世纪六七十年代，随着人口的增长，当地政府安排移民与原住民同宅居住时，他们会反对。

至于拥有四汀宅沟、四汀宅的人，都是当地有名望、有地位的人，也是一个圩子里有限的几家。

以前，四汀宅的构建相当讲究，砌造之前，先要论证户主的造屋年龄，还要相风水、看地形、选方位、画图案，然后定吉日施工。开宅沟是与挑屋基同步进行的工种，从四汀宅沟里挖掘出来的泥土，全部用来填高屋基。

四汀宅的屋基，比一般独宅独水的屋基要高出许多，房屋建成后，视觉上会产生高大巍峨的效果，远远看去好像一棵"芸"。

还有一种叫"三关厢屋"的宅子，与四汀宅沟、四厅宅相比较，少了前边的门屋，吊桥为泥坝代替，院子直通泥坝、埭路，与四汀宅沟、四汀宅相比，不在一个档次。

四汀宅沟的绝迹，始于农业学大寨期间的填沟造田运动，那时中国人口直线上升，耕地面积有减无增，于是发扬大寨精神，削高补低，把原来的四汀宅沟填平了。现在的年轻人，只能从老人的回忆中，才能依稀知道一些零星的片断。

挑屋基墩被视为砌房造屋的前奏，选定吉日良辰，接着还要物色生肖为属龙、属虎的人，然后在选定的时辰内，主人持竹枝扫帚将屋基的范围内打扫一遍，再让属龙属虎的人于开宅沟的地方挖掘两担泥，挑到屋基的部位，面对面的堆在一起，名为"和合担"。

沙地农村的习惯，挑了"和合担"，也就等于挑了屋基墩，整个屋基的垫土工程可以放在砌房前的任何时候进行。这种做法，显然是经济条件不太富裕的人的权宜之计，至于经济宽裕的人，往往选择一气呵成。

对于好宅好水、独宅独水，人人都想追求，家家都想拥有，为了风水宝地，不少人曾经演绎出堪称经典的笑话故事。

据说有人请来风水大师，许以一世吃穿不愁的酬劳，要他为其设计一个好宅地享受一番。风水先生忙活了半年，房子主人认为是在磨洋工，将其赶跑了，谁知时间不长，家里的子女作奸犯科，没一个有出息。

还有一个被后人称为八卦宅的，在挖掘四汀宅沟的时候，主人不准干活的将铁锹插在沟底歇息，眼看完工了，有个掘泥人乘大家吃中饭之际，拿来七把铁锹，照着宅沟的一个部位插进去，时间不长，沟底里渗出了红水。略知诀窍的人说：宅地有虾域、蟹域、龙域、黄鳝域等多种，八卦宅占的是黄鳝域，现在渗出了红水，这是黄鳝的血，说明好域地被破掉了。

这些传说虽然离奇、荒诞，毫无科学依据，但是作为一种文化，它向世人表明了一个道理：不管做什么事，都要讲究平衡，和睦相处，对于虚无缥缈、可遇不可求的东西千万不能奢望、强求。

饭粑糍　粥粑糍　黏夹粥

"锅巴"一词是书面语言，沙地人在口头表达的时候往往说成粑糍。粑糍分两种，一种叫饭粑糍，一种叫粥粑糍。粥，书面语言又叫稀饭，有厚薄之分，煮到一定程度，就会产生黏夹粥。

沙地人以前的主食是玉米、三麦，很少吃上纯粹的大米饭。玉米煮成的，叫玉米籸饭，麦籸煮成的叫麦饭，构成这些饭状的工种名称，分别叫搂玉米籸饭、搂麦饭，煮粥的，叫搂玉米籸粥、搂麦粥。后来条件好了，生活水平提高了，许多人家吃上了大米，纯是大米煮成的，叫米饭。由此又分成米饭粑糙、麦饭粑糙、玉米籸饭粑糙。间或也用一些麦籸、玉米籸搂几下，叫作和米玉米籸饭、和米麦饭，民间"话夺（讲得好）友谊，麦籸和米"的谚语源出于此。也有将玉米籸、麦籸洒在大米饭上层的，叫作烨。煮饭的时候形成的粑糙统称饭粑糙，煮粥的时候形成的粑糙统称粥粑糙。两者之中，饭粑糙厚，粥粑糙薄。

饭粑糙、粥粑糙的有无、厚薄、焦否，尽在火候的掌控上，有句"要吃粑糙再烧烧"的俗语，意思是：想吃粑糙，就在做饭烧火的时候多添一把柴。一般来讲，火势均匀，刚刚产生焦香味的时候立即停火。至于粑糙的大小、多少，则取决于锅子的大小、饭的多少。

沙地人管锅子叫镬子，其型号按直径分有尺四、尺六、尺八、贰尺、贰尺贰，也有一百涨（特大）的。有经验的人，能够将粑糙烧制成整个锅子一样大，如果是米饭粑糙，看上去就像乳白色的锅子，如果是玉米籸饭粑糙，又好像是金黄色的锅子，如果是麦饭，就像是紫色的锅子了。由于人们不太喜欢麦饭的粑糙，因此主人往往把这样的粑糙掺和在整个麦饭里，让人找不到踪影。

粑糙是特定时代的产物，也是特定器具的产物，等于说，人们用铁锅做饭，才有铁锅模样的粑糙产生，否则免谈。当然，现代科学突飞猛进，炊具不断更新换代，不少人都在用高压锅、电饭锅做饭，只是这种炊具做出来的粑糙粘在器具上不容易取下，还会使电饭锅变形，致使一些人想吃粑糍都只能空咽口水。

烧成了粑糍，不等于收获了粑糍，还要看待锅的时间。沙地人称待锅叫"滚"，也曰"闷"，如果"滚"的时间太长，叫滚煞饭，整锅的粑糍都会变成软的，称为软壳粑糍。所以，想要收获整个粑糍，饭的起锅时间也至关重要。

在锅子里取下粑糍，沙地人又叫铲粑糍，有时粘在锅上面铲不下，只得一块一块的铲碎。能使粑糍顺利铲下的窍门是：做饭之前，在锅子四围抹一下油，这样，铲的时候就顺利多了。

还有一种叫作烂粥饭、厚烂粥的，它的状态介于干饭、稀饭之间，这种饭的粑糍，比干饭的粑糍薄得多，如果待锅的时间过长，锅子又新上了油，盛饭（用铲刀往碗中装饭）的时候，那锅底的软壳粑糍往往会一大块地跟着烂粥饭被盛出来，喜欢这种粑糍的人，越咀嚼，越觉得带劲。

不同的人，对于粑糍也有不同的吃法，有的喜欢饭粑糍，有的喜欢粥粑糍；有的喜欢软壳，有的喜欢硬壳；有的喜欢粑糍和着饭吃，有的喜欢吃完饭后捏一块叠起来慢慢地享受，更有的人喜欢油"走"着、糖蘸着吃。那方法也挺简单，将饭取出，四周浇上油，洒上糖，锅底用文火（小火）加温，使粑糍达到脆的程度，取出食之，香甜可口，让人大快朵颐。

黏夹粥，顾名思义，夹带着黏性的粥，这也跟火候有关，时间烧长了产生粥粑糍，烧短了，粞米黏性出不来，形不成黏夹状。凡是黏夹粥，总是又香又黏又耐饥，所以煮粥的，宁愿多烧一把柴，也要让锅子多一点黏夹粥。

最让人难忘的，是大人小孩面对饭粑糍、黏夹粥演绎出来的生活场景。许多时候，小孩要吃粑糍，大人诓骗他们说："小孩不能吃，吃了要生'头肯'（结成层状的头屑）。"有的小孩无以为对，只好眨着双眼咽口水，直到大人把一大块粑糍塞进孩子嘴巴,孩子才笑起来。还有一些孩子,开饭之前围在灶台前嚷嚷着"黏夹粥,我要吃黏夹粥",也有一些会哭的孩子,大人说上一句"哭的小孩,吃了黏夹粥会黏哭",哭者会当即含住泪珠表示:"不哭,我不哭。"几句对话,将吃粑糍、吃黏夹粥的生活情趣勾勒出来了。

有的时候,有些人一边吃着儿女辈递过来的粑糍,一边还自鸣得意地说:"嘿,这是福气啊!"这话好像有点夸张,但仔细一想并非毫无道理。想那1958年"人民公社"、"大跃进",大办食堂敞开肚皮吃饭,紧接着出现三年自然灾害,全国粮食供应立马实行定人、定时、定量的"三定"政策,食堂里烧煮的都是一斤粞粮煮10斤的"十斤头粥",端在碗里就能映照见自己晃荡着的面孔。这样的岁月,连黏夹粥也没有啊,何来的粑糍?不像现在,粥饭自便,粑糍、黏夹粥也自定。两相对照,粑糍、黏夹粥这些不起眼的膳食构件中还蕴含着不少值得深思的哲理嗬。

听父辈们说,粑糍曾经有过一次身价非凡的节点。那是1945年8月,抗日战争胜利,第二次世界大战结束,上海各界在国际饭店设宴庆祝,席间有一道"原子弹爆炸"的名菜轰动全场,那是完整的锅巴,厨师浇上佐料,锅巴当即在噼啪声中酥化,食之,美不可言。这种情况下的粑糍,一下子就有了文化的意味。

当然了,这些都是陈年老账,现在的大人、小孩,对于粑糍、黏夹粥的情感似乎正在逐渐递减,有的甚至不知道粑糍、黏夹粥为何物。这主要是随着生活水平的提高,人们的主食经常用其他上档次的副食品代替,就自然而然地把吃粑糍和吃黏夹粥的感情转移过去了。

戏说蛇事现象

沙地人的蛇事现象十分普遍，有敬有畏、有褒有贬，可谓七嘴八舌、各执一词，今天略说一二，算是为"蛇文化"添光增彩。

留心现实，胡琴是由蛇皮制就，黑白相间、仅有一厘米左右宽度的带子名曰蛇皮带，粗糙、不滑爽的肌肤称蛇皮肤，说话嗓门大被说成蛇皮号筒，S形走路曰蛇行，儿童游戏有"蛇吐壳"。经常运用的成语有杯弓蛇影、画蛇添足、虎头蛇尾、打草惊蛇、虚与委蛇、牛鬼蛇神等。习惯语有："蛇见雄黄酥到骨"、"一朝被蛇咬、三年怕草绳"、"打蛇要打七寸里"、"打蛇不死反受害"、"救了田鸡饿死蛇"、"人心不足蛇吞象"、"弯扁担打蛇——两头不着实"等。

生活中，有的人视蛇为友、以蛇为业，捕蛇、玩蛇形同儿戏，有的人谈蛇色变，大有惊弓之鸟、丧魂失魄的样子。同时，有人会悄悄地把蛇苏（蛇的舌头）藏进口袋，说是与人赌博准能赢；有人把蛇苏带在身边，说打官司也准赢；有人将蛇苏装进枕头，说日后不怕惊吓。也有人把蛇苏缝进小孩的帽顶，说是辟邪。由于蛇肉鲜美，其被饭馆捧为上乘佳肴。蛇骨炼成灰，加冰片，可以治疗多年的老烂脚。患了"田鸡鼓"（耳根肿块），用蛇壳堵塞耳门，数日即治。如果无意间发现两头蛇、蛇钻洞，被视为不吉利，一旦看见蛇吐壳，赶忙脱衣衫，抢在它吐壳完成之前把自己的衣服脱完，晦气不会附上身。

那些几十年没有翻修的旧房子，往往有大蛇出没，有的穿门入户、绕梁而卧，上了年纪的人发表意见说，皇帝的金銮殿有镇殿之宝，生意人开店有镇店之宝，家宅里边的蛇是镇宅之神、护宅蛇。据说，一旦哪一家的护宅蛇出现或被灭，家道也会很快衰败下去。所以好像黄牌警告似的，每每发现此类情况，懂事的会装香点烛、磕头跪拜，祈求隐去，不懂事的才会召集人丁全力围剿。

一般情况下，人们打蛇使用铁搭、钉耙脑头。然而不怕蛇的人只消抓住尾巴悬空抖动几下，再往地面摔几下，便会大功告成。有经验的说，倒提抖动的作用是使其脊梁骨脱节，摔的目的在于彻底完蛋。另外，使用一两根芦苇抽打也能解决问题。这也有缘故，说芦苇是蛇的老娘舅，外甥见娘舅，总要礼让三分，所以用芦苇抽打，只要三两下，之后再将芦苇的根端从蛇的排卵管插入，丢在一边，从此也不会复活。

文艺作品中，有的把蛇写成口蜜腹剑、无比歹毒的妖女，有的把蛇写成知恩图报、智慧善良的美女。一部《白蛇传》，用来说书弹唱、编剧演戏，还有木偶、皮影、电影、电视，把个白蛇精塑造成了人的化身、善的典型、美的象征，使无数世人为之倾倒。《水浒传》的作者还用蛇作为一些梁山好汉的绰号，如白花蛇杨春、两头蛇解珍。

在民间的口头传说中，有的说蛇本来有足，但生性懒惰，一日三餐全靠没有腿的青蛙负责，丑事张扬出去后却又害死青蛙报复人类。玉帝闻讯拍案大怒，立即命令斩尽蛇脚，将4足赐给青蛙，从此，蛇只能靠游动前行。后来，蛇觉得自己确实有错，每当心里产生错的感觉，就自觉地蜕去一层外壳。此说把蛇当成了知错能改、重塑自己的化身。

也有的说，如果碰上七条小蛇成堆，这是"蛇邀会"、好穴地，只要口念"阿弥"，将其移至安全地带，会去灾得福。假若立即将身上第一次穿的"芦菲花"衣衫脱下、遮上，包裹起来，送回家置入坛甏，上边放个米罐，从此，这个米罐里的米会取之不尽。

另有故事说，江北一位船老大装着豆麦正要拔锚起航，岸上来了位黄胖和尚。胖和尚说:"船家且慢,能否搭吾去江南一走?"老大同意后,胖和尚上船。胖和尚四下打量,又对老大说:"可否借用船舱小憩片刻?"老大说:"你就去我的舱内歇息吧。"船至江心,小撑去舱缝瞧看,只见里边盘着一条老大老大的黄蛇。小撑大惊,悄声禀报老大。老大微微一笑,说:"好事啊,别去惊动他。"船到江南岸,黄胖和尚出舱告别,老大送至岸上。就此一举,船老大航了三年顺风船。世事纷繁,看法各异,有人把蛇说成美的、善的化身;也有人把蛇说成歹毒的化身。智者见智,仁者见仁,也是人们对蛇事现象的客观态度,无可厚非。

　　如果追根究底的话,古代不少画像还有炎黄始祖和女娲部落人、蛇身的形象,这是蛇图腾的象征。《圣经》中也有蛇的记载,说蛇敢冒神之大不韪,去启发亚当、夏娃偷食禁果,使人类从此知善恶、生七情、有六欲,一下子把蛇捧到了与普罗米修斯差不多的高度。细细品味,其间含有"启蒙人类"、"善恶有报"、"慈悲为怀"的道理,同时也反映世人抑恶扬善、愿与自然和谐相处的一面。

　　蛇与龙,一个柔,一个刚,在十二属相排座次的时候,蛇、猴争夺第六把交椅的故事成了世人津津乐道的话题。话说龙的座次确定后,蛇与猴子间的比赛也正式开场。赛前,猴子高兴地对蛇说:"老子是攀山越岭的高手,倒挂树梢纵腾跳跃的行家,这第六把交椅非我莫属。蛇,哼!你就拉倒吧!"蛇说:"也许是吧,只是上帝有话不能违背,你我还得比赛决定输赢。谁被看的人喝彩叫好,谁就坐这第六把交椅,这样也显得公平,我也会心服口服。"当蛇说罢这些棉中藏针的话之后,两者便各自施展开身手来。只见那蛇穿着鳞甲外套,摇头摆尾时水纹不惊、波澜不起,如同彩虹在湖面倒影,来回游弋时又迅速敏捷、让人目不暇接,好像天女在织锦穿梭,当场赢得满堂喝彩。那猴子见喝彩声倒向对手，心急走神，屁股面孔一起发烧，结果被比了下去。这表明，蛇是凭着自己的一技之长坐上生肖第六把交椅的。

说蛇解梦，是民间又一个蛇事现象的重要话题。不少人相信，蛇在梦境中出现，不同状态的蛇，会有不同的说法。梦见蛇追赶自己，可能会职务加身；梦见蛇挡在前边，也许会财路不通；梦见自己在蛇之间穿行，可能会用去一笔钞票；梦见蛇在自己身边不动，可能会有发财的机会；梦见大蛇小蛇在盆子里，或者挂在树上不动，解释为聚宝盆、摇钱树，大吉利。这是世人梦蛇求吉的心理反应，应该是好事，如果以此为契机努力工作，抓住机遇努力拼搏，有朝一日定会梦想成真、兴旺发达起来；当然了，如果做了这样的梦依然我行我素、无动于衷，守株待兔似的坐享其成，或者干脆没有实现美梦的冲动，那就另当别论了。

各种事象表明，蛇有韧性、柔性，也有过错，但知错就改，有进取精神。愚以为，将蛇事现象同个人的梦事现象扯到一块，似乎也与国家的梦、民族的梦有着融通之处。如果没有个人的梦，也就没有国家的梦、民族的梦；反过来说，如果没有国家的梦、民族的梦，自己的梦再好也是虚幻的。进一步说，如果一个人、一个国家、一个民族没有实现梦想的勇气和实践梦想的胆略，兴许永远也实现不了各自美好的梦想。

有人爱说人生如梦，有人爱说活着就要敢于追梦、超越梦想，但愿世人夜夜做好梦，夜夜抱着好梦睡；个个争做追梦人，人人去把好梦追，实现梦想后再去超越梦想。

芋艿的传奇

芋艿为单子叶植物，天南星科，属多年生草本，喜欢水分。农谚曰"干煞（旱死）芋艿，好煞山药"，意思是说，喜湿喜水是芋艿的本性。所以在种植的时候，许多农家总会选择离洼地或水沟近一点的地方，干旱的时候也只往芋艿地里浇水，而不去山药地里抗旱。

沙地芋艿素有香沙芋、黄沙芋之分。香沙芋爽口、好吃，黄沙芋次之。农家一般都会选择种植香沙芋。

民间有这样一句习惯用语，叫作"山芋芋艿香喷喷"，沙地人的吃法，芋艿烧肉，红烧、白笃（煮）焖熟为上乘。只是需要注意，食用的时候，芋艿最好一次性吃完，当时吃，口感极好，松软而味香，倘若留到下一顿吃，松软了的芋艿会重新僵硬变性，再怎么烧也松软不到哪里去了。

芋艿有芋艿老头、芋艿子、芋艿乌叶（杆、叶）几部分组成，人们普遍青睐芋艿子，至于芋艿老头，由于口感的原因，一般上不了台面。

芋艿的吃法也有多种，除了与猪肉一起红烧、白笃外，还可以与羊肉一起红烧、白笃，只要烹饪到位，那滋味超级爽口，真让人胃口大开。

还有纯烧芋艿、芋艿烧青菜、芋艿烧茶干和"闸"（加清水煮）芋艿的吃法。如果是芋艿烧青菜，最佳时间是霜冻之后，这时候的青菜，跟芋艿一起烧，吃的时候有一种淀粉香味，越嚼越有感觉，诚所谓津津有味也。若用乡间谚语的前半句表达，标标准准的叫作"小菜好吃"。

凡是烧芋艿，人们都会在烧之前把芋艿的皮毛去掉，叫刮芋艿，唯独闸芋艿，洗净后连皮带毛入锅，等煮熟后再一边剥皮，一边蘸着酱油或糖慢慢地吃，间或不用酱油或糖，一边与人谈话，一边吃，很少当作正餐食用。这场景，真是活脱脱一副悠闲相。

有人说烂芋艿不能吃，其实这是偏见，当芋艿烂到软、浓的地步，闸熟了吃，口感比菱肉还香。若是放在火眦（火膛内柴火熄灭后的灰烬）堆里炮，味道又会与众不同。记得1982年的时候，有人将芋艿赋予防癌、治癌的疗效而大事宣传，眼巴巴地让贩芋艿的狠赚了一把。这是芋艿送去的好处。

以前，有人将芋艿煮熟、打烂后与糯米粉搅拌，再装入相关模具，能制成相关糕点，如果再加入相应佐料，还能制成素的"肉包子"，当得了喜事礼品，也上得了酒席，登得了大雅之堂。

在乡村，跟芋艿相关的俗语妇幼皆知。有人遇事不果断，办事不干脆，喜欢和稀泥，被比喻为"芋艿烧豆腐——浓奶奶"；有人精明、一点亏都不想吃，一点利益都不愿让给别人，就被说成"芋艿乌叶盛水——滴水不漏"；有谁偶然得到意外收获，有人又会惊喜地说："啊，阿锹（铁锹）挖芋艿——掘拉夺（弄到很多好处哉）！"两个人交谈接话茬，双方不断地用近似对方谐音的话句应对而有意改变原意，戏之谓"缠有头，要吃芋艿头"；有人以吃过某个地方的芋艿为荣而编出"跑过三关六码头，吃过乡下芋艿头"的谚语；民俗方面有"七月半鸭，八月半芋"的谚语，就连剃光头、比赛得零分，也被说成"刮了个芋艿老头"。

民间传说，万里长城的砖，都是当年的人将芋艿闸酥后，与煮熟了的糯米饭搅和在一起打烂、制成砖块、阴干，再砌成城墙，因此千年不烂，万年不枯。此说虽然属于文学性故事，但有一点是无可怀疑的，这便是：很久以前，芋艿就成了文学殿堂里的砖瓦类的原料了。

又听父辈们说，有一年天下大旱，地上青草不生根，老百姓没有粮食,家家断炊,忽然间有人发现张家烟囱里冒着烟,大家跑去一看,锅子里正煮着一块砖头,再一看山墙上的砖块,与锅里的一般无二。原来这些砖块都是用芋艿与糯米制成的,于是大家风抢山墙上的砖块。另据一些佛教书籍记载,芋艿、糯米制成砖,确系积谷防荒的好办法。

为了证实这些传闻的真伪,笔者于腊月天亲自试验,将烂的、不烂的芋艿闸酥后晒干,结果发现,水分蒸发了的芋艿真的坚硬如砖,也没有霉变的迹象,用很大的劲,才将一个芋艿子切成薄片。此举表明,万里长城上的砖头是不是芋艿的不敢说,然而闸酥、晒干后的芋艿坚硬如砖那是事实;糯米制成的糕,冷却后坚硬如砖也是事实,倘若两者结合,肯定也会坚硬如砖。

另外一则故事与八月中秋吃芋艿的风俗有关。相传有一年的八月十五中秋节,抗倭名将戚继光遭倭寇偷袭,被困在深山老林里遇难断粮,多亏在山后发现芋艿,于是尽数挖来烧煮,全军在饱餐后一鼓作气冲锋下山,终于突围成功,后来为了纪念这次化险为夷的经历,当地就有了中秋节吃芋艿的习惯。

也有人说,芋艿是神仙下凡过程中从天庭带下来的,名叫通天子,播种长成后可以当饭吃,也可以当菜吃。童男童女如果在农历七月初七的夜间猫在芋艿叶底下,会听到牛郎织女鹊桥相会时的悄悄话。

据说这位神仙下凡途中遇到一对乞讨的母女,见那母女面黄肌瘦,神仙顿起恻隐之心,就把通天子给了母女。母女说不会播种,神仙又当场教其栽培。芋艿很快发芽生长。当枝繁叶茂的时候,神仙携着那对母女中的女儿进入芋艿园,身影淹没在芋艿叶子丛中,从此再也没有出来过。做母亲的刨开泥土一看,嗬,芋艿老头四周长满了芋艿子,芋艿子上又长芋艿子,好像母子同窝,紧紧拥抱。此情此景,体现着的是枝繁叶茂、人丁兴旺的寓意。

再据《别录》、《唐本草》、《本草拾遗》、《日华子本草》、《滇南本草》等书记载，芋艿还有主宽肠胃、充肌肤、疗热止渴、吞之开胃、通肠闭，产后煮食治破血，饮其汁，止血、止渴，破宿血、去死肌，和鱼煮，甚下气，调中补虚，治中气不足，久食补肝肾、添精益髓等药用价值。

一些地方还有芋艿传说和中秋节吃芋艿的习俗，这些故事传来传去，传到今天，也就有了属于非物质文化遗产的传奇身份了。古往今来的人们能把芋艿的文章做到如此鲜活的地步，真个是一草一木皆有情了。

吃芦穄　说芦穄

芦穄是沙地的特产。

按照一般性解释，"芦"，草本植物，多年水生、湿生的高大禾草，茎中空；"穄"，谷类植物，跟黍子相似，无黏性，也叫糜子。可人们吃的这个"芦"，其实茎中不空；这"穄"，抽穗结籽去壳后也不是可食的糜子，两者结合成"芦穄"，好像有点名不符实。

其实很简单，用民间的话说，长有芦竹似的茎秆，结有与穄类似的穗形，就叫它芦穄了。此类植物属于禾本科高粱属一年生草本植物，各地都有，长江流域尤为普遍，只是由于各地的称谓略显不同，有的称芦蔗、竹蔗、小甘蔗等，有的称芦黍、甜秆、芦粟等，唯有长江三角洲的崇、启、海等地方，行不更名，坐不改姓，口承相传，世代称为芦穄，城里人称为乡下芦穄。

芦穄的穗，乡下人又称"色头"，抽穗叫"秀心"、"透色头"。糜子似的穗形虽然没有高粱穗那样挺拔、粗壮、饱满、紧凑,但茎秆却十分充实,躯干的升空度、粗壮度胜过高粱,每一节的长度也超过高粱。高粱是人们的主食,其杆子在于生火做饭,"色头"用来扎扫帚。而芦穄的价值主要在于解渴,茎秆去皮咬一口,满嘴蜜汁似的,清冽甘爽、甜而不腻,其"色头"也可以扎扫帚。据说,芦穄含有丰富的碳水化合物、脂肪、蛋白质、铁、钙、磷等多种营养成分,又有清热解毒的功效,常吃能清心、明目、益肝、利尿。

芦穄一年两茬,在小满、芒种前后栽种的,叫早芦穄,在大暑以后栽种的,叫晚芦穄,也称"冷水芦穄"。芦穄还分多个品种:一种是高粱芦穄,另一种是甘蔗芦穄。这高粱芦穄,既吃高粱"色头",又吃高粱秆,一举两得,只是产量不高;甘蔗芦穄无"色头",升空没有芦穄的高,每一节也没有芦穄的长,但比较粗,根部甜,梢部也甜;而芦穄,在"色头"没有变色之前有"水胖气"(即水腥气),老根一般也是咸的。另外还有糖心芦穄、青皮芦穄、红皮芦穄等称谓。

从实践情况看,早播的芦穄容易蛀,且不宜喷洒农药,蛀后变形,节子短,去皮难、汁液少、硬如砖块,不易咀嚼,还有虫的腥味。这是气候暖,蛾子产卵所致,最佳的办法是种植"冷水芦穄",才能错开蛾子的产卵期。在无虫期生成的露穄,节子长,松、脆、甜俱全。

有些农户还喜欢挖个坑,把当年吃不掉的芦穄埋下去,封上土,至春节里挖出来出售,买卖双方图个"开口就甜"的大吉大利而成为"末结煞"(最后)的"头市货"(最先入市的货)、抢手货。

芦穄先育苗、后栽种,栽完以后不管地湿、地干,都应该浇水,这叫"收刀口水"。芦穄不宜施化肥,一旦施肥,芦穄汁淡如水,施了人畜肥,芦穄汁咸似盐,也不宜剪掉叶子,如果剪掉叶子的话,影响养分供应,吃的时候会形同嚼絮。这与其他作物的培育管理措施相比,正好应了民间的两条谚语："各庙里菩萨，各做各法"、"一物对一物，菩萨对念佛"。

吃芦穄的时候，去田里伸手用劲拉的，叫"退芦穄"；折下半根，叫"扳芦穄"；用刀的，称"斩芦穄"。吃芦穄之前用牙齿去掉硬皮叫"损芦穄"，吃完后吐掉的部分叫"芦穄渣"，"损"下来的皮统称为"芦穄损刀"。

早年，每当收割玉米时，总有几个人眼睛盯着玉米秆子，如果发现有青秆的，就当作芦穄似的咀嚼起来。收割高粱的时候，也会有几个大人、小孩钻在高粱丛中寻觅高粱芦穄，谁个先发现，还会引来他人哄抢，嘻嘻哈哈闹个没完。这种现象，"互助合作"、"人民公社化"时期最普遍。那时，由于食糖供应不足，不少人还将芦穄去渣取汁制成糖，名为"烂蘸糖"，用于做烧饼，也用来冲泡开水招待客人。

不管过去还是现在，芦穄这东西老幼皆喜，吃的时候，很能体现出人们尊老爱幼的情态。那些刚长门牙的稚儿，手拿半截大人给的芦穄不时地往嘴边送，抱在大人怀里"咿呀咿呀"的，老半天不会哭；没了娘、断了奶的幼儿，在大人的照料下也拿芦穄汁解渴；那些掉了牙的老人，有的自己用刀劈、刮，有的由儿女、孙儿辈主动为其"损"，或者榨成汁，然后让其喝；也有的老人卧病在床，儿孙辈就用汤匙、嘴巴喂。每当出现这种情景，老人总会啧啧嘴巴说："甜到心啊！"

另外，许多人家还会在晚间的月光、星光下，乘着纳凉的机会与东邻西舍、三朋四友聚在一起，一边吃着芦穄，一边谈着山海经，真乃其乐融融赛神仙。

芦穄也能体现孩子们的童年乐趣。有些孩子将芦穄汁咽下，悄悄地将那芦穄渣塞进人家的衣领、口袋，然后转过身偷偷地乐；有些男孩选择芦穄的中段或根部作拐杖，一手持着，一手做着托胡须的样子模仿老人走路；也有的将芦穄摆弄成少林棍,当众上演"三英战吕布"的节目;小女孩们还会把芦穄皮撕成细长条,学着编织席子、蜻蜓等玩意儿。其情其景,乐态可掬。

吃芦穄其实也是紧张劳动之余的一种休闲、放松和享受,同时也能检验一个人的胆识和应变的能力。在众多吃芦穄的场合,往往有人不慎划破手指、鲜血如注,这时候,胆小的人会说,快去医院包扎,防止感染;沉着老练的人会自己撕下一条布缠在伤处;有经验的人,会去找一根比较嫩的芦穄茎,将其表皮上白霜一样的东西刮下一点抹在伤口,马上会平安无事。

芦穄的来历,好像是永久的谜,也是人们永久的话题。相传很久以前,有位老人去外面的世界闯荡,看见一种植物长势像高粱,"色头"又有别于高粱穗,老人趁人不注意的时候,便抓几粒"色头"藏进口袋,回家后撒在田间,不久便出苗并长起来了。长是长起来了,就是不知道有何用处。一次,老人的女儿嘴唇碎了,无意间摘几片带露水的叶子搓揉,之后又无意间地在嘴唇处抹了一下。就这一抹,抹出了惊喜,只觉得嘴上甜甜的。有了这个感觉,那女儿干脆斩一根吃起来,也就是这一吃,竟然又吃出了许多人的兴趣,于是,人们吃芦穄的习惯也就形成了。虽然这只是传说,但却同样道出了这样一条简单的道理:某些新物种往往是人们在有意无意之间的发现。

芦穄曾经进过高雅的文学殿堂,元代诗人王冕在《竹斋诗集》中就有"弊衣无絮愁风劲,破屋牵萝奈雨何。数亩豆苗当夏死,一畦芦穄入秋瘥"的句子。

芦穄的身价确实也是上得了台面的,许多时候,主人们将它送给城里的亲戚,或者送给很有交情的机关干部,高校学子也常常带着它走进校门,与好友同享乡下的土特产。

可是也有不高兴的时候,这是在计划经济时代。那时老百姓偷偷地在田边地头种上几行芦穄,大队、公社里的人硬是上门做工作,先是说服教育,几次无效,就会组织专业队下田"扫荡",还要在大会上点名批评,弄得种者灰头土脸的,没奈何,千家万户只得在自家的山芋田里、场头、宅角种上一些。改革开放以后,情况变了,百姓要种在哪里是哪里,要种多少是多少,有的地方还办起了"芦穄节"。更加有趣的是,不少人还养成了一边看电视、一边吃芦穄的新习惯,真是比神仙还要神仙呐。

菜　瓜

说瓜,旨在给人增添一些吃瓜的乐趣。

有人说,瓜能降暑,又能做下饭的菜,故名菜瓜。其实不是这么回事。

瓜是统称、泛指,民间的一些地方叫作"瓜秸落索",分多个类。纳凉降暑的有黄瓜、菜瓜、生瓜、西瓜、哈密瓜等,当作蔬菜的有冬瓜、丝瓜、金瓜、圣(取其音)瓜等,食品类的有南瓜(番瓜)、地瓜(红薯、山芋),此外还有香瓜、苦瓜等。如果再分一下的话,菜瓜有蚂蚁瓜、青皮青脸瓜、牛腿瓜、糖加甜头等。生瓜也有蚂蚁生瓜、条子生瓜、甜生瓜、水沥生瓜等;西瓜又有厚皮西瓜、薄皮西瓜等。根据生长期限和菜瓜的质量,又有败藤菜瓜和狗屎菜瓜的说法。

菜瓜的甜、淡很有讲究,盐碱地产出的比内陆"老土"上产出的甜,生泥里产出的比熟泥里产出的甜,壅绿肥的比施肥的甜,施人畜肥的比施化肥的甜,干旱天的比雨涝天的甜,头藤的瓜比二藤、三藤的甜。正是因为这样,有经验的瓜农,冬季的时候就着手"做生泥",以备种瓜时使用,或者播种的时候去盐碱地弄一些泥土壅在秧苗根部,吃的时候也要挑第一批的瓜。又因为这个缘故，一些人家的女儿在挑选婆家的时候，也乐意往新开垦的盐碱地嫁。

不同的瓜，有不同的栽培法和吃法，黄瓜，需要搭棚爬藤，不管大小与熟否，可以生吃，也可以烧着、腌着吃，或者切片、切丝后用糖醋拌着当作下饭的菜。菜瓜则在平地爬藤。未成熟的菜瓜不能吃，若是吃，苦涩的味道老半天不会消失，成熟后，一般歼皮、去籽才能吃（当然也有双手揩一揩，直接用嘴巴"啃"的），除了未成熟的拿去腌咸瓜外，从来不会被当菜对待。西瓜，人们把它切成多片后边吃边吐籽。生瓜也是平地爬藤，只是开花不像菜瓜、西瓜那样的分头藤、二藤、三藤，而是集中在一个时间段内全开遍，未成熟的时候与菜瓜一样苦得厉害，成熟后又具酸性。吃的时候，如果有人说："酸！"他人一听，唾液都会流出来。

一般来说，生瓜有两种，一种叫水沥生瓜的，成熟后与菜瓜一样甜，因此，人们乐意称其为菜瓜，也当作菜瓜一样地拿去出售。另一种切开去籽后，"带胖"加盐加压沥去水分，或者切开去籽晒干之后，腌成酱瓜当咸菜使用，也可以切片之后用糖醋拌着吃。生瓜不切、不沥、不晒而加工腌成的，名叫包瓜，包瓜与众不同，吃起来又脆又香。记着，生瓜"带胖"沥去水分腌成的酱瓜，吃起来清脆有声，容易嚼断；生瓜晒干后腌成的酱瓜，比较韧，吃的时候老是嚼不断。

那些蔬菜类的冬瓜、丝瓜、金瓜、圣瓜什么的，没有生、熟之分，也没有甜、苦之说，有的是嫩、老、新鲜与否的区别，顾客在挑拣它们时，图的就是嫩与新鲜。

传统的番瓜长得比较大，民间说它"笨"，有时出现雄花，瓜农会摘下另一朵放进它的花蕊，这叫骗。被称作地瓜的山芋，一提一大串，山芋身上常常还有裂痕，沙地人偶尔也将切成丝，当作下酒的菜。

鉴定瓜的成熟度，在于"看、弹、听"三部曲，也就是看一看瓜的底部黄了没有,蒂掉落了没有,底部黄了的、蒂掉了的,是熟的。如果看不透,你就弹一弹,弹的目的是听声音,声音"咚、咚、咚"浑厚的,说明是熟的,声音"笃、笃、笃"清脆的,说明是生的。还可以看瓜的表面,如果表面有细毛,也说明是生的。一些人由于没有掌握这些要领,吃到的往往是不熟的瓜,是苦瓜。

　　古往今来,瓜文化一直是浓郁芬芳扑鼻而来的。瓜熟了,蒂也落了,这是事实,也是规律,人们就把条件具备、时机成熟、能办成的事也比喻为"瓜熟蒂落"。女儿不想嫁给某人,父母却强迫女儿嫁过去,有人会劝导父母说:"强扭的瓜不甜啊!顺了女儿的心吧!"人们吃惯了甜的,也吃够了苦的,于是常常说,"甜瓜吃了千千万,苦瓜吃了在心头",蕴含着"苦在心头不会忘记"的意思。这不,瓜文化的气息四处飘扬了。

　　酥瓜,是没有牙齿的人吃的,也是吃瓜时常见的情形,然而就是这种极平常的现象,也蕴含着相当深刻的社会学意义。例如,有些人面对强势人物一让再让,在忍无可忍的时候会说:"你别把我当酥瓜吃啊!"这里,瓜的文化也跃然纸上。

　　人们根据农历六月份大月、小月的天数多少,估算光照、气温对瓜类生长的时间长短,断定说:"六月小,'瓜秸落索'少';六月大,'瓜秸落索'多。"天下无贼的情况是没有的,不通过主人而去摘几个尝尝的人总是有的,为了显出主人的宽容、大度,也为了显出采摘者的从容、坦然,"偷瓜不是贼,请拣大的勃(两只手抱)"的习惯语,也就像唱歌似的挂在嘴边了。把做事切忌小而不为,要锲而不舍,慢慢地去磨,聚小成大、聚沙成塔,有耐心、有恒心地去做,比喻为"小瓜薄皮歼"。也往往有人主动设问:"你知道什么瓜永远染不黑,什么瓜一生一世烧不熟?"如果别人一歇半会儿答不出,他会自豪地说:"黄瓜永远染不黑,生瓜煮烂了也叫生瓜。"有人还常常把面孔上长有"老衬疤"的比喻为"呱(裂)皮山芋",把板着面孔、拉长着脸的人比作"拉长丝瓜",好坏不分的称为"乌冬瓜",不受欢迎的人称为"烂冬瓜",不识好坏、不懂事理的就称傻瓜,牙齿长得"扒"(往里边扣)的,称为"吃西瓜朋友",还有"种瓜得瓜,种豆得豆"、"哑巴吃苦瓜——有苦说不出"、"脚踏西瓜皮——滑到哪里是哪里"的谚语、歇后语等,都是民间瓜文化的重要组成部分。

"大跃进"时期有首民歌:"奇唱歌来怪唱歌,红薯亩产三万多,要拿重得像车砣,急得呼爹唤娘莫奈何。"民谣也说:"稻米赶黄豆,黄豆像地瓜;芝麻赛玉米,米粒拳头粗;花生像山芋,山芋超冬瓜。"另一支《种个南瓜像地球》的说:"种个南瓜像地球,架在五岳山上头,把它扔进太平洋,地球又多一个洲。"尽管"大跃进"受到千夫所指,但这种笑话性的瓜歌,至今还是令人津津乐道的。

据不久前的一家地方电视台报道,某地有少数瓜农在自己的西瓜地上喷洒增甜膨大剂,使西瓜纷纷炸裂,几近绝收,于是好事者就在网上、网下写开了,说:

昔日有人曾拔苗,(好笑)禾苗拔得尽枯焦。(完了)

今朝投药催瓜大,(新鲜)谁料西瓜全爆瓢。(号啕)

千年文坛也曾留下过文人墨客的诸多"瓜文",宋朝的范成大有诗曰:"昼出耘田夜绩麻,村庄儿女各当家;童孙未解供耕织,也傍桑阴学种瓜。"还有耳熟能详的联语如——"冻雨洒窗,东两点西三点;切瓜分客,横七刀竖八刀","东山和尚送西瓜,地下小礼物;南极仙翁朝北斗,天上大人情","坐南朝北吃西瓜,皮向东甩;思前想后观《左传》,书往右翻"。

嘿!这瓜文化呀,真的伴着瓜的芳香呢。

说说草头

　　草头（苜蓿的一种）是沙地人的特产，有烧、炒、拌、焯、踏草头腌荠等多种吃法。

　　锅子加热、加油、加水、加盐，沸后放入洗净后的草头，谓之纯纯烧草头，辅以豆腐、鸡蛋、青虾的，分别叫草头烧豆腐、草头潽蛋、草头烧虾。那味道与纯纯烧草头相比，简直是一个在天上，一个在地下。

　　锅子加油加热不加水，草头入锅加入调料后，直至炒熟不加盖，谓之炒草头，如果与"狮子头"相搭配，又是一番味道。

　　拌草头，是将草头洗净，在沸水里焯，取出后冷却、拧干，用刀切细，拌于"葱花油"或麻油等佐料，早餐喝粥偶尔食之，档次肯定不在炒花生、咸鸭蛋之下。

　　将草头洗净、焯后晒干的，名叫焯草头干，只要严加保存，黄梅天也不会霉变。必要时草头干烧虾，草头干潽蛋，或者"炖"一碗，都是不错的农家菜。

　　再一种，沙地人以传统的腌荠制作法将草头制作成腌荠的，称草头腌荠。这种腌荠生吃、炖熟后吃都很香，也很酸，配于麦粥，还很"耐饥"（不容易饿），有的孕妇犯有妊娠症，往往日夜思量，结果一吃草头腌荠便能化解。以前，这种腌荠农家必备，现在却是找不见了。

　　草头是多年生豆科牧草，不用春耕夏种，也不用施肥培管，秋后会自生自长，冬天会青枝绿叶，春日里有雨便发，夏至时结籽寿终。食用前不用刀割，只是用手指"拉"，名为"拉草头"，如果拉得太长了，下锅前将茎摘除一段即可。还有，生长在盐碱地里、生泥地里的、经过霜煎的，烧炒时容易酥。根据这些特点，有些精明的农户，会将污泥醮着草头的草籽撒于田间地头，也乐于在盐碱地、生泥地多留些老草头，以求下一年有个好的长势。

草头又是粗纤维，有利消化，生产草头的地方，人们不仅用它当下饭菜，还用它当商品，经常"拉"一点拿去市场出售。记得２０世纪六七十年代的时候，每斤草头卖两三分，而现在，每斤卖七八元。然而不管是市场，或者产区，以前，不少人家以草头为主菜、主食，现在，已经把它当作调剂口味的菜肴。

草头还是猪羊的好饲料，利于长肉长膘，同时又是垩田的上等绿肥。播种玉米的时候，用铁搭将厚厚的草头"扣"下去，就是基肥，待玉米长到半尺高之后，再在旁边开埭（行），将拧成腿条子粗细的草头埋下去、壅上土，叫作"盘玉米"，将草头"拥进"芋艿"横里"（根部），又叫垩芋艿。实践表明，草头绿肥的肥效着实不错，堪称名副其实的绿色肥料。

草头的营养价值是客观存在的，但也有谈草头而色变的人，笔者就是其中的一个。早在"三年困难时期"，由于经常以拌草头代主食，从此留下"心嘈"的毛病；也曾用薄麦粥就着草头腌荠下肚，一次，由于草头腌荠又长又粗，麦粥早咽下去了，草头腌荠却还挂在喉咙口不上不下，于是又有了一见草头便要退避三舍的习惯。更有甚者草头腌荠吃多了，竟然犯了"绞肠痧"，或患了盲肠炎。正因为印象如此深刻，笔者至今还难于忘怀。然而后来的情况完全变了，尤其是现在，许多人把草头当作点缀生活、调节口味的稀罕物，无疑是时代不同了，生活质量大大提高了的缘故。

农家腌荠

　　沙地人的农家腌荠首先分干、湿两大类,干的称"囫囵干腌荠",湿的称"水踏腌荠"。同时又分"青菜"、"芥菜"、"大头菜"、"雪里蕻"、"榨菜"、"千叶头菜"等多种腌荠品名。

　　腌荠的类别不同,制作的方法不同,需要的容器也不同。囫囵干腌荠的制作,先把蔬菜洗净、切细,晒至半干,拌盐后成为腌荠料,然后放进坛(当地人称"田"),用一只脚踏,踏了一会,再洒一层盐,放一层腌荠料,接着再踏,至坛口的时候,如果脚使不上劲,改用木棒去四边"的",这叫"收口"。需要指出的是,只有在"收口"的时候才能用棒头去"的",踏的过程中不能用棒头。因为棒头会使腌荠的受力面不均匀,容易松动,形不成层面。还须记住,完成后暂不封口,过一两天,让其"醒一醒",再"的"一下之后,依次用布、油纸、泥土封口,倒置于一边,这样,囫囵干腌荠算是完成了,几个月之后会满屋子香气扑鼻。

　　水踏腌荠的制作简便得多。所谓"水踏",不是一边踩踏一边加水的意思,而是在踏完之后,由蔬菜自身溢出水分。踏这种腌荠,事前根据数量的多少选择缸的大小,然后在缸底洒一层盐,放一层菜,踩踏结实之后,再撒盐、放菜、踩踏,直至蔬菜放尽,面上再洒一层盐作为"封"面,最后用砖头、石块掐压,也安置一旁。这样,水踏腌荠也算完成了。如此制作的腌荠,金黄金黄的色香味俱全,放上半年都不会变质。

　　踏腌荠很有意思,有的赤着脚,有的穿着鞋子,可是腌荠的味道与此不成正比。也就是说,两个人同样穿着鞋子,或者都是赤脚踏的,踏出来的腌荠,有的喷香,有的很臭。有鉴于此,人们在踏腌荠的时候,往往都要挑拣人选。那些能够踏出喷香腌荠的人,就"香窜"了。

腌荠有烧、炒、炖、拌多种吃法。烧煮的有腌荠烧豆腐、腌荠豆瓣汤、腌荠小寒(豌豆)汤、腌荠烧黄豆、腌荠烧豆芽、腌荠豆腐汤,这几道被称为素鲜,也叫"斋鲜";腌荠蛤蜊汤、虾烧腌荠汤、"棉头鱼"腌荠汤,腌荠烧鲫鱼、腌荠烧鳗鲤、腌荠烧肉片、腌荠猪油精,被称为"荤鲜"。在此基础上,人们有了许多说词,经常挂在嘴边的就有"腌荠烧豆瓣,大家'豁'一筷"、"三天勿吃腌荠汤,脚踝郎里酥汪汪"、"腌荠烧虾,踏煞老华(鸦)"等。

炒腌荠的原料以水踏腌荠为主。先将湿腌荠洗净、切细、挤干,入锅炒干,尔后慢慢地食用,或者搭配其他荤菜再行加工。新鲜蔬菜现切现加工,拌于佐料后即可食用,名曰炒青腌荠。如果用青腌荠炒墨鱼,算是一道罕见的高档菜;如果将腌荠作为包子馅,又将是一道别有风味的美食。

有些水踏腌荠,中间还有一根菜梗,切腌荠的时候,把那菜梗取出,剥去硬皮,一边放在嘴里咀嚼,一边切斩腌荠,一边再与他人交谈,既津津有味,又津津乐道,真的称得上"菜根谈"了。

炖腌荠的话,原料以囫囵干腌荠为主,洗净后用温开水泡一下,置于碗中,加油、糖、葱等佐料,放入饭锅里蒸,锅开片刻后,即可食用。以前,许多庄稼汉一碗腌荠二碗饭,越吃越有滋味。

吃腌荠也分场合。以前的丧事人家,餐桌上只端一盆腌荠烧豆腐,吃"素饭"么,就得上这道菜。而且,那些腌荠粗枝大叶,麦粞也老粗老粗的。在这种情况下,人们的说法又来了,叫作"刀斩麦粞,扯篷腌荠"。嘿!这麦子不用石磨而用刀斩,腌荠跟扯起来的船篷一样,也够诙谐的了。大约从20世纪50年代后期开始,腌荠烧豆腐之时有条件再加几勺猪大肠,此后又渐渐的多了鱼、肉、荤腥,变成"荤饭"了,这种情况下,腌荠烧豆腐只是作为名义而不完全名副其实了。倒是宾馆饭店,反而将腌荠作为稀罕之物端上餐桌,有时甚至连喜庆席上也端来一碟,以供食客们品尝。但无论如何,腌荠烧豆腐是不会出现在喜庆的餐桌上的。

沙地人的腌荠文章,最近几年有了新的长进,专业经营、连锁经营腌荠的专业户不断涌现,农家菜馆也将腌荠豆瓣汤、腌荠蛤蜊汤等作为特色品牌隆重推出,食客奔波几十里,冲的就是这几个品牌菜。有一则"倪家腌荠香喷喷"的方言快板说:"腌荠豆瓣油花佘,腌荠潽蛋'一落匀'(均匀),腌荠蛤蜊鲜又嫩,腌荠炒虾'吞豁(穿)'鼻梁筋。外加腌荠搭配茄脚柄,个个越吃越得劲。旁边有个冯士群,长年生着富贵病,此时闻到倪家腌荠香喷喷,嘴里'馋唾'(口水)拉到二三寸,后来连汤带水喝几顿,从此告别富贵病。"仔细想想,实属不谬,这叫"食疗"啊!

据说,早在唐代,大名鼎鼎的骆宾王就为腌荠做过广告了,说他避难吕四海神庙削发为僧的时候,长老曾经问过骆宾王:"你见多识广,可知天下菜肴食谱,哪一道最美?"骆宾王笑而答之曰:"弟子常食腌荠米粥,以为腌荠美矣哉!诚可谓'百岁羹'者也。"你看,骆宾王不但常食,还赞之为百岁羹呢,其他芸芸众生能不喜欢么?此说虽只是传说,却也道出人们对腌荠的情有独钟。

磨子话题

磨,沙地人称"磨子",是炎黄子孙对把粮食弄碎的工具的总称,一般有风车磨、水车磨、人牵磨之分,石磨和小钢磨之别,不同的是,沙地人还有干磨、湿磨之称。干磨用于磨干粮,湿磨专磨豆浆、水粉。干磨、湿磨的不同,在于八卦状纹路的双行与单行，干磨为双行，湿磨为单行。

根据考证，磨子的历史至少有七千年以上，型号一般有贰尺、尺八、尺六等，也有手掌那么大的，用来磨芝麻等五谷杂粮。在置办的时候，户主总会根据家庭的经济条件和劳力情况进行定夺，劳动力多一点的；尺寸就选大一点，劳动力少一点的，尺寸就选小一点。

磨子分上、下两爿，上爿叫雌片，下爿叫雄片，都用选定的石料做成。将石料铸成磨片的首道工序叫开盘。开盘时，让童男童女或一男一女于旁边站着，配合开盘师傅递拿工具，再或者，由本户当家女人在旁侍候。开盘结束，给雄片磨盘安装木榫。这木榫材质是柳桉木，其安装工序是先将明矾熔化为液体，然后把木榫放进事先开凿的中心圆洞，冷却后坚如磐石，经久耐用。磨子使用一年半载后，磨槽齿轮不再锋利，需要重新开凿，这叫锻磨子。锻磨子师傅在开锻的时候，嘴里会含一根稻草，他人感到奇怪，设法与之讲话，可锻磨子的师傅就是不开腔，事后师傅才说，如果张口说话，磨出来的粞会粗糙，甚至会是整粒。这样的答案好像暗藏玄机，似乎有点迷信的成分，其实道理非常简单：一旦开口说话，稻草会掉落；一旦稻草掉落，就会走神，一旦走神，磨片上八卦纹路会受影响，他不开口，说明专心致志、聚精会神，有利于磨片上八卦纹路的成形。这倒跟现代人培训空姐服务的时候，嘴里必须横着一根筷子以苦练咧嘴微笑的做法异曲同工。

磨子除了上下两爿磨片外，还有两个比较大的配件，一是横式三脚状的树墩磨床，二是竖式三角状的推架，俗称磨框，推架由两根竖杠一根横杠组成，横杠叫磨框横头。用磨子磨粮食，沙地人统称牵磨。牵磨的人数，有4个人的，有3个人的，也有2个人的，视力气而定。牵磨人的位置不同、作用不同、分工不同，名称也不同。站在右侧用左手握着磨框右侧竖杠，右手抓粮食装进右边那个磨子洞的，叫拗磨；

站在左侧用右手或两只手抓住磨框左侧竖杠随着磨片的走向转的,叫盘磨,而一个或两个人摆开步子、握住横杠推呀拉呀,速度快慢全程掌控,才属于真正意义上的牵磨。如果拗一转、推拉一转,磨盘缝里就有一圈粞粉流出来的,俗话叫作"有一转磨,有一圈粞",如果光见磨片转,不见粞粉下的,则叫作"空牵磨"。

六七十年前,沙地人很少有风车磨、水车磨,更没有小钢磨,人牵磨是日常生活中常见的。一个地方十家八家的,并非家家都有磨子,每逢雨天,便经常相约在一起你帮他,他帮我。有的人家人手多,磨子又是自家的,逢到午前傍晚,老爸老妈喂柴烧火,大儿子、大女儿上架牵磨,磨牵完了,饭也正好做完。也有一人推拉一人拗的,拗一把粮,牵几转,再去拗,这样的情形很无奈,显示出了人脉、人缘的缺失。

有的人喜欢以牵磨为职业,听到牵磨,主动参与,一边牵,一边哼曲、唱歌、喊号子;有的人则视牵磨为负担、苦差事,一上架就头晕,因此常常借故逃避。

磨子也有台面那么大的,用驴、马、牛等牲口拉着,也用风车带动,属于磨坊里的专业加工。1965年以后有了小钢磨、电动机,三四十斤的杂粮倒进去,仅需几分钟,花费也只有几毛钱,就这么着,人牵磨、风车磨的现象消失了,磨子也与人们说声"拜拜",靠边休息去了。

尽管磨子已经"退休",但曾经的磨子文化依然熠熠生辉,不少中老年人一提起磨子,都会眼睛一亮,话匣子也随之打开。

就说磨子的安放吧,东南角、西南角不忌方位,不少人相信,磨子本身凿有八卦图案,具有比"太公在此,百无禁忌"大得多的功效。

作为磨子的拥有者,在去世的时候,只传长子,不传次子。这说明,磨子作为生产资料,被世人非常看重。

有趣的是，人们往往把牵磨的现象跟社会事象联系起来，例如那句"有一转磨，有一圈糜"的俗话，比喻投之以桃，报之以李的人际交往，含有"来而不往非礼也"的意思，也有做生意敢于投入，日后必有回报的意思，也有把上片磨子比喻为男人的。"空牵磨"一词，指的是接受任务的时候信誓旦旦、当面承诺，表面也忙忙碌碌，结果却一无收获，含有假动作、虚晃一枪的意思。另外，当人们看到某人办事积极、乐意奉献，后来得知他是什么干部的时候，马上就联想到磨子配件上的磨框横头的作用，于是会说"到底是有'磨框横头'的，起到这样好的作用"。简简单单一句话，把这种人的身份与作用之间的关系都诠释出来了。

还有不少与磨子有关的湖名、桥名、地名、街名，诸如磨子潭、磨子桥、磨子山、磨盘村、磨盘街等，且每个名称背后都有一个精彩的故事，听上去吊人胃口，让人遐想、神往，为生活增添了不少乐趣。

民间流传着的《铁拐李锻磨子》的故事就更有意思了。

故事说磨子是八仙锻造的。八仙于泰山之巅选石备料完毕，汉钟离提议说："分成八爿，每人造一爿。"

磨盘开锻到大一半，铁拐李瘸着腿赶到了。铁拐李说："来得早，不如赶得巧，只要火候到，活儿同样好。"

磨盘锻好，当场试磨，谁知推过来转过去，铁拐李锻的这一爿，吐出来的总比别的地方粗得多。这意味着铁拐李为了赶速度，质量出了问题，有着粗制滥造的嫌疑。其实呢，磨子被推、拉的时候，由于上片是运动的，下片是固定的，致使运动着的上片在旋转过程中时有开合，开的时候就难免出现粗糙。这个故事短短几句话，不但使铁拐李的性格特征凸现出来了，也使磨子文化大大地出彩了一把。

磨子文化中也有黑色幽默，如以前谁家坟头的大树对准了张家的门口，或者谁家的屋角妨碍着李家的风水，张家、李家就用火烧磨子分别搁在相关地方以辟邪或化解风水，为此而吵架、闹纠纷、打官司的事也时有发生，于是，在为磨子文化平添几丝传奇的同时，也平添了几丝无奈。然则唯其如此，才看得出民众对磨子依靠、仰仗、开发、利用、呵护有加的价值所在，才显示出磨子的魅力，才说得上磨子文化的光怪陆离和配得上人类文化的五彩缤纷。

谚语里的婆媳情

在沙地，关于婆媳关系的谚语非常流行，不少人耳熟能详、倒背如流，这些谚语往往被视为生活中的格言警句，成为沙地人立身处事时的行为准则，很有影响力。

按照风俗习惯，当地青年到了谈婚论嫁的时候，男女双方都有一个要去对方家里"访人家（相亲）"。"买房子看梁，访人家看娘"的谚语，直截了当地道出了"访人家"的目的。

婆婆的榜样对儿媳妇来说是举足轻重的，如果婆婆带了好头，儿媳就会跟着学；倘若婆婆使坏，儿媳妇也会看在眼里，就算儿媳妇不好，做婆婆的也有责任。"家庭和不和，全靠好婆婆"、"秤梗勿离砣，媳妇勿离婆"、"鞋有样，袜有样，（儿）媳妇学婆样"、"秤星勿准要怪砣，媳妇勿好要怪婆"的谚语，反映了婆婆表率作用的重要性。

有的人家自从娶了儿媳妇，婆媳间相敬如宾，家境也一天天好起来。谚语说道："小要贤，老要爱，婆媳要当母女待"、"婆媳亲，家业兴"、"婆媳和，后代富"、"柳树靠河坡，媳妇靠姑婆"、"进了庙门先敬香，见了婆母先叫娘"、"要得家庭和，媳妇先敬婆"、"儿子好，勿算好；媳妇好，真个好"、"贤媳手里锣，出门夸公婆；傻婆敲金锣，出门嚼（议论）媳妇"、"百年修得同船渡，千年修得好公婆"。这些谚语胜似经验总结，句句在颂扬、鼓励、争做好婆媳。

也有一些人家，婆媳似陌路，关系如水火，婆媳说什么也搞不到一块，这种现象，谚语也有很好的表述。例如"没娶儿媳想成病，娶了儿媳送了命"、"篱笆不是墙，婆婆勿是娘"、"烂鱼头爿烂鱼刺，嘈三（唠叨）婆娘问闲事"、"五月莫说年成好，三朝别夸媳妇好"、"吃了麦饭屁多，娶了媳妇气多"、"婆媳成冤家，岂能不败家"。这些谚语，诚如一条歇后语所言，"呒毛公鸡打相打——口口血肉"，真是因精辟而入木三分了，听得人家频频点头。

婆媳间的矛盾，也体现在对待亲戚的态度上。有些儿媳妇，对于自己的娘家人上门，视为知已、待为上宾，立即丢下手中活计，忙着买鱼、买肉、裹（包）馄饨；对于公婆（亦即丈夫）的娘家人上门，却是冷眼相待、无关痛痒，倘若在田间劳动，连"上门坐一下"的话句也没有，干脆让其在对面的沟边蹲着或者站着讲话，于是乎，就有了"娘家人，肉馄饨；爷家人，隔沟蹲"的谚语。

关系恶化的婆媳，在外受舆论上的压力，在内又受生活上的煎熬，日子过得很不舒畅，这方面的谚语有："碗底砣圆，端人家饭碗难"、"天上星星不均匀，地上媳妇难做人"、"先吹喇叭（唢呐）后催锣，先做媳妇后做婆"、"屋檐滴水流成河，廿年媳妇熬到婆"、"廿年媳妇廿年婆，廿年又做太太婆"。

有一则脍炙人口的故事说，张家的媳妇娶了儿媳后还在虐待着卧病在床的瞎婆婆，瞎婆婆用的碗筷，一日三餐不洗不换。一天，孙媳妇悄声附耳对瞎婆婆说："太婆，今天吃完饭，您就把碗摔碎。"瞎婆婆说："哎呀，若是这样，我要被儿媳妇骂死了。"孙媳妇说："别怕！还有我呢。"

中饭后瞎婆婆依计行事，她的儿媳果然骂开了。这时，孙媳妇一边上前拾碎片，一边用惋惜的口气说："哎呀，太婆呀，俗话讲'鞋有样,袜有样,儿媳学婆样',这一只碗是传家宝哇,现在摔碎了,叫我怎么传下去呀!"瞎婆婆的儿媳妇听了后,思前想后,终于明白今日自己对待婆婆的态度将是自己媳妇将来对待自己的榜样,于是此后对待瞎婆婆判若两人。

　　无独有偶,20世纪八十年代,一位五十多岁的妇女,哭着状告儿媳妇打她。受理者立即派人调查,谁知在询问儿媳妇打人的原因时,儿媳妇的嘴巴就像机关枪,对着婆婆说:"到底谁打谁?是你经常打婆婆、骂婆婆。'鞋有样,袜有样,儿媳学婆样',我这是向你学的。"那位告状的妇女当场成了哑巴。

　　人们常说:"你孝敬婆母,儿媳孝敬你;你厌恶婆母,儿媳厌恶你。"做婆婆的自己都没有做好榜样,儿媳妇自然要使用"鞋有样,袜有样"的谚语对付了。看来,关于婆媳关系的谚语,不仅震耳欲聋,还能震撼人心,直接影响到婆媳的关系。

　　有人曾经创作过一副婆媳关系的对联,曰:"女常可爱,媳常可憎,劝天下婆母应拿三分爱女之心以爱媳;妻每为顺,亲每为逆,愿世上人子能将一点顺妻之意以顺亲。"在婆媳关系的处理中,儿子说什么也脱不了干系,这副对联的作者如此规劝天下婆婆和人子,为处理好婆媳关系注入了不少新鲜气息。

　　婆媳关系历来是中华民族家庭结构中的传统课题,由于婆婆和儿媳各自的思想行为、代际鸿沟、性格差异和处事方式的不同,生活中难免会产生磕磕碰碰的火花,沙地人的婆媳谚语就直接地反映出了这种火花和社会对婆媳良好关系的祈盼。应该说,沙地人关于婆媳关系的谚语,也是整个社会关于婆媳关系的谚语。愿天下婆媳:和和美美母女乐,亲亲热热情更浓。

追寻消逝行业中的彩云晚霞

屈指算来,民间已经消失和正在消失的行业,除了补锅、补碗、货郎担、铜匠担之类以外,记忆所及,还有补缸、锻磨子、磨剪刀、车(磋)锭子、弹被絮、竹匠、搓绳、笆匠、更夫、卖梨糕糖等。许多人说,存在的,是有生命力的;消逝的,也是合理的。但是,当伴随着人类走过了千百年历程的这些老行当,在我们这一代真的渐行渐远、一去不复返的时候,不少人都会自觉地打开怀旧的闸门,去追寻逝去老行业里的那些曾经有过的彩云晚霞——亦即行业文化。

补锅是关系着千家万户的一个行当,当年的补锅匠们一头挑风箱,一头挑火炉,凭着手中"喀啷啷、喀啷啷"的铁片声,进村串乡总有主顾招呼。进得村,只需方寸之地便可摆开作坊。补锅时,匠人将熔化了的生铁水舀在勺子里,补到坏洞处的速度飞快飞快,而且都是一下子揿住,如若稍慢就会前功尽弃,人们管这种做法叫"一揿头"。根据这一现象,人们便将有魄力、有能力、办事果断、敢于拍板、能当场解决问题的官员赞为"一揿头",同时把霸道式的、企图一下子将不同意见的声音压下去的现象也说成"一揿头"。可见这"一揿头"三个字,捧红一个人轻飘飘,贬低一件事也是轻飘飘。

补锅匠有一个很好的行规,如果几个同行不期而遇的话,不管认识的、不认识的,有活大家干,钞票大家分,即使只有一个主顾也是这样。另外,如果张三在一户人家的活计忙完后,恰巧李四赶到,在这种情况下,只要张三还没有洗手,工钱也会两人平分。这是老祖宗传下的规矩,是何道理,不得而知,想必是讲究义气。

补锅匠的手总是黑乎乎的,也常常为他人背着锅,于是人们就有了"补锅的遇上打铁的——黑手碰黑手"、"补锅匠的脊梁——背黑锅的料"的说法,而代人受过也被说成"替人背黑锅"。《竹枝词三百六十行·补镬子》说:"生铁补镬子,练就好本事。能教破镬复完全,又好烧饭烧菜烧开水。世界近有销金锅,此锅无底销金多。安能设法将它补,不使销金叹奈何。"

补碗,是在裂痕两边钻眼后用镢子(状似现代订书钉的铜质钉,俗称蟹爪钉)将损坏了的碗补好。补了以后虽然可以继续使用,但破镜难圆,外表总会有痕迹。据此,经验丰富的人教育子女时说:"碗碰坏了可以补一下,如果得罪了朋友,双方关系有了裂痕,就难补了。"三言两语,却将深刻哲理尽囊括其中。

补缸的方法有两种,一是匠人先在裂痕的地方轻轻地凿去旧痕,再用石沙、卤水搅拌后涂抹;二是在裂痕的左右两侧钻眼或开凿若干个小洞,然后用相同宽幅的铁镢子"扒住"。《竹枝词三百六十行·修缸补瓮》称赞说:"修缸补瓮真名工,勿怕七穿与八洞。使它已碎复瓦全,滴水不漏包好用。漏瓮可塞急需塞,莫到瓮破塞不得。世间坐视漏瓮不塞人,应对修缸补瓮无颜色。"这就将补缸匠的修补漏洞上升到治世之理了。

竹匠,是制造和修理锅盖、桶、盆之类匠人的总称,细分有混竹、清竹、圆竹三个行当。混竹,是指在制作过程中不把竹子劈开的,如制作藤椅等;清竹,是指将包括毛竹在内的竹子劈开以后再加工使用的,例如箍镬盖、箍筛子、箍卷筛;圆竹,是指制作修理面盆、脚盆、提桶、粪桶之类的。这三个行当的匠人进村下乡时吆喝的方法也不同:修锅盖的清竹匠,一路"锵锵锵"地敲打着小铜锣;箍桶的圆竹匠,一路用一根较长较细又较柔软的竹柄小木槌子"啪啪啪"的敲打着木箱子。由于圆竹要根据桶、盆的外围大小先用竹篾编成箍圈，然后再套上桶、盆，又出于结实、牢固的需要，篾箍圈总是紧绷绷地套在桶、盆的外围，上套的时候，匠人使劲地将篾箍圈套往桶、盆，并不断地用"木桢"敲打，借一句业内的话讲，叫作"箍桶人捉上档"。而生活中，不少人将强迫别人去干自己不愿意干的事，也喻之谓"箍桶人捉上档"。而《竹枝词三百六十行·箍桶》更是将箍桶的意境直接提升到了治理国家、治理社会的层面，原文如下："箍桶师傅本领高，作刀一把篾几条。弯板几块都散失，篾圈一个圈得牢。今日世界破碎多，金瓯欲缺安得大匠箍。莫似造屋误请箍桶匠，才力不及没奈何。"

　　车锭子也是一肩挑的行头，只是，前边挑的是车锭子的工具，后边挑的是放着小工具的坐箱。这锭子有两种，一种长而细、两头尖，用来纺纱，使棉花条成为"纡子"（细纱），一旦成为废品，一折两截，还可以当作掰玉米的工具；另一种长而粗，整体圆，离一头三分之一的地方两分开，使用时在分开的地方垫一点布、絮、纸之类的小东西，俗称老桦锭子，供做筒管时使用。车锭子的工具，与今天的车床原理差不多，只是前者简单、后者复杂而已。匠人的挑子每到一个地方，就围上来很多妇女、小孩，大家七手八脚地挑呀捡呀、跳呀笑呀的，一派乐乎乎的景象。

　　弹被絮的，操作者腰间系着带子，背后绑着竹竿，顶端用绳子吊着弹弓，左手握着弓背，弓弦就着"肉子"（皮棉），右手挥动木槌敲打几下，再提起弓弦也敲打一下，不断地发出"咄咄当、咄咄当"的声音，半天下来，皮棉就成了绒絮。《竹枝词三百六十行·弹棉花》说："木棉花，出松江，弹作絮，做衣裳。御寒更宜制被褥，新被新褥最好睡个新嫁娘。新嫁娘弹新被褥，羞得面孔红馥馥。"在《康熙私访对联村》的故事里，几个村子还用弹棉花做成对联去回答康熙的问话呢，说："玉甑蒸开天地眼，金锤敲动帝王心。"意思是爷爷乃酿酒师傅,奶奶是弹棉花高手,三言两语,把弹棉花的行当与皇帝佬儿连到一块了。

搓绳,早先是纯手工的活计,全用麻、江草、稻草、"茅柴"、类草之类制成,除麻、江草外,其余草类,在搓绳之前都要浸水,用槌子捶软后才可进行。这种行当渔民最有经验,他们使用"对草器"对草,一个在头部的"舂头"下揪着浸水的草,另一个在尾部的位置用脚踏,踏一下,舂一下,直到柔软后拿去搓绳。搓绳,细的可以单人操作,粗的必须多人协作。也有的用摇绳机制作,然后根据需要结成各种大小不一的网具。日复一日、年复一年,如此这般。诚如《竹枝词三百六十行·摇绳索》所说的,"沥淅碌碌摇绳索,摇得手酸臂膊曲。小绳尚易大绳难,千摇万摇难收束。古言系日须长绳,此绳如何摇得成。乃知有意将人警,系日天绳日益沉。"如今好了,科学发达,技术先进,一律机械化制绳,渔民们再也不用为网具用绳担心了。

各种行业是在时代的大潮中沉浮起伏着的,也是在社会的漩涡中兴衰更替着的,此乃时代进步、社会发展的必然产物,更是人们乐意看到的。作为行业文化,则是像大潮、旋涡中溅起的朵朵浪花和滴滴水珠,映出的是这个时代、这个社会、众多人情世故中的彩云晚霞。让我们望着那逝去的彩云晚霞,更加看重、珍惜现实中的彩云晚霞,进而使我们的生活更加多姿多彩。

风俗习惯

夯屋基镬石鹤

石鹤是沙地人的俗称,学名叫夯,指的是夯实屋基的专用工具,如今已被电夯代替,若说还能触及的,也仅仅是老年人偶尔谈及的那些断断续续的,被列为非物质文化遗产的石鹤文化了。

"鹤"是假借字,也有写作"石镬"的,鉴于民间时有"天上金鸡啼,地上石鹤飞"的用语,此"鹤"与彼"镬"相比,"鹤"字传神多了。然而如果考证的话,字典、词典都无条目,唯一有的是"硪"(音同"沃")字,作"石崖"解,呈圆锥形,高三尺(市制)许,与沙地人说的石鹤并不一致。沙地人用的石鹤呈条石状,高亦三尺(也有2尺4寸的),底部平,约在二三百斤左右,四边都是一尺二的正方形,四角设四个孔,每孔系双股麻绳,可供4个人或8个人将石鹤拉起来、抛上去之用。民间又称石鹤为石哥哥,左右腰部各有凹槽,用来固定木杠、供前后2人扛抬之用,顶部椭圆形。石鹤入场时,有的人家用红纸包裹糯米糕敬之,还用畚箕遮扣,叫作戴"加官(冠)帽",停用石鹤时,将绳索置于石鹤顶上;归还石鹤时,又用红纸包裹一定的费用付给石鹤的主人。

按照字典、词典的解释,夯分木夯、石夯、铁夯、蛤蟆夯等。沙地人管木夯为木石鹤，铁夯称为铁石鹤。铁石鹤又分两种，一种与石鹤异质同形，另一种，底部形状与石鹤类同，底部的三寸以上改为圆形柱，又与石碾同形，内装黄沙以增加重量，圆形柱前后又设两根竖铁杆作为把手。蛤蟆夯因状似蛤蟆而得名，高度仅是石鹤的三分之一。另外，一些地方也将大磨片、小磨片用来夯土，但绝不会视作夯，也不叫它石鹤。只是随着社会的变迁，现在都由电夯代替，那些石鹤、木石鹤、铁石鏾、蛤蟆夯也就少有人问津、难觅踪迹了。

　　沙地人有个约定俗成的习惯，在夯地基的时候，用的不管是铁夯还是木夯，或者是蛤蟆夯，管叫其工种名称为"鹤石鹤"。受此影响，有谁走路蹬地有声，有人会着意渲染说："嗳唷，看你跑路就像'鹤石鹤'。"哪家小孩长得结实、分量重，也有人拿石鹤来比喻，说："哎唷，重来就像石鹤。"瞧，虽然石鹤这种实物离人们渐行渐远，但因它而产生的文化还在流传着呢。

　　听一些老人讲，石鹤的尺寸很讲究。古代崇尚天、地、人的"一尺天一尺地、举头三尺有神明"的说法，于是石鹤的高度就定在三尺方向了。底平象征大地，顶隆则象征天穹，底部四周每个边的一尺二寸宽度，又分别代表12个星座、12个月、12个生肖、12个时辰。此说虽然大有穿凿附会之嫌，但无疑为石鹤文化平添上了一层神奇的色彩。

　　沙地人的石鹤与磨盘之类的夯不同，磨盘之类的夯能够夯河堤、海堤，沙地人的石鹤专门用于夯墙沟、屋基，也就是说，石鹤是砌房子的专用工具，户主选定什么时候作为吉日良辰开墙沟，只要墙沟开成，先于墙沟底部夯一遍，然后放入厚厚一层碎砖瓦片，接着再在上边夯它一两遍即可。

　　按照习惯，开挖墙沟的第一锹方位选在整个屋基的东南方，开夯的第一鹤也是在那里。这也有讲究，在沙地人的潜意识中，东南乃财神方，砌房造屋又是百年大计，财神所在的方位首先得夯实基础。夯墙沟与地面的次序是：先沟后面。由于那些木夯、铁夯、磨片之类，受重量、着力面、受腐蚀方面的影响，所以只有石鹤才被沙地人视为夯屋基的首选。

夯屋基是力气活，参与者有的是房主事先约定的，也有的是听到放爆竹的声音后主动上门的，然而不管哪一种，全属于帮忙性质。旧时，谁家盖房子时来帮忙的人越多，越说明这家户主的人缘好。

参与夯屋基的人数全由夯的材质、类型决定，一般都是双数。4个人拉抛、2个人扛抬的，寓意为六六大顺；6个人拉抛、2个人扛抬的，寓意为八仙过海；8个人拉抛2个人扛抬的，又寓意为十全十美。如果出现木杠前边2个人、后边2个人的情况，握木杠的就不能站立在墙沟里了，只能站在地面伛着身子抬拉矣。所以，抬木杠的，一般都由两个年轻力壮的小伙子操作，旁边多几个候补的随时准备替换。至于蛤蟆夯，其背部装有一个竖桩、一个横柄，只能供2人使用，这叫成双成对。

用石鹤夯屋基很有情趣。在开始夯的时候，先由一个人领鹤。所谓领鹤，就是先喊号子，使夯屋基这一劳作现象得于在昂扬的号子声中进行。这个人，可以是参与夯屋基者，也可以是不参与夯屋基者，如领鹤的喊一句"一座石鹤末四方方哎"，拉绳杠抬的应一声"哈——噢——"，就在这"哈——噢——"声中，石鹤便稳稳落地。仔细体味，这种领鹤的作用在于协调动作，步调一致，有利于劲往一处使。

领鹤者虽然没有多少文化，但却很注重比兴手法和衬字的运用，过去常见的有"天上金鸡叫，地上石鹤啼"、"八仙过海（末）裁（全部）到齐，石哥哥开始鹤屋基"、"金鸡啼叫石鹤飞，张家宅上鹤屋基；八仙过海用足劲，房子砌到三井两场心"，还有的如"风和日暖（末）好天气（哎），李家宅上（唷）鹤屋基"、"太阳出来红通通哎，谢谢各位（末）

帮忙来当义务工"。开头的比兴手法用过之后,其他内容就宽泛多了。如今还健在的黄海岸边83岁郁允岩,曾经是祖宗三代拥有石鹤、电夯的专业户,20世纪六七十年代的一天去离家2里许的董姓人家鹤石鹤,当第一鹤下去的时候,沟里的鱼都跳出水面,于是他就当场说出4句领鹤吉言:"沟里末鱼跳,地郎末鹅叫,屋里末财到,才郎末女貌。"每当谈及此事,郁老总是沉浸在美好的回忆中。此事表明,鹤石鹤的号子没有固定模式,只要是吉利话、好口彩,或惹人发笑的话,完全可以触景生情,随机应变。

  曾经有过这样一个故事,据说领鹤的看见远处来了一位年轻的小姑娘,于是就围绕这位小姑娘编排说词,用了几句调侃语。谁知走近时发现,这位姑娘竟然是自己家里的人,于是引来一片笑声。就在这一阵笑声中,生活的情趣、浓浓的意境全都出来了。

  在沙地人的意识中,开墙沟、鹤屋基让领鹤者喊几句吉利的话,以后的宅子会是"响宅",不存在阴的感觉;如果闷声不响,好像哑巴一样,被视为哑宅。再则,打号子的声音很浑厚,远近闻名,对于信息的传播、人气的张扬都有好处,出于这些原因,造房砌屋的时候,领鹤也就成了必然。

  然而,领鹤不会、也不可能贯穿于整个夯屋基的全过程,如果几间屋基都按照领鹤的速度夯下去,要干上三天、四天,那太不划算了,于是许多时候就象征性地领鹤几下,接着便闷鹤了。

  闷鹤的节奏是"吭唷"、"嗨唷"的,要比领鹤的快得多,耗费的力气也多,几个回合下来,个个都会气喘吁吁、汗流浃背。好在主人早已准备好茶水、点心,及时端出来犒劳大家,于是休息、谈笑片刻之后,领头的挥手一呼,大家便又"吭唷"、"嗨唷"起来了。

  其实综观过去,沙地农村夯屋基的,只适用于盖砖瓦房的住户，就算盖砖瓦房的，小户人家也有用蛤蟆夯的，至于那些盖茅草屋、"环洞舍"的，最多也只是用木榔头砸几下，根本用不着石夯什么的。如果放眼现在，可就大不相同了，一般房屋，不但每家每屋必夯，而且都用电夯哩！倘若砌个两层、三层，或者别墅什么的，墙沟干脆用上钢筋混凝土，地面干脆架上水泥楼板后加一层现浇水泥，根本用不着这夯、那夯的。这样看起来，石鹤这东西的运用与否，在让人看到居住条件提高的同时，也让人看到了风俗习惯的变化。

三栅五底亦有情

昔日被称为猪栅（舍）、羊栅、鸡栅鸭栅、坑栅（厕所）、灰堆、柴藏（垛）、灶口的这些"三栅五底"，如今在启东境内沙地人集居的地方已经越来越少；原来家家户户必有的猪羊鸡鸭栅舍，因专业养殖户的普及而在淘汰，坑栅逐渐由楼房中的卫生间所代替，灰堆、柴藏则因烧茶煮饭由液化气代替而绝迹，灶口也因液化灶的出现而使砖灶、泥灶成为古迹。唯一让人缅怀、追忆和挥之不去的，是曾经有过的风土人情和由此而产生的习俗文化。

长期以来，启东的沙地人喜欢将三栅五底中的猪栅、羊栅、坑栅、灰堆安置在同一个方位，或者是家宅的西南角，或者是家宅的东北角，代代相传，概莫能外，究其缘由，说法竟然有多个。

一说风水所使然。在许多沙地人的观念中，东南方是青龙角、财神的方位，安置在那里会坏了风水、挡了财路；在八卦图中，西北方又是乾方，乾属金，也代表财路，同时，在启东人的观念中，西北方又是白虎方位，不能容纳污秽之物。于是他们就弃其东南、西北而选西南、东北了。

二说自然条件所使然。沙地地处黄海沿线，夏秋多东南风，冬天多西北风，如果把厕所、灰堆等安置在这些方位，夏秋气温高，臭气就会随风飘进居室，着实使人受不了，安置在西北方位，冬天上厕所、喂猪食冒着寒冷，也不受用，于是就选在西南、东北的方位了。

两者相比，后者的诠释似乎更贴近实际一些。

坑栅是沙地人的俗称，标准的说法叫厕所。早年，坑栅的模式千奇百怪，最不济的，挖个土坑，或者挖坑后埋一口砂缸，露天在那里，叫朝天坑。有的在坑的左右后边安上几捆芦苇、高粱秆权作遮羞，再在前边竖一二根木桩，订一块横板，或者放一个坐式的炕床，为如厕者改蹲为坐提供方便。也有的在坑的四角打桩立柱，左右后边用芭、筬圈围，上边用茅草盖，或者用砖瓦砌盖。这件事在实际操作过程中十分讲究，比如有一条规矩是埋沙坑的时候，要在坑的底下放置一只面朝上的蒲鞋，干活者的头上还要系上兜头布，唯其如此，以后的粪便才不会泛底，也不会冒臭气。然而不管坑栅简陋、复杂、高档、低档，沙地人的谚语一视同仁，他们说"新砌坑栅三天香，过了三天臭栅栅"，此话言简意赅，中肯、贴切，常常以习惯语的形式被人使用。

那灰堆，是做饭的草木灰存放的地方，也是家庭生活有没有条理性的迹象反映。有的人家在坑栅边、羊栅边随手堆倒，任凭风吹草灰四处扬，那叫露天灰堆，这样的人家，被称为烂污。有人喜欢拿不修边幅、不注意个人卫生的女人开玩笑说"看她就像灰堆婆婆"；与儿媳妇有不正当关系的公爹，人们还称他为"爬灰佬佬"。有意思的是"雨洒灰堆成麻子，风吹荷叶像乌龟"的对联，把"灰堆"二字抬进文学的殿堂，使其身价一下子有了天壤之别。

灰堆旁经常有鸡在那里扒，扒几下，便孵在那里老半天，形成一个很明显的灰塘，于是有人又把不出门、没有见过世面的人比喻为"孵灰塘佬佬"。当然了,有的人家对灰堆倍加呵护,用芦苇、小竹梢插着圈着,别人就称赞他"精转"(会当家)了。

这灰堆也曾当过商品,以前,每逢秋天播种,住在老圩里的农户,常常去新垦区买灰。据说用新垦区的草木灰垩田,对豆麦最见效,蚕豆煮着吃的时候特别酥。买灰的时候,买卖双方按照灰堆的大小估计数量或过磅,"精转"的人家,一堆换来几块钱;烂污的人家,一堆只值几角钱。那些会算计的买灰人,有时见灰的数量不多,便连着灰堆底下的泥土一起刨去,于是沙地人的谚语又出来了,他们说:买灰不着,啃土三尺。

猪栅、羊栅,沙地人也有说法。

猪栅的正式名称叫猪舍,民间又叫猪圈,有经验的主人事前会选个日子,砌之前的第一个晚前,又会不声不响地放一块砖头在圈内。这很有深意,希望将来猪不会用鼻子耕圈板(底)。新猪舍落成,苗猪尚未购进的话,主人通常用两个芦柴捆放置在里边,如果猪长大后出栏了,主人也会用芦柴捆填补,以示猪圈没有空置。让人唏嘘的是,猪用鼻子耕圈底的习性,经常被沙地人用作打比方的习惯语,把不听教诲、爱干坏事的人,说成"圈板耕穿",还把哭着闹着要出门的人,比喻为"吵出圈"。

对于羊栅,沙地人说,"羊毛出在羊身上"、"羊栅里跑脱羊,羊栅里赶",意思是说,从你手里散失了财产,就仍然从你的身上扒回来。

柴藏也是沙地人的俗称,书面表达叫柴垛,一般设在离房屋不远的地方。这柴藏的堆砌也有学问,每到秋季,玉米、芦柴、棉花萁收割、堆藏之际,在藏柴的东西或南北两头各竖两根叫作柴藏夹桩的木桩,将玉米秸、棉花萁一捆一捆地放置其中,放一层,在上边来回踩踏一遍,讲究整齐划一的人，还会用凳板在柴藏两侧的柴根部位拍打，使其平整如一。堆藏到顶部的时候，用几个"芦头个子"（芦苇打成的捆）成经度式地连接柴藏两头，叫作"柴枕头"，再将扎成"人"字形的芦苇桁在"枕头"上面，作为整个柴藏挡雨、滤水的"精栓"，远远看去，整个柴藏像是一间"三架头"的房子。

说到这里还应提醒，千万别忽略了几根简简单单、现在已不复存在的柴藏夹桩，要是有谁被圈进多方的矛盾中间受气，被逼着表态，过去或现在的人们都会抱怨说："把我当作柴藏夹桩，让我左右为难、动弹不得。"

沙地人去柴垛取柴称"拔"，拔的时候也讲规矩，必须从一端开始，且坚持到底，切忌一个柴藏两头拔。一旦出现"一个柴藏两头拔"的现象，预示着这户人家开始散财，也是走下坡路的开始，所以上了年纪的人经常告诫年轻人千万不要"一个柴藏两头拔"。

沙地人的灶口，位于灶的背后，俗称灶口头，是放柴、烧火、爬灰（清除灶膛的灰）的地方，灶前是指站着炒菜烧饭的一面。与灶口相关的谚语就有："远么灰堆头，近么灶口头"、"隔夜上苏州，第二天仍在灶口头"、"有了灶前，呒得（没有）灶后"，其意境，其蕴含，其深意，一直让局外人不得要领。

鸡鸭栅，早先砌在室内的架橱（菜橱）底下或"括柴墙"、"括柴笆"底下。说来也怪，新栅落成，有的鸡鸭能够自觉地进窝归宿，有的说什么也不肯进窝。这也好办，有经验的户主会抓住鸡或鸭，双手捧着，将其屁股塞进窝，也就是让其倒着进栅。这样做了一次，以后每到傍晚，它自己也就知道进栅了。遇到农闲或阴雨天，主人想提前关门歇息，就呼着、拦着鸡鸭进栅，当地土话叫作"拦鸡上栅关日头"。

把鸡栅、鸭栅安置在室内，这样的弊端很多，夜间雄鸡叫，夏天臭气浓、蚊虫多，用餐时闻着气味都恶心，若是谈婚论嫁的男女上门"放人家"(相亲),一看见此情景就难成姻缘。为了避免这样的尴尬,有些人家只得在后墙壁开一个半尺见方的小洞,再在室外用砖或芦头(芦苇中整理出来的、被去掉叶的那种)砌成栅栏。这种无奈的原因很简单,条件有限,为了不使鸡鸭被偷,也只能这样。自从20世纪80年代开始,有的用网圈养,专业养殖户还另辟养殖基地,加上村里主要路口装有摄像头,于是,昔日的尴尬再也没有重现过。

"三栅五底"被当作一个综合性词语使用,始于1958年的"总路线"、"大路进"、"人民公社"这"三面红旗"。当时没有化肥,人畜肥也不能满足大田生产的需求,于是就在"三栅五底"上下功夫。当时的领导一声号令,全民动员,境内所有的启东人真的行动起来,家家户户把个"三栅五底"翻了个底朝天,一担担地把栅泥、底泥从宅内扛到田间、路头。照理说,"买灰勿着",尚且"啃土三尺",这些栅泥、底泥肥效不错,怎奈当时的种田人在种田的时候,每天出勤只记工分,收入多少要到年底才见分晓,不少人的积极性受到影响,加上庄稼在耕耘栽培时诸多环节上的制约,所以,闹腾一时的"三栅五底"终究不了了之,空留下了"三栅五底"这个词语作为人们褒贬不一的谈资。至此似乎也可以这样说,沙地人"三栅五底"的渐行渐远,传递出的,不仅仅是沙地人移风易俗、人文信息和沙地文化的渗透力、生命力,还有他们迈向文明社会的速度和拥有幸福生活的指数。这真是:沙地文化含意深,"三栅五底"亦有情。

元宵节今昔

元宵节,沙地人叫作正月半。今昔相比,沙地人过正月半的习俗差异甚大,好像有个精密的仪器似的,在不同的时代节点，清晰地显示着不同的刻度。

早在六七十年前，沙地人一过完春节，就忙着迎接正月半了。有的人还提前糊上八角灯、兔子灯，供孩子们嬉耍玩乐。

沙地人视正月半为老太婆的节日，每到这一天，尤其是新结婚的，女方必定让自己的丈夫把母亲接来。据说，有丈母娘一起过正月半，丫头女婿的家道会越过越殷实，就是平常年份，哪一次正月半有丈母娘过，哪一年就不空虚。正因为这样，到了正月十四或者正月半的上午，做女婿的都会去接岳母，民间戏称"捉老太婆"。倘若姐妹多，做母亲的又分身无术，最好的办法，就是用一个母亲睡的枕头，或者是母亲穿的衣服，再或者带一个"芦柴个子"（一捆芦苇）回去，权当丈母娘来了一回，小两口也会满心欢喜。难怪经常听到没有闺女的母亲对着有闺女的母亲说："你的福气真好呀，正月半有馄饨吃。"口气里充满了羡慕。

如果排一下正月半当天的菜单的话，几十年前沙地人的正月半几乎是一个范本刻出来的——家家户户裹馄饨、蒸馒头、做团子、捏棉花萝多、压"银子"、搓卷团。就算生活再贫困的人家，当家人也要想尽办法凑合一下。盖因这馄饨是裹的，又是在开水里"下"的，"裹"有顾全和过过叠叠的意思，"下馄饨"又有宽汤活水的意思；团子有团圆的意思；馒头是经过发酵的，寓意着发财。

棉花萝多，就是棉桃，用米粉捏成，有馅，做成后用筷子梭形这一头的棱角压出几道印痕，算是瓣。压的时候要投入，小心翼翼、凝神屏气，一副虔诚的样子，这是种田人对棉花丰收的企盼。

压"银子"，像团子一样装馅、搓圆，然后用小碗底或酒杯底的小圆口压一下，压过之后的团子成为扁形的烧饼状，压过的地方又显示出很深的圆形，好像图画中人的嘴巴，加之沙地人爱将"人"与"银"发成一个音，"嘴"与"子"发成一个音,于是"银子"的俗称也就赋予这种食品了。正月半多压"银子",寓意为箱底、柜底也压着银子,这就更自然地成为许多沙地人在正月半这一天必做的食品了。

"银子"、卷团、棉花萝多

卷团的形状两头粗,中间细,跟以前缝纫机上的线轴相似,俗名为"两头大(度)"。民间素有"吃了两头大,各人寻投路"的谚语,意思是正月半吃过这个玩意儿,第二天就出门奔上好前程了。另外也寄托着出门在外的人希望家里、外边的境况同样茁壮的意思。

正月半那天,一俟傍晚,家家户户开始"斋灶"、"斋田头"。当家的先在灶君菩萨阶前点上香烛,供上团子、馒头、"银子"、卷团等食物,然后唱喏或磕头。这边忙完,再手持筷子,戳上卷团、"银子"、棉花萝多,去田间、宅角插上几个。这种做法,使沙地人敬天敬地、不忘大自然养育之恩的情状活灵活现。

同样是在傍晚,不少沙地人还会手持一个两三尺长、手臂粗细的柴把,点上火,在自己的田间地头来来回回划上一遍,边划边喊:"田财田财,大家发财!"也有人用旁人听不到的声音喊:"田财田财,单吾俚一家人家发财!"这叫"照田财"。据说这种做法还有一种功能,所照之处,来年的病害虫会相应减少。

晚饭之后，有的人还捧一堆柴草，在田间、路边烧起来，或者还会去柴堆边拔上一摞往上丢。面对映红半边天的火势，小孩们拖着兔子灯、提着八角灯也来观看，大家围着、笑着、喊着、跳着、比画着，那高兴的劲头比什么时候都强，这叫"煤"草堆。

也在这个时候，红灯在不少人家的屋前高高升起。这挂灯笼也有说法，灯笼火苗的色彩愈红，预示着来年的庄稼长势愈好。原来这是在预测来年的收成啊！

进入黄昏，有的地方搞起了"请坑三姑娘"的活动。这在六七十年前的沙地，算是比较少见而又较为庄重的民俗。事主预先准备好一只新畚箕，畚箕后屁股正中间的两翼贯穿一根供扛抬用的竹柄，再在前沿的正中位置插一根筷子，由两人扛抬着来到坑栅（厕所）前，事主对着茅坑磕四个头，花四个银锭（纸做的），问："坑三姑娘在家伐？"事先藏在坑栅背后的人答："在家。"事主说："那就劳驾坑三姑娘走一遭，我们有要事相问。"接着，扛抬者跟着事主进屋。屋内，已经设好香案，案桌上摆放着米盘子。扛抬者在两边各自平托着，使畚箕悬于米盘子上空二、三寸的地方。事主又问："明年漏麦（元麦）几石（担）一千步（3亩3）？有几石？请坑三姑娘点几下头。"那时看的人很多，可谓济济一堂，问的也不止一个问题，奇怪的是，在这众目睽睽之下，那畚箕口的筷子也真的在米盘里点起了头。这一民俗事象表明，在科学不太发达的以前，民众想要提前了解来年的收成，只好请出"坑三姑娘"来答话了。

上面说的都是旧时的民俗事象。春去秋来，斗转星移，当沙地人跨进20世纪50年代的时候，随着"互助合作"、"人民公社"、"大跃进"在上下八沙（泛指所有沙地）兴起，人们早出工、晚收工，有事没事都集中，那时的沙地人是挤着时间过正月半。后来遇上"三年自然灾害"，粮食实行统购统销，大人小孩"薄粥稀稀，将养肚皮"，那时叫饿着肚皮过正月半。再后来进入"十年动乱"，旧的风俗习惯统统被视为"四旧"，那时叫偷偷地过正月半。从20世纪80年代开始，随着生活水平的提高，人们开始大张旗鼓地过正月半。可是意想不到的是，有些技艺断层，不少人不知道"银子"、卷团、兔子灯、八角灯怎么做，更不知道"照田财"、"请坑三姑娘"为何物。好在超市盛行，宾馆林立，旧俗不再，专门行业越来越多，连孩子玩的八角灯、兔子灯都被许愿灯、彩色灯和其他的高档玩具代替，于是许多人选择了消费，花几个钱省力、省心不说，买回来的所需物品还远比自己做的高级，加上广播电视进村入户，中央电视台年年举办元宵节文艺晚会，人们边吃晚饭边看晚会直播，饱了口福饱眼福，大有俗话所说"乌（傻）子得了宝，'此间乐，不思蜀也'"的感觉，怪不得有人高兴地说，以前一年一次正月半，现在只要愿意，天天都是正月半呀。

如今正月半里唯一少见的是兔子灯，那灯儿象征着人们从孩童时代起，就牵着月兔把玩了，而这"月兔"者，乃月里嫦娥手捧的玉兔也，如今渐渐地淡出元宵夜，人们多少有点惆怅、失落。然而面对众多玩具市场的兴起，看着琳琅满目的玩具映衬出来的众多孩童的笑脸，又欣慰得多了。真是今非昔比呵！

伦理称谓种种

一般说来，沙地人的伦理称呼分为直称、间称、他称。直称是当面称呼，间称指在人前背后其他场合的间接性称呼，他称指外界对这个同一对象的称呼。这里先说说子女与父母、祖父母间的称呼。

沙地人称父亲为"爹爹"、"爸爸"、"阿爸",称母亲为"呒买"(取其音)、"妈妈",在人前背后分别称"我爷"、"我爸"和"我娘"、"我妈"。对于后父,有的称伯,有的称叔,也有的称"寄爷";后娘称"呒妈"、"呒娘",人后分别称"慢爷"、"慢娘"或后娘"。祖父称"公公"、"爷爷",祖母称"婆哇"(也取其音)、"亲婆",人后分别称"亲公"、"亲婆"或"奶奶"。外公、外婆分别称公公、姥姥,也有分别直呼"外公"、"外婆"的。

对于"爹"与"爷"的区别,一般沙地人的概念中,父亲为爹、爸,祖父为爷,可也有另类的。我老家一户杨姓人家养有四女,这户人家是1963年的迁移户,迁入之初,一天到晚管亲爸叫"爷爷"。他人好奇,杨女们挺较真地说:"你们管'爷'叫'爹爹',我们管爸爸叫'爷爷'有什么不对?"笔者也曾另类过,幼时算命的说我与父亲生肖相克,我称父亲为"伯"可以化解。然而从懂事开始,我看着他人都喊自己的父亲为"爹",那个"伯"字我就再也没有喊出过口。

父子关系在他称的场合下叫作"爷道里"、"爷父子"。这"爷父子"三个字,与捕鱼人用食盐把潮鲻、乌鲻等海鱼、沟鱼腌起来的"盐乌鲻"叫法一模一样,等于天然润色与比喻,这就直接地为爱说笑话的人提供了说笑的素材。

更有意思的是在爷孙、父子同台赌博,抓牌、发牌的场合,这时候父子、爷孙间都置伦理称呼于脑后,开口闭口总是"对门、对门",真个是"赌博台上无父子,对面一坐成陌路"。这也是伦理称呼中的一趣。

夫妻、公婆、公媳间的称呼也很有趣。以前,沙地人夫妻间很少称呼姓名,有事"喂喂喂"的好像打电话,还常常以"呒(你)"、"哦(我)"、"伊"代指,背后也不称名字,称"他爸"、"他爹"、"他妈"、"他娘"、"我家那个"。20

世纪五十年代以后，夫妻间才以名字呼之。这一方面得益于"集体生产"，出工记分首先要写名字，一方面也显示出女性在社会中地位的普遍提升。

公媳、婆媳关系，实际上是儿子的父亲与儿子的媳妇之间、儿子的母亲与儿子媳妇之间的关系，可是做丈夫的在表述的时候比较独特，人前人后不喊"媳妇"，倒是做父亲、母亲的，常常"媳妇"长、"媳妇"短的说个不停。而做儿媳妇的，当面直叫"爸爸"、"妈妈"、"爹爹"、"吭买"，背后大多说"我家公"、"我家婆"。这是跟着孩子叫，也是约定俗成的遗风，反映了早期的沙地媳妇在家庭中的地位。

兄弟姐妹间的称呼也有说道的地方。一母所生为胞，同父异母为嫡，伯、叔的子女为叔伯兄弟、叔伯姐妹。有些夫妻全生女儿，叔伯子侄也有以哥弟相称的口吻出现的。例如我家大伯父所生三女，我从小被告知以"大哥"、"二哥"、"小哥"称之。这反映了当年盼望男丁的意向，亦可谓一趣。

称呼母亲的兄弟为舅父，大多数情况下直称娘舅、大娘舅、二娘舅，舅妈也依次称大舅妈、二舅妈。

母亲的嫡姐妹，按次序称大（音"度"）姨、二姨、三姨，如果排行第四，避开"四"字称小姨，然后是五姨，也有统一称大（度）姨，然后在"大姨"前再加一个字，叫成"大大姨"、"腻大姨"，笔者对母亲的亲姐姐就是这样称呼的。

对于妻子的父母，直面称呼跟着妻子叫，书信语言尊为岳父、岳母，背后称丈人、泰山、丈吭。他称叫作"翁婿"、"聱丈俩"。"吭"与数字序列中的"五"谐音，间称、他称时又称丈五娘，因一丈等于十尺，进而又称丈半娘，这是指婚后的称谓。婚前，男女双方都称对方的父母为寄爷、寄娘，直到结婚才改口。可是如今不同了，有的青年只要双方相中、满意，第一次登门，见面便叫爹妈。这种闪电式的称呼，直使准公婆、准岳父母们措手不及、惊喜不已，一边任凭尴尬、难堪的笑容流露无遗，一边也只好含糊其辞地应答着。

寄爷、寄娘的称谓不限于青年男女婚前的双方父母，还有姑母姑夫、舅父舅母寄爷，姨娘、姨夫寄爷，以及生肖寄爷和邻舍寄爷。

按照想象，寄爷是爷，必然是男的，可沙地人的一声"寄爷"，把女性叫成男的了，还把小小年纪者也叫老了。比如谁家生了孩子，与父亲的姐妹是姑侄关系，他称的叫法是姑娘、姑母、朵朵，"大朵朵"、"二朵朵"。然而这时候的姑母，有的才一二岁，七八岁，有的才十几岁，根本没到结婚成家的年龄，这"母"字加冕，似乎有点出口障碍，于是直称时改母为爷，叫作"寄爷"了。这用一句沙地人的土话讲，叫作"人长理不长，哪怕苏牙（胡须）长到八尺长"、"有苏牙叫呒苏牙的爷"，那个姑夫，自然就是当之无愧的寄爷了。另外也有称姑妈为"姑爹"的，这也明显地含有企盼男性的意思。

那个生肖寄爷，是由当地的风俗习惯引起的，依据的是生辰八字。父母们按照算命的指点，寻找一个与孩子生肖相合的人，称其为爷，并以寄爷的姓氏为姓氏，叫作"寄名出姓"。当了生肖寄爷的，不但为寄子、寄女取名，还要买一个铅碗、汤匙之类的作为礼品赠予。据说这样做了，孩子会消灾避难、岁岁平安。如果没有结婚的女青年被寄了生肖，孩子照样称其为寄爷，倘若已经结了婚，也以生肖的归属为准，对其夫妇统称寄爷，当然，如果生肖寄爷给男的，那么就叫女的为寄娘了。这样的寄爷或寄娘一旦病危、逝去，寄子、寄女都会上门送终、戴孝。

邻居寄爷，大都在日常生活中形成。有人觉得这个小孩乖巧、秀气、聪明、可爱，说一声"叫我寄爷吧"，现场拍板，便叫开了。也有跟风的，见大家都喊这个人寄爷，就跟着叫了。不管哪一种，自此，有什么吃的、穿的，做寄爷和寄娘的常常想着寄子、寄女，两家的关系会越来越密切，婚丧寿庆的"人情"也会超出一般。

让人一头雾水的是,姐夫称妻哥妻弟为阿舅,称阿舅的妻子为"聚呒"(取其音),什么意思,许多人说不清。所幸的是,人们利用这个说不清的称谓,经常不失时机地制造出一些笑料供人娱乐。比如在生活中,人们对于拿"握枪"钉鱼的时候,遇到大鱼挣扎,将全身力气使在鱼枪的柄杆上不使逃脱的动作,沙地人称"聚"、"聚结";膝盖跪着,沙地人的发音又称"其","聚"跟"其"又与骑马、骑在身上的"骑"同音。另外,沙地人"你"字的发音为"呒",于是,看到阿舅的妻子上门,不少人就大做文章说:"看谁来了?骑你来了。"在这种情况下,不管有没有隐私,当事者的表情总会有些不自在。说的人要的就是这种效果,接着也会有更多的人加入这个调笑的行列中来。另外还喜欢将"阿舅"冠予"乌(不聪明)阿舅"来对付喜欢说笑占便宜的"平辈"人。

最吊人胃口的要数亲兄弟娶姐妹俩和甥舅俩同娶姐妹俩的特例,碰巧笔者老家附近就有这样的特例。对于兄弟、姐妹、甥舅变成嫡连襟、嫡妯娌、上下辈,周围世界关心的是那彼此间的称呼,真所谓皇帝不急太监急,人们风闻各类角色于某月某日相聚,就早早地伸长脖子、掏空耳朵等着。这种时刻终于出现了,结果是男归男叫,女归女叫,相互间秋毫无犯。看着"皇帝"一个个满脸笑容、应对自如的样子,倒使得"太监"们有些难为情,只有掩着嘴巴各自嘀咕的份儿了。

伦理是指人与人之间辈分排序的公认准则,由此而产生的称呼,无疑是维系宗亲关系、巩固宗族利益的公认符号,也是展示向心力、凝聚力、号召力的一面旗帜。对于那些初为长辈、人伦升级的人来说,一声"呒买""爹爹"、一声"公公""婆哇",早已喜形于色、心花怒放了;就是对于那些久别重逢的亲人，也只要一声哥弟一声姐妹，也早已金口未开泪先流了，人伦称呼到了这般地步，其价值意义被演绎得淋漓尽致而尽善尽美了！

禁忌杂谈

民间有许多禁忌，如果着意梳理一下，将会使人产生不一样的感觉。

沙地人的寿诞，多数人庆九不庆十。这里有几个原因。其一，"九"字象征长久；其二，九为单数、奇数，属阳，且这"九"，是数字中最大的一个，常称九五之尊。其三，民间讲的是虚岁，将十月怀胎的时间都算进去了。也有另类说法：逢十不做寿，阎罗王不知道具体岁数，有利于长寿，也叫作"闷炖大发财"。有此说法，人们也就乐意庆九不庆十了。

沙地人的禁忌，可以说三百六十天天天有，三百六十行行行有。有的家长怕孩子在春节里瞎说一通，就在除夕之夜，拿着草纸在小孩的嘴巴上揩几下，边揩边说："小孩撒屁，百无禁忌。"除夕大扫除，倒垃圾叫"卖密虱"。大年初一吃早饭，得在天亮之前，饭锅里要放糕、圆子、枣子，饱含早、高、团圆的意思；白天不能扫地，避免财气出门。砌房造屋之前，得用扫帚将地面掸扫一番，意在驱除邪恶。房子盖草、铺瓦时，室内的人不能与屋顶上的人交谈，说是一旦交谈，日后屋顶会漏雨。木匠不小心碰伤了手脚，流出的血不能揩在木头、木板、床柜上，泥匠不能让泥小人之类留在空心墙内。腌鸭蛋要挑有月亮的日期，无月亮期间腌出来的蛋会是黑的。女人织布，凡是结婚用的，"墨头"得用红色，意在吉利。

有些禁忌俨然成了人们行动的紧箍咒，直让人战战兢兢、裹足不前。女人生小孩后晾晒的裤子，裤腰口不能朝风，一旦朝风，穿后会变成"雌肚"，肚皮老大老大。屋前出路、筑路，路的走向不宜西北，洗衣后男女的衣领也不能向着西北。不少人认为，西北是阎罗王所在的方位，道路、衣领向着这个方向，会遭晦气。洗脸、洗脚水也要向前门的方向泼去，否则家里的女人会有作风问题。发现旋风不能鼓噪，出现龙卷风，不得大声说话，先在房屋的四角撒上盐。天际的虹，不能用手指头去指，指了要烂手指。小孩子不能吃鱼尾巴、鱼子，吃了会调皮、不识数。孕妇忌吃兔肉、忌看月食、日食，否则，生下来的孩子会缺唇。挂蚊帐、秧苗播种要选闭口日，要不，蚊虫会钻入蚊帐、秧苗出芽会不全。农历的初一、月半不能施肥，施则无效。有的连谐音也忌讳，亲朋好友建房造屋不能送钟，送钟就是"送终"；去肉铺、熟食店买猪舌头时要说"买猪赚头"，不然的话，"舌"，蚀也，等于花钱买蚀本。更有按照天干地支冲克禁忌的"戊不受田、申不安床"等讲究，真乃洋洋大观、举不胜举。好在有些已经淘汰，有些已经被人遗忘。

　　有些禁忌在一桩事情中还要表现为多个讲究，旧时制酱就是这样。在制作的过程中，尤其是在黄豆下镬之际，不准操作者与人说话，一旦说了，锅子里的水会溢出锅外。还要不准操作者光头，说一旦光头，发酵的时候只泛绿色没有绿毛。灌酱的时候得避开南黄海的涨潮时段，如果在涨潮时灌酱入缸入甏，或者是装入钵子腌黄瓜，这酱一定会溢出容器。所以人们说："若是不像，请看潮来头里灌酱。"想以此表明禁忌的灵验。

　　某些禁忌若有谁触犯，确实有立竿见影般的应验。例如饮食中严禁蟹与柿子同食，谁犯禁，谁倒霉。尤其是人们对无数矿藏、森林的乱采滥伐，对大量保护动物的滥捕滥杀，大自然的报应正在以铁面无私的姿态兑现着、证明着。

有一些禁忌能够起到告诫的作用。例如，民间常有不孝儿女，父母活着的时候不去孝敬，甚至将其虐待致死，可是父母去世后他们却拼命地叩头、烧化。有心人曾经问过："死前老是钉头碰铁头，死后为什么这样尽孝？"答者说："活人好斗，死人难缠。"言简意赅，一语道破了天机。

对于某些禁忌，人们不但乐意接受，而且自觉践行。比如婴儿出生后的第一次着衣不能随便，一律先穿衣边、衣袖、衣领没有缝制的"吐毛衫"。说是婴儿穿了以后，其胎毛会尽快褪去，否则孩子长大后汗毛又长又黑（也有黄的），难看一辈子。着衣的时候一定要先穿右手，以免吃饭、写字左撇子。还有，出生后的婴儿，第一次剃头，胎毛（头发）不宜丢弃，要将其搓成团后藏着，供日后孩子犯病时泡汤治病。孩子首次剃头的日子也不能安排在正月、三月。"正"者"蒸"也，真的在正月里头剃了，此后每当喝粥，准会热气腾腾满头大汗，称为"蒸笼头"；三月里流淌着桃花水，孩子剃了头会生头癣。鉴于这些禁忌犯了之后没有后悔药可吃，于是乎，孩子还没出生，姥姥、奶奶或母亲便预先缝制了"吐毛衫"，着衣的时候也注意先穿右手，珍惜婴儿的胎毛，正月和三月不剃头，这些就成为风俗了。

也有一些禁忌直让人犯疑、嘀咕。哪户人家女人生小孩，若是有人在不知情的情况下登门，人们称为"搭声"（踏生），据说，小孩长大后，其声音，及至性格特点、为人处世的态度，多少会带有一点"搭声"人的影子，故而，产户总会忌怕陌生人上门。更有"姑（姐）夫勿进'媬呒'（阿舅的妻子）门，阿姨勿吊姐夫孝（吊唁）"一说。历史已经进入21世纪，姐夫怎么就不能进阿舅妻子的门呢？人都死了，阿姨怎么就不能上姐夫的门吊唁了呢？显然这些禁忌没有科学依据。

在众多的禁忌中，有些对妇女特别苛刻，如婚前要禁食三天。理由也很荒唐：女子出嫁都带子孙桶（马桶），子孙桶里放着系腰，系腰里包裹着云片糕、长生果（花生）、红蛋、红色的汤圆、线团、芸之类的吉祥物件。按老章程规定，"接满月"之前不得启用，还规定新娘子三天不出"桥门"（宅子），如果新娘大吃一通，一天多次上厕所，还成什么体统啊！没奈何只得委曲新娘子了。

禁忌在生老病死方面尤为讲究。60岁辞世的，享祀红色灵位（俗称牌位），60岁以内辞，享祀白色灵位，未成年人辞世，祀蓝色灵位。刚好58岁，需借天一岁、借地一岁，也可享祀红色。适逢81岁病逝，子女得摔碎一架算盘、讨七户人家的饭。民间素有"九九八十一，小姐出来打算盘"的说法，这个年龄死去，阎王会派人上门找子女算账，一旦算账，家里会接连死人，现在算盘摔了，饭也讨了，意味着这户人家的账也算过了。倘若一户人家一年内连续死人，第二个入殓的时候要杀鸡殉葬，或者将纺纱的锭子一折两段，半只随死人入殓或火化。前者的意思：本家已经第三次出血，又死过人了；后者的意思："锭子"即"停止"。看起来，这些都是活人替死者家属寻找心灵安慰的生动写照。

祭祀是大事，人们的讲究更多。祭祖不能用鲻鱼、"黄鲢头"，"鲻"、"痴"也，民间又有"黄鲢头发痴"一说，如果用了，担心子孙"感染"，也等于用痴物去兑换子孙的愚蠢。每当祭完，祭桌上的饭菜还要颠一下，然后再吃，否则，容易忘事。祭祖、扫墓时一定要供上馒头，寓意"大发"。祭祖时烧化的纸衣、纸裤、纸钱，亲人要在烧化之前咬上牙印，说这样做了，钱财不会被其他鬼神抢去，等于上了保险。如果更换祭祀的地方，须在第一年的祭祀仪式上向被祭祀对象通报一下，讲明来年在什么地方祭祀。搬坟墓之前也要说一声某某，给你搬地方啰，然后才动手，说是通神。这种风俗习惯人们往往通过言传身教，无师自通。

应该说，禁忌是人类为了调整自身与社会、自身与自然界的关系的需要，也是抑恶扬善的需要，在长期的生产、生活实践中形成的、约定俗成的行为模式，是趋吉心理、思想信仰、价值趋向、精神寄托所使然，也是为社会规范的必然。如果没有禁忌，世人不知敬畏，忘记了扫墓、祭祖、忠孝、尊友、爱人、谦让、兼容、敬天地、保护自然这些老规矩，处事没有约束力，社会就会失控。作为今人，正确的态度是，首先不做禁忌的奴隶、俘虏，不唯禁忌是听，但也不能把禁忌视作一无是处、一概拒之门外。诚如古人在《礼记·曲礼》中说的"入竟（境）而问禁，入国而问俗，入门而问讳"，《周礼·地官·诵训》说的"掌道方慝，以诏辟（避）忌，以知地俗"，只有认真正视、研究、了解、熟悉、掌握禁忌，才能更好地传承、倡导良俗，抵制、废弃陋习，树起一代新风、形成一代新俗。

逢年过节蒸糕做团子

过去，沙地人对于逢年过节蒸糕、做团子的习俗看得很重，视为年货，颇为讲究。

他们将以糯米为原料制成的细长条米糕称为年糕，以白玉米粞、高粱粉、黄穄粉、粟穄粉、糯米粉蒸成的糕，先统称为糕，再分为玉米粞糕、高粱糕、黄穄糕……也有洒一层玉米粞粉、洒一层高粱粉或黄穄粉的，这种糕，出笼的时候红白分明、黄白分明，或者红、白、黄分明。单就颜色而言，"三色糕"以色夺人，让人一饱眼福了；再就寓意而言，红的象征吉祥，黄的象征黄金，白的象征白银，叫作"三色呈祥"。而对于那些总称为糕与团子的，由于食后不易饥饿的原因，沙地人又统称为"韧末事"。

沙地人蒸糕都以笼为计量单位，每笼约20斤左右，蒸糕多少主要由家庭经济情况、人口多少、喜欢程度决定。

　　顾名思义，糕的用料，玉米䊪糕，选的是白玉米面做原材料，俗称韧玉米；高粱糕，选择的是具有黏性的那种面做原材料。人们先把谷物的外壳舂去、杂质除去，再用温开水浸泡，然后沥干、推磨、筛粉。

　　推磨不是轻松活，也不是一家一户的一两个人能够轻易对付得了的，三十、四十、百来斤谷物，从舂谷、浸泡开始，光推磨、筛粉的次数，都要在四五遍以上，前后的时间跨度就可想而知了。由于劳作时间长，头昏眼花、鼻孔出血、当场累倒的事也经常发生。从这些情况看，沙地人不怕辛劳的情状可见一斑。

　　蒸糕又是一门手艺活，名词术语不少。蒸糕的笼，沙地人管它叫糕枕。蒸糕之前往干粉里加水，则叫漱粉，也叫配水。水加多了，蒸成的糕比较韧、粘牙，口感好，叫作水头长；水配少了，蒸成的糕比较干、硬，口感不好，叫水头短。糕枕端上锅灶之前，在枕底洒上厚厚一层粉，叫铺枕底，此后再一次又一次地洒上粉，叫上粉，上粉后形成许多蜂窝状的空隙叫气眼。气眼闭塞叫腻眼，这种情况与火势的强弱很有关系，火势强劲，气眼顺畅，热气上窜快，熟的也快。蒸糕顺利、质量高，蒸糕手被赞誉为手气好、手式好。气眼被堵塞以后，热气受阻形成推力将整个糕底顶得冒起来，又叫抛枕底，也叫"草盖头"。出现这种情况，只好倒掉重来，在下一笼里少上一些粉，再将"草盖头"盖在上边并作一笼。把糕倒出，叫出笼。将糕不断地揿、加压，叫"玉糕"，加压的时间长，揿得透彻，会增加糕的黏性。用粗线"押"几块分给在场的人吃，叫"尝一尝蒸糕师傅的手式"，将新出笼的糕冷却后切成小条形，叫斩糕丝。从互相伴工到众人尝糕的整个过程看，形式上、内容上体现的是推磨、筛粉、配水、上粉、烧火、加压等诸道工序的协调、配合,感情上流露的则是沙地人亲密无间、和睦相处、其乐融融的邻里关系。

蒸糕做团子,有时还寄托着人们的不少念想。沙地人认为,年关蒸了糕,不算空过年,生活实在。蒸的时候再掺和一些糖,吃起来甜,意味着以后的日子甜甜蜜蜜,再掺和一些枣子,就会蕴含着早生贵子的意思。另外,团子象征团圆,过年祭祖时做了团子,老祖宗吃了一年不饿,如果吃了长圆形的"咸心团子",主人家将添来男孩儿;吃了"甜心团子",主人家将添来女孩儿。这无疑是在团圆之外又平添了一层多子多孙的潜在含意,人们自然要在过节祭祖时乐此不疲地蒸糕做团子了,就连那些家庭条件较差的,也要做一点干面(小麦粉)、麦面(元麦粉)、小粉(麦麸里的淀粉)、蕃芋干粉的团子,以示不落人后。

再则,"蒸"与"真"、"争"谐音,"糕"与"高"谐音,蒸糕二字含有"争得高"、"真正高"、"年年高"的意思。所以,如果在蒸糕的时候出现不顺利、不痛快的事情,心理的阴影马上会在主人的脸上显出来。现在好了,粉碎有机器,蒸糕有蒸汽锅,还有专门的作坊,粉碎、蒸糕一条龙,前后不过半小时,一笼糕就搞定了,谁的脸上都堆满笑容。从这个角度看,生产力提高了,生产方式转变了,人们的笑意也就写在了脸上。

尽管如此,蒸糕做团子的风俗也有断层、失传的时候,先是1960年前后的三年,那时定量吃饭,成年男女每月30或28斤,小孩每月十几斤,谁家还有粮食去蒸糕做团子呀?再就是"文革""破四旧"期间,记得有个小宋,祭祖做团子碰上红卫兵,被说成"牛鬼蛇神",被逼着端着团子游街示众。如此际遇,谁敢造次,还去冒天下之大不韪呢?

蒸糕一般都在腊月天进行,做团子虽然四季皆宜,但年关更为普遍。这又因为,腊月天铸就的糕、团子类"韧末事",有利储存,不易变质。人们把腊月天的水称为腊水,将糕切成丝、条、块状后入缸入坛,赶在立春之前灌上腊水,再放些明矾,就可以毫不变质地保存到来年的春、夏之交,足以应对来年春种夏收时因繁重的体力劳动所引起的上顿不接下顿的饥饿现象。正由于实用主义比较明显的缘故,所以失传、断层后又能恢复、传承,以至沿袭到了现在。

  关于蒸糕习俗,民间曾经有过两则非常经典的说法。一则说,春秋战国时的伍子胥在现在的苏州为吴王筑造阖闾大城的时候,让人将糯米煮熟、打烂,制成墙砖晾干,再作为备用砖藏进城墙。想不到在敌国进犯、城池被围的日子里,这些墙砖竟然帮了断炊军民的大忙。后来这些先民时有北迁,于是蒸糕的习俗也就带到沙地了。另一则说,某年天下饥荒,村里多家断炊,唯独张姓人家的烟囱还在冒烟,饥民赶去一看,锅子里煮着砖块,用手触摸,似在溶解,再用手一掰,竟然断裂,后来放进嘴里,又能咀嚼,原来却是糯米、芋艿煮熟、打烂后制成的砖,大家环顾四壁,发现半人高的地方都是这种东西,于是哄大家抢个干净,由此度过了荒年。此说虽然很像文艺作品中的故事,但却真真切切地表明了蒸糕习俗产生的历史渊源、实用价值、现实意义,以及传承链条上的传奇色彩。

  不过俱往矣,最近几年,这种风俗习惯正在自觉地发生变化,变得更加随意、淡化。如今的年轻人,有的已经不知道蒸糕做团子的渊源,手头有了钱,讲究潇洒图现成,喜欢去超市买回一大堆,算是置办年货了,就算春耕夏种,不少人也要潇洒着去超市购买新鲜糕点打发自己的一日三餐。

  这蒸糕做团子风俗的淡化,实际上是生活水平提高的表现。

大男人大年初一的行事习俗

大年初一的早上,一些沙地男人有一个规矩:起床后嘴里先含一些糖果糕点,接着做早饭、点天香、盛天饭、放鞭炮。

口含糖果糕点,不是三嚼两嚼马上咽下,而是让它慢慢地溶化。意思是:新年伊始,嘴里一开头有东西吃,预示着一家人全年的生活有滋有味、甜甜蜜蜜不愁吃。

接着是做饭,不管平常做不做饭,也不管平日大男子架子有多大,更甭问愿意不愿意做饭,这新年第一顿饭,非当家男子莫属。尤其是穷人家的孩子,十一二岁的阶段,母亲在除夕夜会说:"你爸不在家,大年初一的早饭就由你来做。"如果孩子说爸不在就娘做呗,娘会搬出理由说:"这是很久很久以前祖宗定下的规矩,爸不在家时,年初一的早饭就该由大男孩做。"孩子一听,觉得自己也被当作男子汉了,自此以后,哪怕上学读书,每天清晨都会自己做饭。

男女结婚组成家庭后,不少人家的一日三餐全由妻子包揽,生儿育女后也由妻子张罗,唯有到了除夕夜,妻子开口说:"老规矩,按照风俗,明天的早饭你来做。"于是,一大家子同台吃由男主人做的早饭,天伦之乐的味儿让人高兴得眉开眼笑。

某老人有儿子,也有孙子、孙女,儿子在县城集镇,孙子、孙媳妇在上海,春节临近,由于行业的不同,孙子夫妇的单位交叉放假,于是孙子说什么也要回乡下过年,某姓老人知道后就对其说:"孩子结婚成家,一家之主的男人就是这个家的一把伞,管好全家新年的第一顿饭,等于管了全家一年的饭,家道会实在、不空虚,乐趣多。这是风俗,不管准不准、灵不灵,代代都是这样做的。"这几句话一出口,想不到孙子欣然同意。

165

细细品味，这事既有当家人新年树榜样带头操劳的意思，也有新年和睦兴旺、预示全年和睦兴旺的意思，同时也有男子汉应该担当和勇于担当的道理，实实在在地显示出了习俗文化的分量。

　　做完早饭，就是点天香、装天饭、放鞭炮。

　　所谓天香，是安置在室外露天地方的香，用来敬给天地的，虽然现在不如以前，城市也有别于农村，但坚持点天香的人总是恭恭敬敬一片真心。

　　装天饭，是将全家人未吃的饭先装一碗放在室外，这是敬给百鸟吃的，上了年纪的人说百鸟吃了天饭，来年多啄虫子，那样庄稼长势才会好。

　　放鞭炮，既有敬天地的含意，也有图高兴、张扬人气的意思。谁家鞭炮炸得响、升得高，象征着谁家的运气好、人脉广。

　　风俗习惯和人的行为历来有良俗、陋习之分，沙地男人大年初一清晨的干活清单，活脱脱地表明了沙地人敬天敬地、与自然和谐相处的愿望和祈盼。同时也表明，男子汉大年初一的行为，也是检验、衡量一个男人敢不敢担当，能不能为家庭撑起一把大伞的好机会，良俗的成分十分明显。倘若再一推敲，大年初一，一为阳，而男亦为阳，沙地人习惯地认为，家里无男不成家，有男不办事不像家，让男子在这个时段露一手，预示着一年到头会充满阳刚之气。既然如此，为家庭计，为家人计，也为前程计，男子汉大丈夫们，好好地操持一下大年初一的这几件事吧。

吕四渔俗趣闻

　　吕四濒江临海，相传因八仙中的吕纯阳四到吕四而得其名。这里的渔民不但以文蛤等海产品远销国际市场而引为骄傲，还以独特的风俗习惯闻名于世而感到自豪。现摘录几则，以飨世人。

一、用"天下第一鲜"待客的习惯

"天下第一鲜"是吕四的特产，是文蛤的代名词。文蛤盛产于吕四的沿海滩涂。据说唐朝的小秦王南下游玩，舟船遇险避居渔家，亲口吃得渔姑所煮文蛤，赞为"天下第一鲜"，于是文蛤身份百倍，用"天下第一鲜"招待客人也逐渐成为吕四渔民的风俗习惯。客人进渔家，主人必炒"天下第一鲜"，外宾到吕四，席间必有"天下第一鲜"；宾客们也都以到吕四不吃"天下第一鲜"为人生一大憾事。

二、奇特的祭祀方式

吕四渔民有两种祭祀方式，一种是公祭，一种是家祭。公祭，祭天地，祭海龙王，祭共同的菩萨；家祭，祭祖宗骨肉。

过去，每当新船出海，船主总要"烧利市"祭奠一番，对象依次为玉皇大帝、皇母娘娘、老寿星、四海龙王、五路神仙、九路星官、四大金刚、二十八宿、风神、雨神、雷公、雷婆等，最多要祭二百个或三百六十个，渔民们燃放鞭炮装香点烛，烧化纸钱磕头跪拜，以此通报天地：新船下水了，祈望保佑平安！大年三十日下午三时左右，渔民们又要成群结队地去海滩、港口祭海，也是燃放鞭炮、磕头跪拜，表示对海龙王和各路神仙一年来保佑的感激之情；傍晚以后，家家户户又忙着"烧利市"，菜肴一会儿端上，一会儿端下，从娘娘菩萨、城隍菩萨、土地菩萨开始，一直烧到四海龙王、玉皇大帝。当然，那是过去的事了，新中国成立以后，尤其是改革开放以来，这种风俗渐趋淡化，新船下水，只要船主邀请方方面面欢聚一堂，放放鞭炮开开会，预祝渔业生产旗开得胜、捷报频传就行了；年近岁尾，管理部门也只要开一个总结会，表彰先进授红旗，弘扬正气讲文明，就能岁岁保平安了。

　　渔民们的家祭不是根据死者的辞世日期祭祀，而是根据元宵、清明、中秋、冬至这四个节气，不管哪家哪户、上下三代有几位祖宗，统一在这几个节气里祭祀。有些人家，至今还把上至祖父母开始的叔叔、伯伯，乃至需要祭祀的名单依次写在红纸上，名为"三代经书"，在祭祀时连同纸钱一起焚化。这烧化纸钱虽属迷信，但利用祭祀形式熟悉祖宗情况，重温家属历史，就是在今天，追思先人恩情，仍然有着积极的意义。

三、耐人寻味的渔船绰号

　　吕四渔船不但没有动听的名字，反而有着十分俗气的绰号，而绰号，又完全根据船主在造船时的伙食而定。据说，这是穷人与船老板斗争的结果。相传在很久以前，有个叫阿囝的发明了木船，平时，阿囝让穷人下海捕鱼，发了洪水大潮，又让穷人乘船避难。刘财主得悉后，也要阿囝造船，并要将自己的姓名嵌入船头两侧，以表明船是他发明的。阿囝不依，众船匠不服，可一时又想不出更好的办法。也算是情急生智，鉴于造船时刘财主所提供的伙食糟透了，吃的不是冬瓜汤，就是茄子块，于是阿囝和众船匠异口同声地说：

　　"船名早有了，叫'冬瓜汤'！"

　　"叫'茄子块'！"

　　刘财主碰了一鼻子灰，自觉没趣，转身走了，从此不提船名的事。作为一种胜利，渔船只有绰号没有名字的习俗就一直沿袭了下来，到了现代，就以编号代替了。

四、有趣的忌讳、代称

　　以前，吕四渔民对一些事象的忌讳是十分讲究的。例如，出海捕鱼，最忌七、八两个日子，因为民间有"七不去、八不归"一说；船上煮鱼，不能放在油锅里颠过来翻过去，吃鱼时也不能颠过来翻过去，"颠"、"翻"，谐音隐喻着渔船的颠与翻；满锅子的鱼头都要向着一个方向，以示出海人凡事协调、向着一个方向奔；鱼出锅装碗端上餐桌，头要向着船老大，并让老大先吃第一筷，以示对船老大的尊敬；不让小孩吃鱼籽，防止长大后"个数"数不清。为讨吉利，忌讳的原名常用其他称谓代替，如船上的筷子称为篙子，淘箩称为粮船，扫帚称为走家乐，榔头则称新果，篮子称为太平篮。细细品味，这些忌讳和代称，有的很有意思，有的就只能一笑了之了。

五、楹联的变迁

楹联，指粘贴在柱子上的对联。旧时，渔民田无一尺、地无一寸，想房子没房子，要渔舍没渔舍，只能沿港汊砌个"三架头"，搭个"环筒舍"，以毛竹作为支撑的柱子，年近岁边，托人写几句图个吉利。通常有：招财进宝、黄金万两、长命百岁、荣华富贵，有的还把"黄金万两"写成一个字。如果是姓邓姓俞，会写成"邓宅岁岁囤，俞家年年余"。船的桅杆，常贴"大将军八面威风，二将军领路先锋，三将军随舵摇转，四将军铁锚压重，五将军点篙出海，六将军太平篮供"，船尾贴"九曲三弯随舵转"，后舱贴"宝货上船千倍利，登舟上船送顺风"，船舱内会贴"满箩盈筐，船舱满载"，渔网上也会贴"开网大吉"，船舱两边写"上穹碧府下黄泉，山海妖鬼与神圣"。从遣词造句、谋篇布局看，大都没有文人着意雕刻的痕迹。而今沙地人贴的对联，一律是印刷品，讲气派，讲好看，大体有："堤外波光万里碧，海上渔舟千担银"、"乘风扬帆渔歌腾浪，归舟破浪锦鳞满仓"、"生意兴隆通四海，财源茂盛达三江"等。

六、金饰崇拜的象征意义

旧时，渔民都有"以金御邪"的金饰崇拜，他们相信，手指上戴了金戒指、金手镯，项上佩带金项链，能给人传递热能、胆量、驱邪避灾；谁个高血压中风，嘴巴往一边歪去，断定"地雷风"打坏，说用金戒指校正能有效果；如果金条缠腰，一旦死在海里，身体不会下沉。新中国成立前和稍后的20世纪五六十年代，生活再不济，船老大也会随身备个戒指什么的，渔家的孩子也会佩戴仿制的项链或手镯，就是现在，一些渔民在出海前也往往饮一碗金属水，为自己安神、定心和壮胆。更为有趣的是，谁个受了惊吓，神情恍惚难入眠，只要睡前煮一碗金属汤，喝下后也说能安然入睡。刊登在1998年6月12号《中国海洋报》上的《海娃斗龙王》，就诠释出了这种风俗习惯何以代代相传，又何以有如此大的向心力、凝聚力的由头，即：渔民们祈祷、祝愿，为的是寻求心理上的安慰。

无处不在的儿童游戏

沙地人的儿童游戏形式多样，内容丰富，还在流行的有造房子、踢毽子、摸瞎子、蚀脚子、跳绳、踏高跷、丢（音同"都"，意为用指头轻击轻点）手帕、拍皮球、猫抓老鼠等，然而，也有一些游戏，连字词典籍中都没有它的条目，专家学者也没有片言只语提及，就连近年开展过的非物质文化遗产调查，也没有把它们记录到位，更别说互联网的软件开发了。有鉴于此，笔者将昔日盛行、现在不太流行的几种游戏形成文字，作为拾遗补阙，以期勾起人们更多的童年乐趣和美好的回忆。

蛇吐壳。群体性游戏，两人为一组。开始，参与人并肩站着，中间相隔尺许，携手举起，从最前边的两人开始，依次伛身携手，从举手站立的队伍中间往后退，直到最后边的人重新成为队尾，蛇吐壳算是结束。这种游戏讲究整体联动。

龙头龙尾巴。也是群体性游戏，若干人双手搭肩形成首尾，前边的为龙头，后边的为龙身，龙头前边有一个人，说些"张家大爷，你家下了一只小狗，让我进去看看"等语，说着说着，装作进门的样子。可龙头做出左右阻拦的动作，这样，站者既像在指挥龙头，又像在挑逗龙头，而后边的龙身，则随着龙头的左右晃动也不断地摆动着，看上去真的像龙在蠕动。这种游戏很能体现出整体联动的协调性。

骑竹马。有的地方也叫马冷冷，也是古代儿童的玩具，式样是：一端为马头模型，另一端装上轮子，孩子跨立上面，假作骑马。据《后汉书·郭伋传》载："始至行部，到西河美稷，有童儿数百，各骑竹马，道次迎拜。"可见此项游戏的历史之长。唐朝诗人李贺曾在《唐儿歌》诗中留有这样的诗句："竹马梢梢摇绿尾，银鸾睒光踏半臂。"后来的玩法十分简单，一人持一根芦柴或竹子夹于胯下，另一手作挥鞭状，或拿一段带子代替鞭子，挪动着步子，耸动着身子，嘴里"马冷冷……马来了……"地喊着就成。这种游戏的思想内涵十分深刻。你想，很久以前，我们的祖先没有汽车，骑马就成了孩子们梦寐以求的理想，都希望有这么一天，骑着高头大马，威风凛凛、出人头里。这里，既看到了老一代人的希冀，也体现了孩子们的向往。

搬三担。这种游戏只需一幅图表、一颗帅子和十六颗卒子。图表十分简单：先画第一个正方形，再画第二个正方形。这第二个正方形，上边那只角对着第一个正方形上横线的中间点，下边那只角对准第一个正方形下横线的中间点，左右两只角对准第一个正方形左右竖线的中间点。两个不同角度的正方形确立后，根据第一个正方形的线路，均等地划三条竖线、三条横线，再在第一个正方形的左上角与右下角、右上角与左下角的地方各画一条斜线连接，总体形成四个"米"字，搬三担的图表就正式形成了。当然，也有的玩者事先把图表画在纸上，以便随时备用。需要明确的是，竖线、横线、斜线在边线与两个正方形的角相接的十六个部位，都是卒子摆放的点，第二个正方形中心的地方，则是帅子摆放的点。游戏前，帅子、卒子各就其位，双方决定次序后进入游戏。操作时，只要帅子挪动一步，搬至任何一个点，帅子两端的线好像扁担，总会肩挑似的连着两颗卒子，出现这种情况，卒子便被帅子"吃"掉而拿下，称为一担。游戏双方，帅子方总想吃尽卒子方，而卒子方又总会在走动卒子时逼使对方陷于绝境。十六颗卒子共计八担，如果拿下三担，算是够本，所以，人们管这种游戏叫"搬三担"。游戏所用的"帅子"与"卒子"所用材料，桃核也行，麦包也可，小的砖片瓦砾也成，颜色区分与否，都无关紧要。这种游戏趣味性很强，两人参战，多人围观，有时大人也会参与其中，甚至在田埂上也会杀上几盘。

挑花兵。有的地方也叫翻花绳，经常在两人中间展开，唯一的材料是两三尺左右的线，扣结之后靠手指形成网络，由另一人伸手挽起，再翻新成为不同的网路形状。双方不断交替、不断翻新，直到另一方不能继续为止，胜败也就以能否继续为标准。这种游戏，靠眼疾手快、头脑清晰，才能不断地变换花招，有利于儿童想象力、创造力的提高。

吃纱包。此游戏又称七纱包，可以两人，可以多人，玩具是七个麦包或桃核。方法：麦包散置于桌面，先向上抛掷一个，接着用抛掷的手去抓挪桌面上其余的麦包，多多益善，抓尽为止，抓到后迅即交给另一只手，接着用手背去接那只掉下来的包，然后再抛掷、再抓挪，一旦落空便算失败。这里有个启迪性的道理：不能贪心多抓，要量力而行，否则适得其反。

抛毽子。（麦包亦可）这种游戏与踢毽子略有不同，程序是，游戏人站直，右脚前置小半步，脚板着地，手将麦包或毽子丢往脚板，然后抬起脚板往上抛，双眼瞅准它落下来的时空位置，再用脚板去承接，承接后再向上抛。上了水平的人，在麦包或毽子落下的时候，急忙返转身、跳起来，用脚跟或脚尖承接、抛踢，最后以抛踢的次数多少论胜负。

剪刀剪纸头。这种游戏不要器具，全凭手势，手掌代表纸头，拇指、食指代表剪刀，拳头代表铁锤，可以在两人之间展开，也可以在多人之间展开。这种游戏现在还很普遍，既可以用作打赌时的博弈，也可以用在次序前后的抉择。只是这样的游戏常常含有投机、奸诈、碰运气的成分。

掷斜凿。也称丢铲子，这是昔日农村孩子常做的游戏。那时，农村差不多家家户户都要养猪养羊，家长也都要让孩子去田间铲草喂猪羊。这些小孩在铲了一阵猪草后，会几个人聚在一起，商量着以掷斜凿的方式赌一把，谁输，就把自己篮子里的草倒给赢的一方。方法并不复杂，远处画一条线，参与者站在相同的位置，对着远处的线投掷斜凿，谁的斜凿离线近，谁就是赢家。这种游戏很有刺激性，孩子们也乐意这么干。

捉囚犯。别名又叫抓俘虏，分甲乙两组，在分配成员的时候，力量强弱、个子高矮都会搭配好。队伍配齐，双方指挥长率领自己的成员站成一线，与之对垒，然后派兵出阵互抓对方。抓到对方的成员，算是俘虏，押回来，让其伸出手站在那里，等待他自己的人前来营救；被抓的一方为了救出自己的人，会派兵进攻，若是又有人被抓，那就跟先前被抓的排成一队，也站在那里等待救援，如果对方被抓得没了战斗力，算是吃了败仗，如果战斗力强，救回俘虏，就会继续战斗。这种带有征服性的游戏，多少会唤起人们对古人征战的想象与憧憬。

打砖板。这种游戏多半在男性孩子中间进行，有的用一块砖，或画一个圆圈，在砖面或圈内叠若干枚铜币，再在离砖块或圆圈约定的距离处画一条线，参与者先站在砖块、圆圈的地方，先后向画线的地方抛掷自己的铜币，谁抛掷的离线近，谁就是第一名，第一名拾起铜币再向砖块、圆圈的地方扔，在铜币落地的地方再画一条短线，脚就站在那里，眼睛瞄准着砖块或圆圈内的铜币，用手中的铜币出击，如果被击下砖块或击出圆圈，悉数归自己，如果有依在砖边或躺在圆圈在线的，会以一罚一。其他人也只能站在第一个人站的短线地方出击，整个游戏直到砖块上、圆圈内的铜币被击光为止。也有的用铁铸的，这叫打铁钿。这些带有赌博性的游戏，会使孩子们乐而忘返。

猜字猜背。某人双手使铜币在桌面上转，接着双手压倒，或者抛出去接在手中揪住放平，然后问别人："是'字'在上，还是'背'在上？"答的人有时猜得对，有时猜得不对，也有的时候，明明猜得对，玩者也要重复问一声："到底是'字'，还是'背'？"可谓天真烂漫、童趣十足。

抢三十。这是双人游戏，从"1、2"开始，甲乙都可以说一个数，或者说两个数，只要谁先抢占"30"就是胜利。农历30天为大月、满月，人们也视"30"为吉利，为了抢到"30"，双方往往将其中的某一个数字尽量地让给对方。"抢三十"，其实是锻炼、灌输、唤起游戏人趋吉避凶的追求意识，所以，许多当父母的，当爷爷奶奶的，也常常与子女、孙儿辈竞相嬉戏。

打大麦。双人游戏，两人面对面，坐立不限。游戏开始后，自己双掌一拍，接着有节奏地去拍打对方的左右手，嘴里说着"一大麦，二大麦，第三开大麦"的话，此举能够巩固双方的亲切感。

泄水片。这是一种发泄式、排遣类的游戏，游戏者拿着瓦片，横向地向着水面削去，使瓦片突破水面起伏地向前而去，也有人相约在沟边湖面，互相比赛谁削得远。

推车箍。所玩的玩具分三类：一是榨油的箍；二是铁丝或铅丝捏成圆圈，大小随意；三是自行车的轮子。玩前两者的时候，须用一根尺许杆子，杆头安装的铅丝扭成的"U"字形装置，然后推着轮子前进。玩榨油箍推轮子，是大工业生产之前的玩法；玩铁丝、自行车钢圈，是近代的事。凡是玩自行车钢圈的，只要用一根竹子，甚至一根筷子也可以。从推车箍的演变，也可以看出我们人类的变迁。

新官上任。群体性游戏，几个小朋友站成队，为首一人相对而立，嘴里说着"七七班班，班过念三，新官上任，旧官剔出"，手指头点着队员的胸口，一个字点一个人，"出"字落在谁的身上，谁就是旧官，就得出列。这种做法倒也有一些公正、公平的韵味。

沙地人的婚庆风俗

沙地人的祖先均系从吴语区迁徙而来，他们的婚事习俗，随着时空的变换，有的已经由烦琐复杂向着简便易行的方向发展，有的已经渐渐地为世人淡忘。今日旧话重提，旨在研究探讨、去伪存真，这对于注入沙地文化的活力，丰富沙地文化的内涵，都会有着直接的或者间接的意义。

婚姻、家庭，历来就是人类社会的主题，同时也是社会生活的基本内容和主要单元，沙地人和其他地域的人一样，对此特别看重。表现为——

"并八字"。父母之命、媒妁之言，是旧时谈婚论嫁的前提，"八字"好坏又是婚姻成功与否的关键，这无疑像有识之士所指出的：封建迷信，文化糟粕。然而，在生产力低下、科学不发达的旧时代，民众指望不了当时的统治阶级，也依靠不了任何人，于是就从谈婚论嫁时的"八字"中去寻找命运的希望、家庭的寄托，以求心灵上的安慰。统治者也乐于民众被命运安排，以利自己的统治。纵观历史，"八字"不合使世世代代无数个青梅竹马、两小无猜的年轻人成了它的牺牲品；而"八字"相合则在禁锢圈里维系着家庭、婚姻。只有到了现代，世人才能冲决樊篱，敢于追求婚姻和人生命运的真正自由。

　　同时被看重和讲究的还有：出嫁前女子三天净肠、七次修面、吃对扣饭、踏席子上轿、亲兄弟送行、母亲泼水；花轿进得男家，有人将布袋铺至新娘脚下，同时点燃"三灯旺火"、新娘子跨火，接着进入婚礼中的拜天地、拜父母和夫妻对拜程序，随之是新郎新娘的"洞房"、"暖床"，第二天"待招"、"发台礼"。

　　"三天净肠"。乃出嫁者三天之内不进食或少进食之谓也，这不是出于追求身材苗条的效果，而是出于陈规陋习的束缚。因为当时的女子，作为嫁妆的必备物件，都有被尊为"子孙桶"的"马桶"随嫁，这种马桶，三天之内不得启用；再则，旧时要求新娘子坐有坐相，不能老是起身"解手"，"净肠"就是适应这种需要。当然了，现在的结婚，女子再也没有这样的顾虑了，有的倒是落落大方的举止和不忌吃喝的"入胃"（实惠）。

　　"修面"。相当于现在的整容。那时女子修面不用剃刀用丝线"绞"，道理在于：剃刀刮面会使皮肤（毛细孔）粗糙，用丝线"绞"能使皮肤细腻。七次修面每次都有说法，表面是去除污垢，实际上是对"七窍"、"七情"的洗涤、洗礼。

　　"对扣饭"。就是把两只碗里的饭扣在一起，让出嫁的闺女于上轿前先吃上一口,再由母亲用"系腰"包裹起来,待"接满月"双双回娘家,就给女儿、女婿再象征性地吃上那么一口。这里,乾坤一体、阴阳相合、天长地久、又余(系)又要(腰)之意流露得相当明显。

"兄弟送行"。由兄或弟送至花轿。吴语中"兄"与"凶"同音,沙地人常常赋"凶"于褒义,日常生活中便有"凶凶健健"(身体棒)的口语,送妹上轿隐含着保驾护卫的意思。

出嫁踏席子。此举的表层意思为:新衣、新鞋、新袜,上下整洁不沾泥。深层次的意思是:第一,女子正经、守规矩,一尘不染,绝对没有什么污点出得门去;第二,女儿是外姓人家的,如今嫁出去了,不能把娘家脚下的一点泥土(财气)带去夫家。这自然是农耕时代的影子,甚至是氏族社会遗留下来的印记。

泼水。轿夫刚刚起轿迈步之际,做母亲的就手端面盆向着花轿离去的方向泼水。此乃"嫁出去的女儿、泼出去的水"之意也,母亲希望女儿婚后与女婿白头到老,不要有"回家"(被休掉、离婚)的念头。花轿落地,布袋铺垫,让新娘从袋上踏过,体现了夫家欢迎新娘子进门传宗接代、代代相传的意思。

"三灯旺火"。男家俟花轿进宅,将红纸包裹着的"三脚撑"式麦秆把子,于鞭炮声中点燃。民间的老人说,这三撮红纸包裹着的麦秆把,象征着天、地、人互为一体地立于世间,新娘子从火上过,意味着跨越火海、消灾避祸、人丁兴旺。

拜堂。婚礼中的拜天地、拜父母、夫妻对拜,是告诫新人要从敬重天地开始,要顺从天地的意志行事,接着要尊重、敬爱、孝顺父母,夫妻双方也要待之以礼、互相敬重。家庭是社会的细胞,社会稳定不稳定,首先在于家庭稳定不稳定,家庭的稳定不稳定,首先要看家庭成员之间和谐不和谐，家庭成员和谐了、家庭稳固了，社会自然也就安定了。结婚礼仪从拜天、拜地、拜父母、夫妇对拜做起，炎黄子孙的老祖宗们实在高明，也实在用心良苦。

"暖床"。即拜堂以后新郎新娘就寝。据说有见识的母亲，都会事先提醒自己的子女，要他或她在床前卸衣脱鞋的时候，把自己的鞋子叠在对方的鞋子之上，或者把自己的衣衫盖在对方的衣衫之上，第一次这样做了，预示着以后做得了他或她的主，这个家也有了他或她说了算的地位。这反映了男女双方及其父母一厢情愿的美好愿望——要在这个新家庭里取得话语权、支配权。

第二天"待招"之前，新娘要做的第一件事，缝纳布袋或衣领。做布袋，反复体现新娘子把"袋"（代）传下去的意愿；衣领，沙地人俗称"高领"，"高"则高高在上、高出一筹、高人一等也，"领"则"令"也，新娘子祝愿丈夫新婚后能够领军般的出人头地、号令一方。

"待招"。是指成亲第二天的祭祀仪式。此举意在认识祖先、告知祖先：我们家传宗接代、延续香火的来了，今日拜宗认祖，从此以后，这个新媳妇生是我家的人，死是我家的鬼了。祭祀完，新媳妇在婆婆的指引下向长辈、平辈、幼辈分发礼品，就叫"发台礼"。对于长辈，见一个，叫一声，发一份礼品。同辈的也见、也叫、也分发礼品。最后发幼辈的。引见、呼唤这套程序，有着明确辈分的意义，如有的被引见对象，在娘家的时候是同辈、晚辈或长辈，一经婆婆的引见、呼唤，称谓得到了更正和肯定。通过分发"台礼"，还有着彼此以礼相待，从此各守辈分、相安无事的意思。这些程式让人看出，旧时的婚俗、婚礼寄托着人们对美好生活的向往，有的还有利于人际关系的改善和社会的和谐。

从字面上讲，"俗"，乃众口（三个人的嘴巴）承认的产物，更是世人习惯成自然后的轨迹，看得见、摸得着，家家出现、个个参与。然而，由于受政治的、经济的、时代的、制度的、地域的、地理环境等客观条件的影响，以及人的学历、经历、见识、思想意识、社会经验、文化程度、悟性指数等自身因素的制约，客观存在着的风俗是一回事，如何认识、表述、体现、影响、利用这些风俗又是一回事。这叫风俗的人为性。人为性告诉人们，风俗这东西可变、可塑，"十里不同俗"，诚此谓也。新中国成立后几十年来的移风易俗，使婚庆风气焕然一新，就是可变、可塑的最好见证。根据婚事风俗可变可塑的特点，在今后的婚庆活动中，如果我们有意识地开展和安排一些符合社会实际、更贴近时代精神，用上一些喜闻乐见又受人欢迎的形式和内容，这样的时间长了，做的人多了，婚庆风俗就会发生质的变化。反过来说，婚庆风俗是因人而起的，人完全能够以自己的新思想、新行为去净化婚庆场合，净化自己周围的社会空气，改变旧的不合时宜的风俗、树立起新的风尚。

值得庆幸的是，作为一个领域，婚庆一条龙服务的产业链如今正在形成。早先，婚宴要自操自办，两三桌、四五桌也得让自家人操劳忙活好几天，现在，只要电话告知餐饮服务公司，报上时间、地址、规模、价位，服务公司准能在第一时间给你上门办理。有的干脆瞄上宾馆、饭店，邀上亲朋好友，摆上几桌，当天完事，一顿两顿结束。更有的请上婚庆公司演出队，在席间为亲朋好友助兴表演。看起来，这是婚庆风俗方面的可喜现象。

沙地人的祭祀风俗

在沙地人的祭祀习俗中，曾经有过墓祭、家祭的形式，也有过公祭、私祭的区别，还有偷偷摸摸不为他人所知的路祭和沟祭的"地下活动"。

说到墓祭，先得讲一讲坟墓的样式。以前，沙地人的坟墓，一是在平地上搁置棺材，用砖瓦或芦头（芦苇去叶）编成笆砌成。二是棺材入土，平地隆凸起长条形。三是让死者尸体以坐的姿态坐进寿缸（大花瓷缸），一半入土一半露天。四是少数穷困人家用芦席裹着入土了事。而有钱大户，砌的是墓园，占地面积很大。接着讲一讲墓的地址。一般人家，死后都埋在自家田里，无田无地的，或在路边、海滩边、堤坡、岸边、港口、沟河边搁置，每年清明节的上午，男性子孙会捐一张桌子，拿上供品、纸钱，或空手去墓前磕头、烧化。后来推行火化、有了公墓，在一个地方定点安放逝者骨灰，鉴于路又远，人又多，于是再也没有搬桌子上坟的人了，先是供几个馒头，后来，不少人就只有磕头、烧化这一套了。

对于弄不清死者葬身之地的，子女们会选一个离他家远一些的，看起来四通八达的地方当作祭祀地，然后叩头、烧化。

早先，沙地人墓祭注重的是元宵、清明两个节日，近40年来又多了一个除夕。现在，每年的这三个节日，死者的亲人、后代，都会成群结队地去祭扫。如果与20世纪五十年代前后的墓祭相比，当时很少有女性参与，现在做有些地方的女性已经超过了男性。

家祭又叫烧经、烧羹饭，也叫烧羹做饭、烧经作相，一年一小祭，十年、二十年、三十年各一次大祭。所谓大祭，除了没有丧葬时的披麻戴孝、哭丧外，有的人家往往要念经、做道场、扎冥衣、烧冥屋……并尽量通知亲戚朋友碰头会面。

家祭这事，旧时属于儿子、孙子的专利，后来提倡男女平等，许多人家儿子、女儿，孙子、孙女不分彼此，有几个子女，轮流着烧几次。长子、长女烧祭的日子，是逝者去世那一天的日子，叫正忌日。如果逝者的后人多，某两家的祭祀恰巧放在同一天，祭祀者之间又要互相走动，那么，一家放在早上，另一家放在中午，或者各烧各的。有打趣者说，老祖宗来不及吃，就挑在筷子头上带走了吃。倘若祭祀举办者在一个月内碰上两次祭祀，举办者会将后一次的移到前边合并为一次。

祭祀桌子上的祭品，通常有茶干、豆腐、粉皮，还有鱼、肉、花生，六盘是取六六大顺的意思。有的人家，几个祖宗放几个杯、碗，筛三次酒，有的人家筛一次，把酒瓶放在台角边，说是让其自己筛。很多人家会将米饭、圆子装上满满一碗端上祭祀桌面，叫添饭、添圆子。

添饭、添圆子也有学问，饭在装的时候，先用一只碗，装得严严实实满满的，再用另一只碗扣上，然后倒过来、翻个身，拿掉上边的那只碗，这时候，那碗饭光光滑滑的，既饱满，又好看，老人们都说，碗面光滑、漂亮，后代子孙的面孔也会光滑、漂亮。那圆子，要多装长圆形的，象征后代生男孩，希望老祖宗保佑多生男孩。那供品中的鱼，绝不用鲻鱼、白鱼、黄鳝头，只用青鱼。青鱼代表后代子孙青白，而鲻与痴谐音，白鱼，民间又有汆水白鱼（只翻着眼，不善于表达）的绰号，还有黄鳝头发痴的俗语，担心后代秉性、脾气不好，犯上不聪明的陋习。祭祀桌上的那些忌讳，活脱脱地映出了子女对老祖宗的期望和对后代儿孙的期盼。

公祭、私祭，都在死者嫡系后代的室内进行。依照习俗，儿子婚后分家时，上一辈得把祭祀祖宗的这些仪式要求同时分传给儿子。这种仪式操作并不复杂，就是在父辈去世后一周年，老大负责祭祀时，一边化纸钱一边向被祭祀者通报："今年今天在这里聚会，明年的某月某日，请到某家相聚。"对于这个家族来说，这头周年的祭祀活动，算是公祭，分给子女，在子女家进行的祭祀，就是私祭了。

祭祖很有规矩，限于三代人，由于这个原因，沙地人常常这样说，儿子是苗、孙子是根。这都是当祖父的能吃到孙子羹饭的缘故。

路祭、沟祭，俗称送野鬼，那都是几十年前的事了。那时科技落后，迷信盛行，张三、李四得了怪病，以为碰到野鬼、遇上恶神，喜欢请巫婆、找神汉，然后扎个纸人儿，或者做几个元宝之类的，在路边、沟边烧化，一边烧一边要它们去别处谋生。这种形式时间不长，认真与否的态度也并不重要，应付了事，完事后拍拍屁股走人，体现出了人们的被迫与无奈，名副其实的"送野鬼活计"。

还有一种绝了迹的祭祀形式，那就是"谢火酒"。一旦某家发生火灾，救火结束后，户主在露天摆上桌子，放上供品，上香点烛，户主亲自斟酒、磕头，感谢火神菩萨。周围看热闹的，也去酒碗里点一下酒，放在嘴里含一下。揣摸其行为，恭送、感谢火神菩萨只是名义上的说法，另外有一层记取教训在心头的意思。

烧经作相的时候有不少禁忌，摆放桌子之前不宜扫地，否则后代的性格脾气会暴躁；跪拜磕头的时候，正面不宜站人，怕站着的人消受不起；作相过程中小孩不宜碰凳子，怕惊动、影响老祖宗；小孩子不宜吃作相的饭菜，吃了会影响记忆力；作相的饭菜不宜立即倒掉，弄不好会惹老祖宗生气。这些禁忌，大多出自尊敬老祖宗和宠爱下一代，浸透着原始而又朴素的爱意。

以前，凡事祭祖活动，都是小孩子最享受的时候，到了这一天，可以吃到鱼、肉，还有圆子什么的，成人也很开心，亲戚朋友走动走动，上门叙叙旧，联络联络感情，巩固巩固关系，同时也能解解馋。而现在，生活水平普遍提高，解馋的因素已经降到次要的地位了。

民间还曾流传着《带活吃羹饭》的故事，说有一位女性老人，是年104岁，身体甚是健康，美中不足的是七个子女只有一个女儿和四个孙辈在世，仅存的这个女儿也患有毛病。于是，有人叽叽喳喳如此这般了，说是长寿老人这个生辰八字的命理把自己的子女吃光了，吃完这个吃那个，等吃完儿字辈最小的女儿，就要吃孙子辈的了。计将安出呢？在祭祖时做文章。到了祭祀这一天，有人在祭台上多装一碗饭，多摆一双筷，要老人入席坐着吃。老人吃了以后不几天，就发高烧去世了。这个故事甚是辛辣，自古道"船多不碍港，人多不碍路"，可偏偏有人容不下一位百岁老人。这则故事揭露了人类固有的劣根性，实在让人扼腕叹息。

《诗经》中有一首专讲祭祖的《楚茨》曰："济济跄跄，洁尔牛羊，以往烝尝。或剥或亨，或肆或将。"宋朝诗人陆游的《示儿》诗说："死去原知万事空，但悲不见九州同。王师北定中原日，家祭无忘告乃翁。"字里行间流露出来的都是祭祖习俗这根纽带的源远流长和家国情怀的深厚积淀，而这些所彰显的，其实又都是祭祀文化的向心力和习俗文化的意义所在。

与众不同的"叫火"习俗

"叫火"是沙地人几十年前常见的风俗习惯，直到现在，有人还在悄悄地信奉着。

"叫火"的形式很多，有搭高台的，有平地的，有用银圆、纸人泡汤的，有用手指甲、裤带头泡汤的，也有扣米的，还有将唾沫唾在碗里让受惊吓的人喝的。

这些都有一个前提，只针对吓掉火的人。依据是：受惊后出现不安宁、幻觉、说胡话、半开眼睛难入睡。验证的方法：合上双眼，用拇指、食指掐鼻梁两侧的眼窝，凡是出现金花（俗称金花苍蝇）的，说明没有吓掉，没有金花的，认为吓走了火，需要把这个火叫回来。

搭高台的曰高台叫火，做法为：黄昏时分，于门前放一张桌子，桌上安置一只斗，斗里盛满高粱或玉米、粟子类谷物，装3支很高的香，同时点上烛，香烛后边放一条凳，凳子供操作的人站立。操作者是如傩戏中的神汉一类的人物，简称香火。准备完毕，香火手持裹有患者衣服的扫帚，一边向着前方招，一边喊："某某归来！"门口、患者床边的人都应答道："归来了！"在凳子上喊了几句，下到桌面上喊；桌面上喊了几句，下到地面上喊，边喊边退向患者病榻，共喊120声，招120下，回应也是120次。其间，事先备好120粒米，托在门口的应声者手里，每应一次，丢一粒米，丢得差不多了，喊一声"噢！某某回来了！"神汉就转身把裹着衣服的扫帚安放到病榻内侧的枕头边，与丢米者和众多的人同时喊"噢！某某回来了！"接着，香火做手势要求众人退场，让患者安心入睡，高台叫火算是结束。

平地叫火的操作比较简单。先在门口的场子前放一块青石，待到夜深人静，患者家人手持裹衣扫帚，喊第一声"归来"时，脚踏青石，且招且喊，继而徐徐后退，喊过49遍，和高台叫火结尾时一样处置，至此也算结束。

用银圆、纸人、手指甲、裤子带的头泡汤的，其方法大体相同。若是有人受到惊吓了，心跳个不停，脑神经也跳个不停，那么受惊吓者自己或他人剪一个纸人，或将两个（一个也可以）银圆的头像合起来，泡半碗或一碗开水，略过片刻喝下，也有用金银耳环、金银戒指泡汤受惊吓者一边喝，一边拍着自己的胸口安慰自己说："不吓，不吓，某某某不吓，吓在狗身上。"

也有在什么地方受惊吓的，立即脚下取一撮土（那时多是泥地），装入口袋，或者回家后放一点盐嵌在中间，包裹好放在心窝旁，也拍着胸口安慰着："不吓，不吓，吓在狗身上。"

扣米的，以前都适用于未成年人，做母亲的知道孩子受到惊吓了，待孩子上床就寝，就用一碗米，先将毛巾遮掩、抚平，掀开放一个铜钱（背对着米），或者放金银耳环、金银戒指，再盖上毛巾，拴住、扣住、再抚平，然后放至孩子头边，认认真真地说："吓在哪里，缺在哪里，请床户娘娘请回来。宝宝回来罗！"第二天一看，哪一个方位缺了、陷进去了，就认为吓在了那个方，并且不经淘洗，直接煮给孩子吃。也有用金银耳环和金银戒指泡汤或放在扣米碗上替代铜钱的。

用唾沫的方法更简便，碗里倒上开水，象征性地唾几下唾沫，让惊吓的人喝下。

至于用手指甲、裤带的头泡汤的，前者少有仿效，倒是后者，笔者曾经见识过，那天突然来了一位不相识的，说是几个月前笔者把她的老爸吓着了，想用笔者的一截裤带头给他老爸泡汤喝下治病，顿使多人愣了老大一会。如果记不清在什么地方、被什么人吓着了，就得各方打听，去用12个不同属相的人的裤带头泡汤。

另有一个预防婴儿受惊吓的做法：当母亲的用狗毛、猫毛或锚沙等药物做成布纽扣大小的、被称为"狗瘪子"的东西，系于布带上，手镯似的套在婴儿手腕上，以示辟邪。

这些习俗，初听与流传了几千年的招魂习俗相似，其实不然。招魂是古代丧俗，人刚死，亲属希望死者起死回生而举行的一种仪式。清代汪汲在《事物原会·招魂》中曾云："汉武帝李夫人亡，思念无已。有方士李少翁言能致其魂，上使致之，少翁夜为方帷，张灯烛，帝坐他帐，自帷中望之，遂仿佛见夫人。后世招魂始此。"另有描述说，人初死，有生者持死者上衣登屋顶，面向北喊"某人呀，你快回来啊！"连喊三次，再把死者的上衣卷起投到屋下，让人接着，覆盖到死者尸体上，试图让死者活过来。而沙地人的叫火完全不是这种做法，也不是这个目的，属于本地的"土特产"。由于是土特产,信的、不信的、是的、非的、对的、错的、褒的、贬的应有尽有,信者认为乃精神安慰,这么一做,思想负担减轻了,症状也就有了减轻的感觉;不信者认为是"束头戏"(化妆演出)、"拐爷冇度"(骗他老爹没个边)、欺人之谈,进医院用药后大多数康复如初,吓火为哪般?

一则名叫《陈介岐叫火》的故事,为是非对错的判别给出了比较形象的答案,从而也揭开了叫火习俗的谜底。

陈介岐也确有其人,曾经当过晚清状元张謇府上的门人,人称陈粮户,20世纪初在启东(当时的海门)川流港东边办了个七堤公司。一次,陈吓重了,请张像山叫火。

张像山,三十多岁,家住小庙圩,常以《玉匣记》为依据给人说这道那,对于陈的病情早有耳闻,在陈的床前蹬足说:"啊呀呀,你看你看,陈粮户的真魂阳火扣在西南大槐树底下迷了方向,能好得了么?书上说,甲辰大凶,这事十万火急,快快做好三件事:第一,缴纳皇粮,将大米五斗,黄钱若干,于今晚戌时送至离大槐树十步的地方,买通神仙广行方便;第二,也是今天晚上,速速备办酒席十桌,盛情宴请东邻西舍,要他们酒后帮着应声;第三,半夜子时相交,由我作法调动各路神仙招引真魂阳火附体归位。"

当晚,东邻西舍吃饱喝足后,真的都聚在了陈氏的堂屋里。子时将近,烧香点烛之后,只见张像山拍响令牌,一番手舞足蹈,嘴里又说又唱念念有词:"天兵天将、地兵地将、值日神将快快听令,此间七堤公司陈氏家歧三魂六魄真神阳火被扣大槐树底下,难辨方向,不识归途路径,现如今皇粮五斗、真金若干业已缴纳,尔等速速让开大道,放其还阳归位哉!陈家歧归来……"

东邻西舍按照事先的约定应着:"归来……"

念着、唱着、应着,有人指着麦田惊呼:"火!火!"

有目共睹,绿豆般的火苗果然在麦子的头上一晃一晃。

张像山眯眼凝神片刻,说:"不要高声,这就是陈粮户的阳火。陈粮户归来……"

大家又应:"归来……"

又片刻,绿豆火苗游至麦地尽头消失了。有人低声说:"咦,火呢?"

张像山说:"阳火归位的时候肉眼是看不见的。"说着,转身急急地奔到陈家歧床前,在陈家歧的胸口前轻轻连拍三下,说:"陈粮户,你的真魂阳火已经归来了。"

大家附和着:"归来了!归来了!"

当晚,陈家歧酣然入睡。嘿,第二天还真下了床!

这是怎么一回事呢,原来,麦田里的火,是鸡蛋壳里倒了豆油点的,张像山雇人伛身猫腰,托着鸡蛋壳跪行着。而送至树下的皇粮,正好给张像山他们平分。于是,在陈的病好了的同时,陈粮户叫火的故事也传开了。人们有时候就是用精神安慰、自我安慰、互相安慰的方式存在着,并寻求着自己的精神寄托而支撑着走过来、活过来的!

有道是什么样的环境,给人们提供什么样的语境;什么样的语境,又会给人留下什么样的印痕。沙地有着来自五湖四海、三教九流的人,不断地做着五光十色、五花八门的事,这样,文化也就有声有色、多彩多姿了。尽管这种习俗还不见于官方记载,也不见于网络传递,无法如招魂习俗那样追根溯源,但一直在被沿袭着、利用着,不少人将思想开小差比喻为"吓掉火",对于大呼小叫、无计划办事、无中生有、哗众取宠、瞎胡闹行为者叽之为"吓脱老火",形容数目多、规模大、厉害、具有强劲的威势,说成"火魂也吓脱"。这些都是文化讯息、文化符号,一旦销声匿迹、湮没殆尽,诚为可惜,应该让后人知道,他们的老祖宗竟然有过这么一档子事。

沙地人的丧事风俗

和一滴水能够折射出太阳的光辉一样,生活在滨江临海的沙地人,其丧事活动中的风俗习惯,也折射出一种光辉——宗族间、邻里间向心力、凝聚力、亲和力的文化光辉。

丧事活动,指死者家属在处理丧事期间所遵守的一定的行为规范。古人说,"人死谓之丧"、"死,葬之以礼",今人说,丧事活动,实际上是人生的谢幕仪式,是家风、民风的传承载体,做给社会看、做给后人看,也做给自己的子孙看,家家面对,人人参与,谁也回避不了。

一般而言,丧事活动是从人的咽气以后算起的,然而严格地说,应该从子女"送终"的时候就开始了。

"送终",临死诀别的意思。咽气前,其子女、亲人赶至面前看上一眼、见上一面,就是撑不住了,当有人提醒"你千万要挺住啊,你的小儿子(丫头、孙子……谁谁谁)还没回来呢"。此话一讲,逝者真的能够撑持一阵子。这种场合体现的不仅是子女对老人的孝,还体现了逝者对生者的希望、嘱托,生者对逝者的鼓励、支撑。许多时候的许多人家,逝者临终前的几句话,会让子女、亲属牢记在心、终生受用。比如有的弟兄、姐妹不和睦,有的不立志、不争气,通过逝者临终前的几句交代,兄弟、姐妹从此和睦的不在少数,不立志、不争气的也会记住在死者临终前的表态话句,之后非常争气地做出许多事情,赢得了浪子回头金不换的美誉。我们中华民族的优良传统,有的就是在生离死别的传承链中互相勉励后得到继承和发扬光大的。历史上有资可查的就有陆游、辛弃疾写过这样的诗篇。

丧事活动中的"搭敞"、"报丧"、"见礼"很有意思。"搭敞",俗称"屋檐上打桁",于檐前竖起几根柱子,将竹帘子摊在檐前,便于吊唁者识别,同时还要搭建供吊唁者用餐的"暖棚"。"报丧",又是出门向长辈们发送信息的意思。报信者夹着雨伞,再大的雨也不打开,意在昭告世人:我家撑大伞的倒了!还有人陪着,这多半是防止报信的悲伤过度。见到长辈,报丧的又把着对方的双肩单膝跪地,谓之"见礼"。治丧的前夜,逝者的子女换上孝服,在死者头前挂上帐幔、叩头跪拜后,由长兄带领,挨个儿再去向在场的长辈"见礼",意思是:我对老人孝敬、照顾多有不周,今天向您认错来了,请您包涵。见礼过程不说话,但许多意思已经尽在不言之中。

哭灵,是丧事活动中女人的重头戏,表明生者对死者的眷恋、生离死别的感情、挥之不去的怀念,陈述着死者劳碌一生的丰功伟绩和给人恩惠的一桩桩事件。这种场合,会哭的人头头是道,不会哭的人近乎直噱。然而也有这么一些人,与其说是哭,不如说是诉,她们借哭灵的机会,如数家珍般的道出心声,转弯抹角地说死者生前如何捉弄、摆布自己,这叫"嵌眼珠"。民间还有以代哭为职业的,丧事人家出几个钱,哭灵的事就全由代哭者负责。代哭者的著名段子叫《九千七》,内容是嘱咐死者如何才能一路走好,抑扬顿挫的,能将听的人带入状态。

以前,丧事活动中还有亲儿子持着个"狼牙棒"模样的芦秆在道场里边随着道士转。这"狼牙棒",芦秆外边裹缠着的,是蓬松状的白纸,民间称之为"戳活棒"。据说,古代有个老人死了,儿子在老父身边哭得死去活来。儿子的孝心感动了路过的铁拐李,铁拐李拾根芦苇,吹了口仙气给他指点,说只要用戳活棒往自己的脚面上点戳,父子连心,点戳到脚面脚底穿孔时,其父就会活过来。这个儿子照着办了,老爸真的就活了过来。久而久之,这个风俗也就延续到了近代。这是道教徒们精心编造出来的故事,据此也可以看出我国的孝文化在三教九流中的深厚底蕴和浑厚的民众基础。

入殓的这一天,沙地人叫"热马",亲朋好友、东邻西舍上门吊唁、帮忙而吃饭,叫作吃素饭。"素饭"者,饭桌上没有鱼肉荤腥之谓也,20世纪50年代之前,丧事人家的素饭,是真正意义上的素饭,饭是麦饭,麦粞粗得塞牙,家道好一点的人家,也只是麦饭里边掺和一些米,下饭菜是腌荠烧豆腐,腌荠的梗子、叶子,切的老长老粗,形象地称之为"刀斩麦粞,扯篷腌荠"。丧事结束再留一顿,对象都是丧事的帮忙人,叫作"留帮桌"。后来的素饭,随着生活水平的提高而渐渐的演变成荤饭,规格也由"四盆六碗"、"十二碗头"向着寿宴、婚宴、贵宾宴提升,地点也从丧棚、暖棚向宅外、室内转移。从丧事期间素饭内涵的变迁中,人们切切实实地感到时代在变,生活在变。

丧事活动最热闹、最繁忙的,要数"热马"头一天的晚上。其时,做道场的摆开架势,逝者亲生儿女在"板门边"聚集,兄弟姐妹间平日里的意见、看法也会在这时候摊上桌面;"陪夜"的,趁机甩出纸牌,很快地形成"四赌八看"的态势;喜欢山海经的,趁早约在一起,天南地北地聊起来,那些"盘古王开天辟地"、"女娲娘娘煤冰补天"、"张三拐子李黑心"、"某地抓出了大贪官"等故事,往往以这样的平台得于传承;那些十来岁的小孩,算是有了施展天性的良机,在人堆里蹦着、跳着、追逐着。

佛教和道教应该是两家,但在丧事场合,往往是这边和尚念经,那边道士拜忏做道场,有时两者凭借着各自的操作平台,念念有词地各逞其能。一些爱开玩笑的人,向着和尚道士使个招数,让他出个洋相什么的,引来全场哈哈大笑。更有崇尚时代性的丧家,请个丧事演出队,让他们把死者生前的事迹编成节目演唱,因而使死者的闪光点在丧事活动中得到了应有的闪现,也为丧事活动增了光、添了彩。

逝者入殓之后，第二天的一大早，其子女都要结伙上街，名为"扫街"，"扫街"过程中都要买一点东西，这是讨个吉利——添置家业。"扫街"时，所有子女不管是儿子、儿媳，还是女儿、女婿，也不管是和睦相处的，还是吵架斗殴过的，此时此刻的这一代，弟兄姐妹都得结队步行地出现在集镇的大庭广众面前。此举一在于表明，我们兄弟姐妹都是团结的，从今往后，我们都会是这样的处世行事的；二在于申明，世人注意了，我家某人已经作古，从今往后，死人的债务吾辈概不认账。应该说，这种习俗，是生活在社会最底层的债权人的无奈之举。当然，在法治社会，这就另当别论了。

丧事活动都由子女安排，对于一向孝敬老人的子女来说，丧事热闹、风光是其意愿，然而偏偏也有这么一些人，平日里不待好父母，甚至望其速死，而一旦真的死了，这些忤逆子女也跟着热闹、风光，这不是他们的自愿所为，是畏惧心理使然。他们害怕死者在阴间捉弄自己，为了讨个太平，于是在死者面前什么都可以干。从这个角度讲，丧事活动还是教育忤逆之流的一个机会。

沙地人对于溺水而亡者还有一个"召网"的形式，即在死者入殓（火化）前，由两人拿着筛子（以前筛麦糊、玉米糊的工具），去水里抄，一抄，有鱼即鱼，有虾即虾，被视为是溺水者的灵魂，拾起放至死者身边。一抄没有，再抄第二次，第二次没有，再抄第三次，也是最后一次。这一次抄到什么算什么。这一套看似迷信、多余，但细细品味，寓有很深的意思：人不能没有灵魂，死了也要让其灵魂归位附体哩！

丧事过程中，有一套程序不会被忽略：亲生子女都要在死者的衣物上咬出牙齿印。上了年纪的人说，有了亲生子女的牙齿印，等于盖了章，上了保险，阴间不再遭人抢。此说虽然可笑，但还是活脱脱地映出了这样一层意思：活着的人正在用最朴素的感情、最原始的方法捍卫着死者的利益，以齿为证地给死者捎去最大的安慰。

2007年8月的一天,启东市近海镇塘芦港村原党支部书记张献林病危,咽气前对妻子交代说:"我别无所求,火化之前,让村里干部到场说几句话,总结肯定一下我的为人,我也就心满意足了。"此言道出了人生谢幕时的心境,也道出了丧事活动趋向文明的必然。

丧事活动,本来就是各种社会角色得于亮相的机缘和任其操作的平台,如果我们每一个社会成员,经常以如何做人、如何做一个有益于他人的人为己任,身体力行地要求自己、勉励他人,在"人之将死,其言亦善"的临终之前以良言善语馈赠他人、后人,使生者以此为鉴、牢记不忘,去对社会做出新的贡献,这是能让生者的价值取向得到重新调整的重要拐点,进而产生崭新的意义。

费尔巴哈曾经说过:"中国人是最为死者操心的民族。"作为"操心民族"的一分子,沙地人尤甚。当前,一方面出现了文明办丧事和厚养薄葬的好风气,另一方面,在丧事活动宗族化的情况下,习惯势力、传统眼光、落后意识难免抬头,摆阔气、讲排场,有的甚至借机敛财,使得一些人向着"人情不是债,尺六锅子背来卖"的地步靠拢。还有,扎课、剪宴衣也到了"现代化"的境地,这些由活人张罗着办的事情,虽说都是用在死人面上的"面子工程",但作为文化,反映、流露的是生者的心愿,世人所看重的,也正是这个一代又一代的"心愿工程"。

其实,丧事活动都是活人围绕死人展开的活动。古人早在《周礼·地官·大司徒》一文中就有过"八曰杀哀"的话句,劝喻世人减省丧礼礼仪、降低民众负担。古人尚且如此,今人完全可以以自己的新思想、新行为去净化丧事风俗,净化自己周围的社会风气,改变旧的风俗,树立起节俭办丧事的新风尚。

说古道今

神话传说话吕四

吕四不仅是全国闻名的四大渔港之一,还是很具神秘色彩的千年古镇之一,只要稍微拾掇一下民间的神话传说,一个精彩纷呈的吕四会立即呈现在人们的眼前。

许多人都说,吕四是吕洞宾常来常去的地方,每次光临都会留下几个脍炙人口的故事,《吕洞宾剃芋艿老头》就是其中之一。

故事说,有一天吕洞宾在吕四街头留意世人的行为举止,发现一位理发师傅只顾跟着抱孩子的年轻妇女嬉笑,却把孩子的头剃成了阴阳式;当年轻妇女的面孔红到脖子、孩子又哭又闹不依不从的时候,理发师却又草草了结。吕洞宾决定教训一下这位理发师。他待那位妇女抱着孩子走后,进门坐了下来,接着,主客两人展开对话。

理发师:"请问客官,你是剃头、修面、刮胡子呢,还是'拔痧筋'、扒耳朵?"

吕洞宾:"剃头。"

理发师又问:"剃平顶呢,还是和尚头?"

吕洞宾:"剃个'芋艿老头'。"

"好咪!"理发师见吕洞宾的头发又粗又硬,答应之后忙着磨剃刀，去倒温开水。

汰完头，套上披肩布，挥动剃刀剃头发。剃完，理发师转身又去倒温开水。

端了温开水出来，弯下身子正要汰头，这个"芋艿老头"上又都是黑苍苍浓密密的头发。如此再三，理发师说："客官，你的头发真会长啊！"

吕洞宾说："我这'芋艿老头'是会'爆'的！"

理发师听出名堂来了——他是看出我的心思了哇！立即跪下磕头："仙长，我碰上仙长了，望仙长指点迷津。"

理发师磕完头一看，吕洞宾不见了，空中传下一句话：

"剃刀剃发斩乱麻，心头思绪要专一。"

这个故事在让人忍俊不禁的同时，也让人悟出一个道理：手艺人要处世正经、处事认真。如果再往深层次想，那是吕洞宾在用自己的独特身份、独特方法维护着对吕四的情感。（详细可见《中国故事全书·启东卷》）

《吕洞宾卖缸爿饼》的故事说，吕洞宾在吕四街边办起了缸爿饼的"专卖店"，这缸爿饼很香、很脆、很好吃，卖的时候总要问一句："给谁吃的？"买的人也清一色地回答："孩子吃的。"

一天，出人意外地来了个小孩。

吕洞宾问："你买饼给谁吃呀？"

小孩回答说："给奶奶吃的。"

吕洞宾的心里"咯噔"一下，说："人家大人都是买给幼辈、小孩吃的；你一个小孩家，干吗要买给奶奶吃呀？"

小孩说："我家爹妈死得早，是奶奶天天纺纱养大我的。这几天奶奶病了，给她买一个尝尝。"

吕洞宾笑着哼起顺口溜："今天见你把老敬，当场送你两个饼，奶奶吃了病除根，小孩吃了变仙人。"

果然，小孩的奶奶吃完缸爿饼，就从床上坐了起来，又很快地下地走动。而小孩,吃了缸爿饼,真的像仙人,一不想吃饭,二不想喝粥,连续几天粒米不进。这可把奶奶急坏了,拉着孙子去找卖缸爿饼的论理。

这时,阶前的小黄狗也撒腿跟着跑。

老奶奶找到吕洞宾铺前,没好气地喊开了:"我说你那饼里放了什么东西,害得我家孙子饭不吃、粥不喝的,这不是要命吗?"

吕洞宾说:"不吃饭,不喝粥,这是好事呀!"

老奶奶说:"天下只有死人才不吃不喝呢。"

吕洞宾说:"神仙也可以不吃不喝呀。"

跟着的小黄狗名叫小黄,老奶奶越说越气,也不容吕洞宾分说,吆喝着他的小黄狗说:"你让我的孙子不吃不喝,我就让小黄狗咬你。小黄,给我咬。"

"汪、汪汪。"小黄狗真的咬起来。

看着发脾气的老奶奶,再看着"汪汪"叫的小黄,吕洞宾仰天长叹说:"唉,缸爿饼,缸爿饼,好歹也曾治过病,如今病愈忘干净,反来问罪吕洞宾。真是'狗咬吕洞宾——不识好人心'哪!"说着,右手轻轻地在小孩的背后拍了一下。就在拍的同时,一个面团滚落地下。那小黄狗眼尖嘴快,当场一口吞下。就这么着,小黄狗升起、升起,升上了天。

原来,吕洞宾给小孩吃的是"仙气饼",只因凡人不识仙人心,所以就留下了"狗咬吕洞宾——不识好人心的"千古流传的歇后语。这则故事让人感慨万端,连连哀叹。只可惜鲜见于公开报刊,屡传于街头巷尾,属于一边倒的家喻户晓、妇孺皆知。

有一个问题长期以来备受关注,这就是:吕洞宾为什么多次驾临吕四?随着互联网的发展,网民的参与,网上一则《吕洞宾受命挑土种山》的故事,一下子把吕洞宾那个吕四情结的前因后果、来龙去脉交代得清清楚楚、明明白白,看了让人拍案叫绝。

故事说吕四这个地方出现海啸的时候，王母娘娘立即宣召吕洞宾说："瀛洲洪水肆虐，民无定所，皆因没有山、没有石，缺少固土之宝，致使山水不全、阴阳失调，没了人间灵气。这事很急，如今你可速速去到蟠桃园挖土取泥，挑往瀛洲种山，以解民忧。"

吕洞宾说："山都是石头的，要我在天庭取土下凡种山，却是新鲜。"

王母娘娘说："其土落地生根便成山。为表诚意，你一不能驾云而去，二不能停步歇息。"

吕洞宾一声领旨便取土挑担上路去了。

谁知忙中出错，王母娘娘没有把定向找位置的宝镜交给吕洞宾，致使吕洞宾来到江海边缘的地方问讯农人，这一问，势必停下脚步，就这一停，泥土落地，西边南通的，被后人称为狼山、军山等，东边海洋里的，被后人称为蚜蛎山。吕洞宾仔细一看，西边的，离瀛洲似乎远了点，便又脱下鞋子抖了抖，偏偏是这一抖，竟然抖出了好几堆高坡。仔细查看吕四境内的地名，现在还有许许多多平平坦坦的地方被称为香堂山、东皇山、观音山、洛伽山、五台山的，这些都跟吕洞宾的抖鞋子有关。这吕洞宾一至吕四的故事，表明的是吕洞宾衔命所为，鬼使神差、阴错阳差，吕四这个地方实乃天地造化之功、大自然所赐的产物也。

《吕洞宾智激猴王保吕四》的故事，把齐天大圣孙悟空也请到吕四来了，且看吕仙是在什么时候、怎样请的孙悟空。

话说吕四遭遇海啸的时候，吕四这个地方还叫石镇，吕洞宾得悉之后，一边立即命仙鹤伸展双翅停在石镇的上空，再让太阳将仙鹤的影子照进地里，使石镇的土壤坚硬了许多，一边立即去找海龙王论理。想不到海龙王不吃这一套，说:"你吕洞宾不去撒泡尿照照自己,也该去照照他们那里的人都干了些什么。他们不断地围圩垦荒,屡屡侵占我的地盘,我不去发兵讨伐,更待何时?"说着,又对虾兵蟹将下着催迫的命令:"小的们,改用金刚钻,给我狠狠地划,狠狠地挖。"

吕洞宾说:"既如此说,我就去找孙大圣。"

孙悟空正在西天,吕洞宾找到大圣后,把经过讲完后,说:"万望大圣亲自走一遭。"

出乎意料的是孙悟空的反应不大,说:"老孙已经皈依佛门,无心再问闲事矣!"

吕洞宾想:我须激他一激。想罢,冷笑着说:"啊哈,大圣已经成了'太监的阳具——不中用的东西'了也。"

孙悟空一听就变了脸:"什么,你说什么?"

在吕洞宾的三激、两激下,孙悟空翻着跟斗云去了石镇。来到上空一看,唷,海浪滔滔,波涛滚滚,仙鹤的翅膀已经晃动,老百姓正在烧香磕头祈祷。

孙悟空的气不打一处来,抖一抖金箍棒,吆喝着:"呔!好你个海龙王,老孙在此!"

海龙王是吃过孙悟空的亏的,一听声音,毛发便从皮肤孔里氽出来;一见金箍棒,眼睛也就花起来,伏在那里顾头不顾腚。

孙悟空以手叉腰说:"你小子刚才跟虾兵蟹将发话的时候就像放鞭炮,这会儿怎么啦?舌头生了疔疮啦?"

正说着,吕洞宾赶到。

吕洞宾说:"海龙王,大圣已经到来,今天当面把话说清楚,还想再陷落石镇吗?"

海龙王撅着屁股说:"不、不想了。"

吕洞宾说:"看起来,龙王怕的是金箍棒,大圣,你就卖个神通,用毫毛变一根放在这。"

孙悟空觉得有理，点点头说："嗯，老孙这就变来。"

孙悟空说干就干，拔出毫毛，吹一口气，说声"变"，又在上边画几道符，念几遍咒，将真金箍棒的收回，复将假的金箍棒插在那港道的地方。

嘿，就这一插，吕四的海滩再也没有塌陷过，港道也再也没有淤积过。这个故事不但把吕仙与吕四的情感上升到了新的高度，还折射出了吕四镇以镇兴港、以港兴镇这样一个良性循环的硬道理。

如果说吕洞宾与吕四的故事显示的是吕四的神气，那么，吕四灵眼树的故事就是吕四的灵气了。

灵眼树乃是吕四人的俗称，现在叫银杏树，可吕四人从不改口。这棵树就在海岸边，干高枝粗、根深叶茂，相传是八仙中铁拐李送的树种。当地崔家公公朝着大树许一个愿，后来考中了举人；海门人张謇儿时犯有口吃毛病，朝着大树许个愿，后来口吃痊愈，考取了恩科状元。有时夜雾茫茫，出海渔民在返港找不着水道的情况下，只要船老大说一声"灵眼大仙帮帮忙，指引一下路道吧"，树丫里又会马上出现一盏灯，引领渔民顺利进港。日本鬼子侵占吕四的那阵子，夜间站岗的鬼子朝着那灯"嘭"的一枪，想不到枪才响，自己便倒在了血泊中。还有一次，鬼子小队长龟田梦想锯灵眼树修筑碉堡，谁知派去的人一个个倒地身亡，他自己也被蟒蛇卷起的"地雷风"扫得哭爹喊娘，抱头鼠窜，最后只得撤退了事。

如果从神奇的传说中回过神来，再将欣赏的目光去相关书籍里来回扫描，发现很久以前这里叫白水荡，唐初的时候叫瀛洲、魂洲，后来又叫过放鹤田、石镇、东灶、吕灶、鹤城、吕四场，也用过"氵"偏旁的"浐"和"泗"，历史上确实闹过海啸，外敌入侵时吕四人也确曾给予迎头痛击，可谓历史悠久，源远流长。相传为汉东方朔所撰的《十洲记》中就有瀛洲的称谓，晋人王嘉在他的《拾遗记》中说："瀛洲，名魂洲，亦名环洲，东有渊洞，有鱼千丈，色斑，异端有角，时鼓舞、群戏。远望水间五色。"后周显德二年（955）改白水荡为吕四场，明嘉靖三十六年（1557），为抵御倭寇侵扰而筑鹤城，其间的《通州志》（卷一）说，"相传吕洞宾经游吕四场得名以此"，万历年间《通州志》（卷五）又进一步说，"放鹤田在县东吕四场境，相传吕洞宾四游于此，故以名场"，并以吴宗元等的诗句为佐，曰："自古神仙不可求，谁将小传记东游。只今唯有千年鹤，为问当年曾见否。"

清人张宗绪在《慕仙楼记》中写的"颐宁间，有异士货药，售者病即痊"，说的是吕洞宾第一次到吕四为民治病。"贾似道柄国时，有隐者自钱塘来，结庐丰草间……有陶翁往询曰：'得非吕仙复降耶？'隐者哂曰：'哪得仙耶？忘机狎海鸥耳。'顷之，炉内有丹，鼎透五色烟，隐者纵步出门，冉冉生足下，陶力持其袂，袂裂。"说的是吕洞宾第二次至吕四，干的是炼丹的事。"后张弘范大举南下，海滨窜匿者十之八九。稍定，各艰于食。有贾人……维舟鬻糕而倍其料。人竞买之……最后有小儿来，询为奉母，即以糕舟与儿携去……贾人即不见"，说的是吕仙第三次至吕四，做的是接济灾民的事。第四次是在明洪武四年（1371），吕洞宾扮作一个和尚在范堤大哭，有老者邀至其家，饮酒百杯遭佣人索钱，吕便以草茎与之，佣人怒，吕对老者说一声"日既夕矣，胡不归"，化双鹤翱翔而去。

史上也确实有过吕洞宾其人，唐德宗贞元十二年（796）农历四月十四生于蒲州河中府永乐县招贤里，属鼠，自幼聪明过人，长大后身长八尺二寸，喜戴华阳巾，系一条皂绦，二十岁未婚，唐末三举不第，后来中过进士，因厌恶官场陋习，遂弃官隐居山林修炼。据《宋史·陈抟传》说，吕曾"数来抟斋中"、"百余岁而童颜，步履轻疾，顷刻数百里，世以为神仙"，被宋代封为"真人"、元代捧为"帝君"，后世又称

"吕纯阳"。这些是白纸黑字、言之凿凿、木板钉钉的,属于官方的说法。

也有人说,吕四之名是有某位吕姓清官四到"吕四"之故,其他的算是任意推测、穿凿附会之说。此说尽管也算一家之言,但与吕洞宾比,世人宁原信吕洞宾的四到吕四说,也不信吕清官的四到吕四说,这就是人心的抉择、文化的力量。

如果再用现代人的目光审视一下,神话传说也好,史志记载也罢,抑或言之凿凿的文蛤、灵眼树,都是一代又一代的吕四人以及其他人编出来和"嚼出来"的。俱往矣,数风流人物还看今朝,当前的吕四,大港在建,深水码头在造,百业兴旺,经济繁荣,高楼林立,环境优美,天天以新的面貌屹立在长江北侧的黄海之滨。愿这座千年古镇从今往后能够演绎出更多、更新的神话故事,并希望有一天,将这些神话故事汇编成册,让更多的人领略新吕四的传奇色彩。

沈万三与朱元璋恩怨溯源

在启海乃至其他县市的沙地人中间,沈万三的名字和沈万三与朱元璋的传说,可以说是家喻户晓、人人皆知。这些传说以沈万三有心报国而砌造南京的城墙为主题,以反被朱元璋发配云南客死他乡为结局,口承相传了几百年,影响之大、印象之深都是少有的。笔者试以传说故事中沈万三与朱元璋的恩怨因由为切入点探讨溯源,意在寻找始作俑者的肇事初衷,求取视觉上的全新感受。

沈万三、朱元璋的恩怨,始作俑者、肇事者,始终都是朱元璋。

沈万三,又名沈万山,昆山周庄人,家有聚宝盆,富可敌国。山东一些地方的年画上曾经题诗称颂说："河南（黄河以南）沈万三，打鱼在江边，打着龙王宝，赚的银钱如泰山。"可朱元璋呢？捉弄、惩治沈万三绝非砌造城墙一次，手段也无所不用其极。《碧里杂存》就有这样的记载，朱元璋对沈万三说："我给你一文钱，你帮我生点利息，我只以一个月为限，初二开始计息，月底结算，每天加一倍。"沈万三当时并不在意，事后一核计，乖乖，总共是五亿三千多万文。

南京的申隆泉老先生于《中国民间故事集成·江苏卷》的《沈万山和聚宝盆》一文中说，在建造南京城墙的时候，朱元璋以沈万三建造的城墙高过皇帝的金銮殿为由，责令推倒重建，谁知重建时出现"海眼"，必须用沈万三的聚宝盆才能堵塞，于是朱元璋就在御笔亲书的借条上写明三天后的五更天归还。可是为了耍赖，朱元璋硬是要更夫只打四更、不打五更，致使聚宝盆遥无归期，让沈万三大上其当。

明末《云焦馆纪谈》一书说，砌造南京城墙的时候，朱元璋和沈万三约好同时开工，结果沈万三提前三天完工，朱元璋在庆功会上举着酒杯对他说："古有白衣天子一说，号称素封，你就是个白衣天子。"这话听起来是在夸奖，喷一下味道，话里浸透了杀机啊！从来天无二日，朱姓王朝的金銮殿怎能容纳两个天子并肩而坐呢？

几百年来，传说朱元璋觊觎沈万三的财产是不争的事实，想要杀害沈万三的心思也是路人尽知。你看，南京的城墙建成后，朱元璋犒劳沈万三的只是一个"洪武金钱"。就是这个金钱，朱元璋也在上边做足了文章，派人专门跟踪侦探。见沈万三拿这个钱给孩子做鸡毛毽子，孩子又把这个毽子赏给乞丐，朱元璋震怒了，结果将其发配云南。

一个皇帝佬儿，几次三番跟平民百姓过不去，这是为了什么呢？照《沈万三和聚宝盆》一文的说法，朱元璋在发迹之前做过乌梅的生意。乌梅是专治拉肚子的，偏偏地方上又流行起拉肚子的毛病,姓朱的抬价,使许多人望梅止步,而沈万三看在眼里急在心里,连夜去外地买来乌梅,低价出售,救活了不少人。这当然是好事,可是朱元璋的乌梅却卖不出去了,气得朱直跺脚:"好你个沈万三,有朝一日碰到我手里,不叫你冲家,我'朱'字倒过来写!"有此过节,朱元璋就对沈万三耿耿于怀了。

  朱元璋与沈万三的是非恩怨,官方的史书也有说法。《明史》在马皇后传记里有一段文字说得很具体,用现代的话来说,沈万三帮朱元璋砌造三分之一的南京城之后,又请求出资犒劳军队,朱元璋发怒说:"匹夫敢犒劳天子的军队,绝对该杀。"《周庄镇志》也引证了这样的说法,曰:"《明史·马后传》洪武时,富民沈秀者助筑都城三分之一,请犒军,帝忍曰:匹夫犒天下之军,乱民也,宜诛之。后谏曰,不祥之民,天将诛之,陛下何诛焉!乃释秀,戍云南。"由此可见,朱元璋这个克星王朝真的在处心积虑地克着沈万三了。

  朱元璋开了这么个克星的头,社会上的一些人也以沈万三为对象开始刁难、捉弄起来。《中国民间故事全书·启东卷》的《沈万三欠黄叫花子铜钿》说,有次沈万三从江北回江南,船至江心,船家黄叫花子开始收取摆渡费。沈说:"我叫沈万三,靠岸了给你吧!"黄叫花子见当场收不到钱,就把舵拐了一下,说:"我认得你沈万三,现在小船搁浅了,自己下船吧。"沈万三说:"今天勿曾多带,欠一次可以吗?"黄叫花子说:"可以呀,我是东风东利息,西风西利息,无风对打息,有风加三息。"当场写好凭据,才得以靠码头上岸。可是十八年以后黄叫花子上门讨债时,"这天什么风"、"那天什么风"的一算,沈万三吓了,借故明天还钱,当天夜里就逃到别的地方去了。

  话虽如此,但传说毕竟是传说,就是史书上说的,也不见得百分之百的正确。从华夏经纬网2009年2月23日披露的情况看，《明史》本身就开过不大不小的玩笑，说沈万三与朱元璋，前者是元末时期的人，朱称帝是前者死了十多年以后的事。这样一来，朱元璋与沈万三的关系，就有点儿秦琼战关公的味道了，直让人一头雾水、目瞪口呆：这朱元璋、沈万三的恩怨情仇到底从何说起呀？

其实，将沈万三与朱元璋拉扯到一块的，是后代的事，也是传说者们、戏说者们的戏弄所致。比如有的就说，朱元璋、沈万三、乞丐道人，三者同年同月同日同时生。鸡叫头遍是朱元璋出生，鸡叫二遍是沈万三出生，鸡叫三遍是乞丐道士出生；头遍的是天下最贵的人，二遍的是天下最富的人，三遍的是天下最穷的人。清代有本《白下琐言》的书也印证着这样的说法，说过去南京定淮门外有座小庙，中塑明太祖，左塑沈万三，右塑乞丐道人，托称三人同时不同命。嘿，你不是瞧不起富人么？想对富人开刀下手么，我们就让你夹裹在富人与乞丐道人的中间，让你别忘掉自己是什么东西。

把朱元璋和沈万三拉扯到一块有着一大堆理由。好事者们揣摩，朱元璋心胸狭窄，对富人没有好感，一方面可能与他早年当乞丐、做和尚，受尽富人阶层的白眼而产生忌恨有关。据说他写的"百僚未起朕先起，百僚已睡朕未睡；不及江南富家翁，日高丈五被犹堆"的诗，就流露出了不想看到富人享福的报复心理，也不希望富人报国；另一方面，也许和他朱姓王朝的江山社稷有关，他需要巩固自身的权威，不能让富人在自己的面前指手画脚、说三道四，更不能让富人爬到自己的头上拉屎撒尿、抢尽风头，以免影响了自己的形象、动摇了自己的江山社稷。再则，中国历来是农耕社会，当小生产者中间有人想摆脱贫穷、脱颖而出时，或者遭到挫折时，都会以宿命论的观点认为，这是神明的保佑或神灵的折磨。"防民之口，胜于防川"，在民间传说、戏说的话语权掌握在民众手里、文字典籍的话语权掌握在知识分子手里的情况下,他们觉得朱元璋就是封建帝王的典型,沈万三就是农耕社会报国无门、富人遭压的典型,这样,就把他俩拉扯到一块了。

有心人会从生活实践中发现,历朝历代白纸黑字的历史记载是一回事,实有其事的史实又是一回事;人们编撰的传说、戏说是一回事,具体过程中如何编、如何撰又是一回事。再说,这些编撰、戏说都是民间的自由创作,既然是自由创作,就免不了牵强附会。但是请注意,尽管如此,依附在这些自由编撰出来的传说、戏说乃至传奇身上的,往往是社会现实的折射和历史的厚重记忆,相当真实,可信度很高。也就是说,朱元璋、沈万三的故事是虚构的,但情节勾勒出来的历史背景应该是真实的。说到底,朱元璋与沈万三的恩怨情仇,根子在于朱元璋没有把老百姓当一回事。而沙地人和其他地区的人一样,最痛恨的,莫过于当官的不把百姓当人了,于是把朱元璋当作始作俑者和肇事者也就并不奇怪了。

渔民故事中的江海特色

南通滨江临海,渔文化资源得天独厚,民间的渔民故事,在为绚丽多彩的渔文化添上浓重一笔的同时,也让世人看到了人文景观中的南通特色。

一、能与盘古、女娲相媲美的英雄群体

自从盘古开天地,三皇五帝到如今,在民间故事的制作、传承和发展的链条中,能与盘古王和女娲娘娘相媲美的人物几乎为零,但在南通流传的渔民故事中,能与盘古王、女娲娘娘相媲美的英雄不止一个。先看《渔祖宗造海、造水》

中的渔祖宗——

盘古王开天辟地，不曾开出海和水，渔民的老祖宗就去找盘古王说："王啊，你开了天，劈了地，就让我们来造个海吧！"

盘古王说："好啊，你就去造吧！"

渔祖宗站在盘古王的对面，用脚跟向下蹬了蹬。

脚蹬的地方，当即变成了又深又大的海，有东海、西海、南海、北海。

渔祖宗又说："还要有江河湖泊才好。"

盘古王说："你也造一造吧！"

渔祖宗还是站在那个地方，伸手在地面上抓了一下。

五只手指抓过的地方，便出现了珠江、长江、淮河、黄河、黑龙江；他又用手指头去地面各处点了几下，地面上便又出现了许多湖泊。

渔祖宗看了看江湖河海，咂咂嘴又说："要是有了水该有多好！"

盘古王又说："你就再造一次吧！"

渔祖宗点点头："让我抟几把汗水，吐几口唾沫吧！"

说着，渔祖宗就抟汗水、吐唾沫。汗水、唾沫沿着江湖河道流进大海。

世界上凡是咸的水，就是渔祖宗的汗水；凡是淡的水，都是渔祖宗的唾沫。

传说中的盘古王开天辟地，前后花了八百年，女娲造人、补天，也不是一朝一夕、一歇半会儿的事，可是你看，渔祖宗的脚跟向下蹬了蹬，脚蹬的地方变成了又深又大的海，五只手指抓过的地方出现了珠江、长江、淮河、黄河、黑龙江，手指头过的地方，又出现了许多湖泊，抟汗水、吐唾沫的同时，天下便有了水。这里，传说中的渔祖宗，一点也不比盘古王、女娲娘娘逊色。

《大禹王牙签定四海》中的大禹也堪称一杰——

古来素有东海、西海、南海、北海四海之称，而这四海又是治水英雄大禹划分的。

大禹治水以后，普天下龙王的地盘越来越小，他们之间的争吵也愈演愈烈，就把官司打到地王那里。地王只管自己不管别人，说："你们去找天王吧！"天王说："你们去找西天佛祖吧！"佛祖只收香火不管事，说："谁逼你们，就找谁去说话。"还能是谁？他们就去找大禹。

大禹知道他们来者不善……从口袋里拿出一根牙签，在海洋的水面上划了几下，说："现在我已划定东西南北四条海，名为东海、西海、南海、北海。敖氏兄弟听令，命你们依次去四海当王，其余的龙子龙孙，都去江湖河泊当差，克日上任到职，各守疆界。胆敢违令，重处不饶。"说完，牙签向东海方向扔去。

牙签着水的时候，浪花溅到南天门，几滴水珠飘到西部天边，变成一座昆仑山。

龙王们见了，大气都不敢喘，连连磕着头，说："遵命，遵命，小的遵命便了！"

大禹牙签所划之处，两边海水马上现出不同的颜色，大小龙王按照大禹的旨意，都到各方上任去了。那根牙签呢，渐渐地沉入海底，成了定海神针，后来又成了孙悟空的如意金箍棒。

用牙签能划出海洋的疆域，而且这根牙签就是孙悟空的金箍棒，大禹的本事十分了得。另外，《大禹王养鱼虾》中的大禹，为天下人养鱼虾不但撕碎自己的衣衫，还拌和进自己的鲜血，大禹神矣，活矣！

《黄三郎与黄海》中的黄三郎，同样也会让你拍案叫绝——

黄海原属东海，它被称作黄海，那是黄三郎造海滩以后的事。

很久以前,黄海边没有海滩,涨潮时,海洋陆地一样平,退潮时,陆地高出海面几十尺。渔民出海捕鱼捉虾,非船即筏,要想退潮后出海,真比登天还难。海边的渔民在想:中间要是有一块滩什么的该多好啊!

这件事被玉皇大帝知道了,玉皇大帝便派状元星转世投胎出生在海边一个姓黄的家里。由于排行第三,就叫黄三郎。黄三郎出生的当天能讲话,第二天能走路。黄三郎跑到海边,四周看了看,伸手去太行山抓了把土,绕着海边撮了一周。前后大约半个时辰,海陆相接的地方就有了海滩。黄三郎干完这些站起身来,抖了抖衣衫上的灰尘,拍了拍手掌心的泥沙。灰尘随着风儿飘扬,洒落在荒滩上,变成了蟛蜞、螃蟹、文蛤和泥螺;手掌心的泥沙掉进海里,时间不长,这一带的海水全都变成了黄颜色。从那以后,海滩边的渔民不但在退潮时能够出海捕鱼,连小孩妇女也可以去海滩上捉蟛蜞、挖文蛤了。由于海水变成黄色,从那以后,这一带的海域也就被称作黄海了。

如上所述,千百年来,在中华民族大地上流传着的民间故事,公认的创世英雄只有盘古王、女娲,20世纪八十年代形成的民间文学"三套集成"省卷本、市卷本好像沿袭此说,众多的渔民故事中也没有一个能与盘古、女娲相媲美的英雄,南通渔民故事中的渔祖宗们,能与盘古王说上话,能与女娲相媲美的形象,顿使江海平原上的人文景观凸现了南通特色。

二、人文景观的深厚内涵

南通渔民故事没有苍白的说教,也没有刻意渲染的那种矫揉造作,都是以朴素的语言、白描的手法,在揭示矛盾中刻画着人物的个性,在事件的过程中塑造着人物的形象。

渔民故事中渔祖宗的形象,是在与盘古王对话、蹬脚跟、手指抓、捋汗水、吐唾沫中展现的,大禹的形象是在与众龙王的矛盾中划海域、扯衣衫、拌鲜血形成的,黄三郎的形象是在造海滩时完成的。渔祖宗与盘古王的对话,说明渔祖宗在盘古王那里有话语权,渔祖宗蹬脚跟、手指抓、捋汗水、吐唾沫,大禹王划四海和养鱼虾、黄三郎造海滩,说明渔民的老祖宗在乾坤初创时,就萌生出了主宰自然的主动权。还表明,传说中的盘古王开天辟地,是为后人创造活动空间;传说中的女娲娘娘造人、炼石补天,是在为后天提供人的源头和安居环境;渔祖宗造海、造水,黄三郎造海滩,大禹王定四海、拌血养鱼虾,则是他们应天顺人,在为后人提供生命源泉和戏剧平台……他们都是在用自己的心血和汗水浇灌、滋润着世界万物,养育着子孙后代,其内涵可见一斑。

　　《钱老爷三难新女婿》的故事,能使你耳目一新。故事说的是钱老爷女儿抛彩球招亲,抛中的是捕鱼捉虾的渔伢仔,钱老爷为此百般刁难,先是以酒席上缺少一盘龙须为由,要渔伢仔去向东海龙王借几段,借回来后,又要渔伢仔去广寒宫向吴刚借树丫做帐钩,树丫拿到,又要渔伢仔去邀请三十三重洞天深处的太上老君做证婚人。故事二千来字,没有一句类似"为了爱,我豁出去了"、"不怕千难万险"、"义无反顾"、"勇往直前"之类的话语,通过进龙宫、去广寒宫、上三十三重洞天的行动,主人公渔伢仔百折不挠、越是艰险越向前的精神被体现了出来。

　　《海娃斗龙王》则是另有一番情趣——

　　海边的海娃和海里的小龙王同年同月同日同时降生。海滩边海娃出生的时候,海娃娘对海娃说:"儿啊,海龙王世世代代与下海弄鱼的老百姓作对较劲,今日为娘的生下你来,长大了要为捕鱼的老百姓着想啊!"

小龙王出生的时候，龙王娘招来所有的虾兵蟹将。龙王娘对虾兵蟹将说："你们记着，今年本月本日的这个时候，天底下、海滩边就生了我家小龙王和海边的海娃，两个人面孔相同，分不清真假你我。我家小龙王专门保护尔等子孙，海娃专门让人入海捕杀尔等性命。如今我在小龙王的两只耳朵上各挂一个金耳环，尔等务必记住：两只耳朵上都挂着金耳环的，便是我家小龙王，也就是日后的海龙王；没有耳环的，不是我家小龙王。尔等千万千万不能认错人、跟错人。否则，要人命关天，断宗绝代的。听清楚了么？"

虾兵蟹将说："听清楚了，只认耳环不认面孔。小的们断然不会认错人、跟错人。"

自从小龙王带上耳环，渔民们出海捕捞总是空网而返，空船而归，有时还要丢失几条性命。

海娃挺气愤："鱼虾龟鳖本来就是人间百姓的佐餐之物，如今不但一丁点儿都不肯发放，还要滥杀下海渔人，你海里的龙王做得也太过分了！我非戳穿你这个鬼把戏不可！"海娃睁大眼睛往海洋里一看，情况弄得清清楚楚。

"你们两只耳朵都戴耳环吧，"海娃对渔民们说，"保证天天鱼虾满仓。"

有人说："耳环都是金银做的，我们穷得连一日三餐都吃稀的，哪来的金银呀？"

这话说得也是。海娃说："好在家家都有铜的，大家动手自己做吧，好在虾兵蟹将只认耳环不认面孔，往后你们就都是小龙王了。"

渔民们听海娃的话去做，天天鱼虾满仓。

过了些日子，小龙王当了海龙王。海龙王得到渔民们挂耳环的消息，龙颜大怒，说："啊呀呀反了反了，竟敢冒充本王来了。"嚎叫半天，从耳朵上取下一只耳环，然后传谕各地："你们听着，今日开始，本王佩戴一只耳环，你们也别有眼没珠看不仔细，一只耳环的是本王，两只耳环的是假龙王。你们要把两只耳环的东西统统抓来杀掉拉倒。"

海龙王的行动被海娃看到了，海娃又对渔民们说："各位乡亲父老，请你们快快取下一只耳环。听我的话，鱼虾都满仓；不听我的话，家破人亡。"

渔民们听海娃的话，又是鱼虾满仓。

海龙王气得眼睛发直，他让巡海夜叉去陆上打探消息，消息探来后海龙王又将牙齿咬出火花来。咬了几个时辰，眉头忽然又舒展开来，说："哼，我要借北海的冰山冻死这批穷鬼。"

虾兵蟹将急了："大王，万万不能啊，他们冻死，我们也要冻死的呀！"

海龙王的脸上露出几丝奸笑，说："嘿，你们懂什么？我家藏有祖传秘方的！你们想，他们的耳环是铜的，本王的耳环是金的。金银历来有助暖的功效，只要本王将耳环放入大铁锅，装进满满一锅水，煮沸，然后让你们一人一口。这金银水一入肚，心扉里热乎乎，就不怕冰山的寒气了！铜不顶事，冰山到时，渔民们必死无疑。哈！这一回，看他们还逞得了什么能！"

这事又被海娃知道了。海娃又把渔民们召集在一起，说："我们要赶在冰山降临之前，拼凑、打铸金耳环，煮汤饮服后管保大家平安无事。"

事情也真神奇，照这样做了以后，冰山袭来，渔民们真的平安无事。

诗圣杜甫曾在《茅屋为秋风所破歌》一诗中云："安得广厦千万间，大庇天下寒士俱欢颜。"《海娃斗龙王》也没有"海娃真好"、"海娃在为民众谋福祉"之类的赞扬语，但他做的，就是以母亲的嘱托作为行动指南的事，体现出了"吾庐独破受冻死亦足"的宽广情怀。这个故事，本身还传递出了戴耳环和耳环煮水饮服的来历,直到现在,民间还有喝金银水的习惯呢。

  人生在世,立身处世,讲究的是价值取向。爱人、爱家、爱国、爱民族,大爱无价,以及诚信做人,敢为人先,惩恶扬善、构建和谐,这些中华民族的传统美德,在南通的其他渔民故事里都有较好的反映。如《望母楼》《臭倭港》《白龙与虬湖》《阿珍难倒收税官》《海推磨》《李十三和渔老板》《张扒虾》《水獭菩萨的故事》《神老大》《天后本是渔家女》等。

  南通渔民故事描绘渔民不信命、不认命,凭自己的智慧和勤劳,去赢取适应环境的生存权、体现价值的主动权、驾驭自然的话语权的壮举,反映的是人类的本能、本质、尊严,同时也是中华民族的本色,中华民族的人文——那种被视为人类灵魂、传统文化、民族精神的内涵。这一本色,这一内涵,通过小小的故事展现出来,微言大义,不能不说是南通渔民故事的点睛之作、神来之笔。

  还有如《黄海渔民唱渔歌》,循着歌声,能让人看到渔民世代唱渔歌这一风俗习惯的渊源;《汉钟离与茅千斤》,能让人知道,前人捕捉海蜇的网具,为什么年复一年要用茅草绳编织的缘由。《龟蛇山》《木桩港》《久隆镇》等篇,能使你神游、遐想,置身彼地而不想抽身。细细咀嚼、品味,这些故事的人文内涵,深矣哉!

三、草根艺人的不懈追求

  人类社会的生活是从"渔猎"开始的,有人断言,任何一种产业没有像渔业那样长的悠久历史,任何一种文化没有像渔文化那样丰富多彩的内涵,任何一种产业文化没有像渔文化那样与老百姓的生活如此紧密。这一立论如果成立的话,那么,渔民故事在生活中,在许多省、市"三套集成"的民间故事中,应该占有相当的比例才对,然而遗憾的是,这种比例实在不成比例。以时空跨度为上下古今的《中国民间故事集成·江苏卷》为例,全书选录591则故事,涉及渔文化的,仅是有限的几十则,市县卷的则更少,那本叫作《江苏文学50年·民间文学卷》的书,选编故事414只,但涉及渔文化的也仅几只。这不是渔文化的空间有限,也不是渔民故事的资源衰竭,更不是草根艺人的穷途末路,而是大气候使然。实践表明,渔民故事跟滚雪球一样,都是在群生态中滚动、发展、传承。滚动过程中会有凝聚,也会有湮没、失落,对于湮没的部分,要靠挖掘、整理才能重见天日;至于失落的部分,多半是再也寻找不来、弥补不成了。更为严酷的是,随着社会的发展、时间的推移,渔民故事的传承已经出现断层,亟待有关方面以科学发展观为指导,展开创新性的抢救工作。

所幸的是,南通市的草根艺人从1994年开始就有了属于自己的渔民故事资料本,书名为《黄海的故事》,全书收录故事83则,14万字。这是渔民的幸事,也是南通渔文化的福音。

早在20世纪八十年代,"三套集成"民间故事卷刚刚煞尾,当时的南通市民间文艺协会主席张自强就着手张罗渔民故事的整理,会员也开始了零打碎敲、单独出击、散兵游勇式的各自为战,严金凤他们坚持田野作业,一气搜集了多个故事;启东的同志冒着酷暑高温,蹬着自行车,自备礼品,不止一次地去数十里外采风,还让故事讲述者集中演讲,搜集整理出了20多个故事。资料本形成后却无钱出版,张老还带头筹钱,草根艺人也主动出钱,终于使这些故事以资料本的形式得于保存下来。草根艺人不懈追求,得到这个结果,其间辛酸苦辣中的几许甘甜、几多遗憾,自然只有他们心知肚明、独自"享受"。

然而不管怎么说，有耕耘，必有收获，南通市民间文艺协会搜集整理的渔民故事，除了形成资料本外，《钱老爷三难新女婿》，发表在1997年《文学故事报》的第五期，《海娃斗龙王》、《阿珍难倒收税官》，分别发表在1998年6月12日第719期和1999年5月14日第813期的《中国海洋报》。这是南通草根艺人见到的第一缕曙光。

　　渔民故事作为一种财富，既是江海的馈赠，也是渔民的奉献，是人民大众集体智慧的结晶。目前，他们的定位正在从单一的传统捕捞业向着现代化养殖业转化，渔人、农人，农人、渔人间的角色正在不断地变换、调整，渔文化的空间进一步拓展，渔文化的价值也进一步彰显，看来，渔民故事会有一个良好的发展势头。

　　人们有这样一个共识：每当遇到国富民强、太平盛世，百姓安居乐业的时代，人民在满足了物质生活的同时，对精神以及文化生活就有极大的追求。在如今这样的时代，必然会出现文化创新和繁荣的高潮，也会使渔文化在连绵不断的历史延续中推向一个又一个新的高峰。南通的渔民故事，无疑的也能在这样的历史延续中推向一个又一个高峰，并在一个又一个高峰中不断地丰富自身的内涵，凸显自己的特色，等待、接受世人的不断认识和重新开挖。

文化杂谈

闲扯臼文化

　　沙地人有过多个以"臼"字命名的生产工具和生活用具,随手拈来,就有用以粮食脱壳的木臼、石臼、对臼,用以开门、关门的门臼和药房的药臼,以及纺纱用的芦篾臼等。

　　木臼,都是使用杉木树的下半部制成,大小不等,一般的周圆二尺、高二尺半左右,上口以下、中部以上的部分凿空,形成圆形,深尺许,向下渐成"V"字式的碗底状,大约为二三升谷物的容量。木臼还有一个被叫作榔头的配件,这种榔头分为两种,一种,顶端安装着一个穿了孔的、七八斤重的圆石头,称石榔头,另一种装的是加工过的木根,叫木榔头,有的在榔头下边的舂头处嵌个小铁箍,利于脱谷。另外,舂高粱的时候先要浸一下水,舂其他稻谷时则不需浸水。这种木臼,以前的沙地农家差不多家家都有。

　　石臼由石料凿成,高在50厘米左右,内空与木臼相近,20世纪的六七十年代也有水泥制成的。石臼的榔头柄比木臼的长得多,分量也重多了。

　　对臼,因劳作时用脚不用手的缘故而得名。人们按照杠杆原理,将榔头的竖向长柄改为短柞,加一根横向的长杆作为踩杆与短柞连接,再把它固定在一个支架上,操作手登高一步,站在与支架平衡的一端,一脚踩下,榔头往上翘起,一脚提起,榔头又落下。这用脚一对一对的,"对臼"也因此得名。

木臼、石臼、对臼的名称不同,平时安置和使用的方法也不同,人的感受更不同。木臼,平时可以安放在不显眼的地方,用的时候又可以根据需要选择位置,还可以坐着舂,老幼皆可。很多时候,大人坐着舂,小孩站在对面,或者站在旁边也来帮忙,小手与大手握在一起,一上一下地学着舂。开始时一边说说笑笑,咿咿呀呀地哼着曲儿,不一会儿便面头红胀、气喘吁吁、汗湿衣衫,再也不想哼唱了。逢年过节、蒸糕做圆子的时候,更是舂得手麻臂酸。可想而知,我们的祖先,就是这样一代又一代地使用着过来的。

石臼安置在屋的一角,往往是做豆腐人家用来舂石膏的专用工具,舂的时候站着,摆足姿势,先把长柄榔头掮起来,再往下舂。它的劳动姿势注定了榔头舂下去时发出"嘭——嘭"声、脚下地面的震动感,以及舂的人喘着粗气发出的"哼唷"、"嗨唷"声,极不会像舂木臼那样的咿咿呀呀。

对臼,实际上是在木臼、石臼的基础上发展起来的,用的可以是木臼,也可以是石臼,所安置的位置,角落与壁脚均可,由于登高一步操作的缘故,使用者大多是中青年,这种舂法既省力又省心,一次完成,面不改色心不跳,一边劳作,一边还可以唱歌、哼小调、打劳动号子。

药臼,药铺舂药的那种,是中药铺的专用工具。

门臼,则是门框的配件,由此承托门板左侧或右侧的门柱下端,便于大门的开合需要。

芦篯臼,乃是纺纱车耳朵上的配件,便于纺纱锭子的安放、旋转之用。此物很小,很不起眼,只用一节与筷子长短粗细相似的干芦苇,逢节截下,在温水里浸泡片刻,取出划分为三个等份,形成三脚,裂开至节,每脚向同方向拧"紧气",尔后三脚合股成绳,装上纺纱车的耳朵即成。诚如沙地人说的"一物对一物,菩萨对念佛"一样,芦篾臼虽然小,可少了它,其他的很难代替,如果真地少了它,纺纱车还难于运转呢。

然而对于今天的年轻人来说,这些物品已经相当陌生,木臼和石臼、对臼,早已被碾米机代替,门臼也被铰链代替,芦篾臼,也由于旧式纺纱这一劳作现象为现代化的纺织机械所代替而不见踪影,药臼,也已经为粉碎机代替。这些生产、生活工具被更先进的工具替代的趋势,以及劳动强度减轻的事实,折射出了生产力发展的必然。

尽管木臼、石臼、对臼这些实物正在消失,但是,由于雁过留声、物在留影的缘故,有一种现象至今还刻在中、老人们的记忆之中,而且时不时地还在谈话中出现,这便是人们平常所说的文化。

例如谁的大腿长得粗,有人会比喻说:"大腿就像木臼段头。"有人借木臼制造笑料,突然向某人发问:"你知道门臼几只钉?"这是设好了圈套让人钻的话题,意思是:问我的阿舅(妻子的兄弟),这门臼有几只钉?想借谐音占人家的便宜。回答的人如果早有觉察,会回答说"回舅3只钉"。这样的话,由于识破用意,能使在场的人仰面一笑而作罢。另外,木臼,沙地人的发音与用手触摸大舅子、小舅子的"摸舅"相一致,于是多人在一起的时候,有人又会以此当作调侃的话题,指着木臼抚着他人的肩头问:"这叫啥?"答者如果放松警惕,会脱口而出"木臼",这时候也会引起一片哄笑声。带有"臼"字的歇后语也很风趣,经常挂在人们嘴边的有:石臼做帽子——难顶难撑、石臼里舂线团——捣乱,石臼里装阎罗王——捣鬼,掮了石木臼做戏——吃力不讨好。如此盘点起来,木臼、石臼这些工具,在给人们带来方便的同时,也产出了文化,给人们带来了欢乐。

关于剃头文化

　　沙地人的剃头文化可谓光彩照人、自成一景。他们习惯地称剃头为轧头,婴儿出生后第一次剃的,叫"落胎头"。如果"落胎头"选在农历的正月里,"正者""蒸"也,婴儿长大后早晨吃粥(喝粥)的时候,额头、鼻尖必定冒汗不止,俗称"蒸笼头"。剃头时要是仅在头部四周剃去一圈的,又叫"马桶圈"。倘若给死人剃头,还要用"升落"和芭蕉,先将死者的头用芭蕉托着,然后搁上"升落(容器)",这叫"利市头",剃完,再将芭蕉上的头发倒进烧化冥票的"火落盆"。据说,这样能防止头发掉入地下或嵌入砖缝,给活着的人造成不必要的影响。

　　拿剃头说事的,被人们视为生活乐趣的助推剂。如果有人新剃头,爱开玩笑的同辈人往往会假意询问他人:"看见没?"他人不知其意,反问:"看见什么呀?"那个假问的说:"'火烛'(烧起来的意思)呀,'坑棚'(厕所)烧起来了,正想去救火(用水泼灭)呢。" 每当这种场合,总会出现各种不同的笑声。还有一些习惯语,如某人难侍候,被说成"癞子的头——难剃";矛盾一次解决不了再去第二次化解,被比喻为"腻(二)刀头头发",意思也是难剃。家境贫困、生活无以为继,还被说成"尼姑和尚——呒发(发与法同音,没有办法的意思)"。这些话,也只有沙地人才能理解。

　　剃头是沙地人的俗称,现在叫理发、美容。不少沙地人认为,用剃刀直接剃的叫刮;用剪刀裁去长头发的,叫剪。洗头之前剪的,叫干剪;洗完头剪的,叫湿剪(干剪要求高、难度大,湿剪的难度小)。使用木梳衬、剪子推去头顶里的头发的,叫平顶头、小平顶;留有头顶头发的叫"西桩头"。而唯有用木梳衬、剪子推的,才是真正意义上的剃头;那女子剃头则称削头发、做头发。

话说这"西桩"二字，也有写成"西装"的，为什么称"西桩"，这和东西方文化的交融、结合有关。早在20世纪五十年代以前，民间剃头多半由家人用剪刀剪得一爿一爿的，而西方的头样，剃完后的头发桩比较正齐，学着西方世界这样的做法，就称为西桩，又因为不是身上穿的服装，而是头发剃后留下的"桩"，就写为"西桩"了。西桩头，根据所剩发桩的上下多少，又有半头西桩、高头西桩两种称谓。

剃头有很多道工序，剃、洗、修面、扒耳朵、拔痧筋，随着工序的不同，使用的工具也不同。

学徒学剃头手艺，每天晚上在为师傅家洗完锅碗、处理完家务之后，一个人站立屋子中间，伸直双手，右手握着剃刀做修面动作，这叫"样刀"。也有的学徒突发奇招，用冬瓜、番瓜作为模特，在其表面修、刮，以期提高技艺。现在一些理发业的少数小年轻，根本不学这一套，有的甚至干脆废弃修面、扒耳朵这一工序，这种传统的缺失，实际上是整个理发业的不幸。记得前几年，上海某理发店想重金聘请我们家乡70来岁高龄的季师傅，要他专门去为顾客掏耳垢，可见这些传统技艺面临断层所带来的窘境。

早先的理发业，收款大有学问。儿时听父辈们说，当时上海的理发师为顾客服务完之后，还要为顾客掸去脚背上的灰尘，即使没有灰尘，这个也是必做的动作。收钱时躬身哈腰满脸堆笑，顾客离去时礼送至门口，可是转过身面对座椅里的顾客时，又会对离去的顾客咕噜几句，意思是，刚才我为他服务这么周到，竟然只给这么些钱。咕嘟的目的，想使手头的这位顾客在付钱时多给一些。这真是生意经啊，后来，上海的行业协会也许意识到了这个问题，在全行业统一定价。于是这种做法扩展到沙地，也延续到了现在。

沙地人的剃头文化，是指沙地人对剃头的看法、想法、说法、做法，近年颇能吸引理发者眼球的，算是理发店的广告招牌和广告词。有些小青年进修一年半载，加上自己勤奋，刊登广告曰：名剪。生意果然兴隆。

关于理发的对联，是剃头文化中的一景，让人赏心悦目、顿生快感的有"理世上千丝万缕，创人间头顶事业"、"新事业从头做起，旧传统一手推平"、"留发时乌云秀士，剃头后白面书生"、"手剪，电剪，层次剪，剪得青春美貌；缕削，斜削，乱丝削，削出潇洒仪容"等。据说，太平天国翼王石达开当年还曾写过剃头与打天下一语双关的对联，其联说："握一双拳，打尽天下英雄，谁敢敌手；持三寸铁，削平大清世界，无不低头。"真是联如其人，形象生动，气吞山河。

遵循常理，理发有着修饰仪表、展示形象、找回自我的作用，乡下人常常在相亲、走亲戚之前理一次发，也有的在身体不适、思想消沉的时候去理一次发，借以振奋精神、调整情绪。可是也有反常的时候。第一桩是1958年的"大跃进"，理发行业比速度，最快的60分钟理发15个，被称为冠军。一天，冠军为一名顾客理发，理完，顾客提醒说："我的面还没修完呢！"冠军的眼睛盯着顾客，说："哪儿呀？"顾客指指面颊："这，还有这。"冠军说："都修好了啦。"顾客说："我的面孔我知道，就是没有修。"争执声惊动四周，店里的同行都向着冠军，顾客只得铁青着脸开溜，后来到了"文化大革命"，修面的顾客还被"斗私批修"反省了一回。第二桩在1969年，那时批斗成风，不仅上台示众，对于犯案人员，还要被人用理发工具在头顶中间铲去一行或两行头发，俗称"排水沟"、"十字花"。幸好这些臭事"文革"结束后再也没有碰到过，如果还让人天天遇到，那可是时代的退步啦。

以前剃光头，是区分于常人的尼姑、和尚、囚徒，现在剃光头,讲究凉快、时尚,还有的是帮派规矩。留心小青年,不少人还把发型包装成阴阳式,把头发染成五彩斑斓。理发的间隔周期也大为缩减,以前一、二个月理一次,现在,有的一个星期理一次,年轻妇女的头发,做的时候花样更多。服务方面,以前常有理发师傅下乡、串村服务,现在基本绝迹。这种变化,体现出了时代的进步,也体现出了社会的文明和生活质量的提高。

趋吉文化种种

趋吉文化,是人们用行动体现追求吉祥心理的一种诉求。沙地人的趋吉文化有着很多与众不同的地方,这里略说一二,以增见闻。

人们在情绪低落、命运多舛、思想苦闷的时候,往往会去街头店铺测个字、算个命,间或抽星宿、排八字、看手相,以求指点迷津、逢凶化吉,用沙地人的话说,叫作"算算命,高高(交交)运"。这种源远流长、沿袭千年的现象,早已成为沙地人社会生活中的常态。

另一种最常见的趋吉形式,便是烧香拜菩萨了。佛教徒一心想普度众生,希冀的是来生、来世;凡夫俗子看重的是眼前吉利、时来运转。最可笑的是那么一些人,明知道自己不是什么好东西,却也挤在人堆里撅着屁股叩头,还喃喃着祈求菩萨"保佑",真是"有趣又好笑,驼子(背)死了两头翘"。

砌房造屋是大事,人们在挑屋基、开墙沟、摆墙脚、"拣高头"、上正梁、"满龙门"、入住、安床、砌灶等诸多环节上,总要请相风水的看一看,望一望,选个吉日良辰。一般从开墙沟或摆墙脚的吉时开始,户主们便在鞭炮声中张挂横幅，上书"太公在此，百无禁忌"。如此之后，建房时间百日也好，半年也行，据说其间跨度都属好日子，百魔不侵，恶神避之，事主诸事顺遂、一路太平。人们相信此举应验，便就趋之若鹜了。

年轻人新婚之夜在新的床铺上铺垫"和合被"的时候，家长事先物色好生肖为属龙属虎、恩爱贤惠的夫妻，让他们一边铺稻草，一边朗朗上口地说："稻柴根对（朝）里床（向内），明年抱个大郎。"铺床的人自己在笑，周围看的人也在笑，把那期盼早生贵子的意境渲染得淋漓尽致。这从客观上说，稻草具有排除、过滤人体汗水的功能，但从文化层面说，人们看重的是稻穗多结粒子和"稻子——到子"这个寓意。

人与人之间的彼此尊重，老友相逢，互道"您好，恭喜发财"；宾主告别，拱手"一路顺风，祝您好运"；央人办事，说一声"谢谢帮助，好人定有好报"，这些也是趋吉文化中的常见之意，双方祝愿，虽然言简意赅，却是心领神会，暖流啊，舒服感啊，迅速传遍全身，谁都会心里高兴、春风满面。

趋吉，也是祈祷吉祥这一心理活动的外在流露，可以称为企吉心理，其有调控情绪的功能。正因为如此，不管过去或现在，许多人也乐意以此为调控情绪的源头。比如大年初一的上午，有人常常守在家里，专心等着说吉利话的人上门，一旦发现"跑发财"、"送财神"的前来，听着"菜头落地，得田买地"之类的吉利话，顿时笑逐颜开。这是象征着一年好运的开始啊！谁会不高兴呢！在企吉心理的支配下，趋吉的行为也随之顺理成章地产生呵。当然了，从另一角度讲，也多少让人嗅到了一点属于"守株待兔"式的味道，少了些爱拼才会赢的气息。

惊愕之际或不如意的时候，有人利用企吉心理展开调控,当事人的心情会发生逆转。如吉日庆典,人们都有燃放"高升"(即爆竹)的习惯,这"高升"一般又都是双响,象征着成双成对,如果只有一响或哑炮,主人的心情会像晴雨表一样的写在脸上,尤其是大年初一、结婚、寿诞时的一响或哑炮,更会让人敏感。这时,倘若现场有个见多识广的人立即补上一句吉利的话,气氛也会当即改观。如果发生一响,立即说"好,一响好,独一无二",如果发生哑炮,立即说"好,好,闷蹲大发财",意思是暗里地发财,这样一调节,不但使在场的人嬉笑自然,连主人也大大地高兴起来。

前几年有一对青年结婚,帮忙者在张贴双喜字的时候,由于兴奋过度,使得正在张挂着的双喜字从上方跌落下来。喜庆场面出现这种情况,在场的人大惊失色,连空气也好像凝固了似的。就在这千钧一发之际,有人忽然大呼:"好啊,喜从天降!"就这一喊,使得气氛重新活跃起来。这种做法统称"接口(接上去说)",只要"接口"接得好,凶险就会转为吉利。这是人们在趋吉心理驱使下产生的吉祥崇拜,有了这样的崇拜,趋吉心理、吉祥用语也就层出不穷地产生了。

相对而言,有企吉心理、趋吉行为,一定也有禁忌心理、禁忌行为,这在民间的人际交往、送物、送礼方面颇有表露。倘若给东邻西舍送鸡蛋、糕饼什么的,一般不送10个整数,原因是沙地人发音的"10"与"贼"相同,怕引起不必要的误会。另外,旧时的年轻人送"节礼(用红纸写上结婚日子送往女家)",女方几次拒收的话,男方会挑选农历六月十二这一天,凡是这一天送去的,女方一般不会推辞。这就是俗话所说的"六月十二送吉礼,受也得受,不收也得受",盖因"六六大顺"的缘故。平常送礼也会避开"13"和"17"的数字,以撇开"十三点"、"贼吃"的嫌疑。时至今日,这些讲究虽然已经渐趋淡化,但还时不时地从老人们的嘴里说出来。

有一个关于风俗习惯的故事,简直成了沙地人趋吉文化的活典型。张家有女远嫁他乡,十多年从未回过娘家。忽然有一天听说该女要回家了,母亲高兴得热泪盈眶,连忙扑出去拥抱,然而族中的老一辈出面阻止,说先由做母亲的去厕所边放一只马桶,让女儿去那里蹲一下,然后再进门喊爹妈,如其不然,恐怕凶多吉少。这种习俗,解除的是趋吉心理的障碍,呼唤的是女儿不要忘记娘家路的社会心声,只有经常回娘家看看,才能避免出现上厕所、蹲马桶的尴尬把戏。

穷上下古今的历史源流,究纵横驰骋的社会平台,在不同时期、不同阶层、不同对象、不同行为的趋吉活动中,当人们尝试着、体会着、审视着企吉心理带来的感受时,有人认为是香甜的,有人认为是苦涩的,有人认为是无味的,有人认为需要加工充实的。各种想法、看法、说法竞相争鸣,付诸行动。于是乎,讲好话、讲套话取悦于人的有之,信口雌黄、骗人钱财的有之,趋吉文化的不同味道、不同色彩也就出来了。

趋吉文化应该是华夏后人、炎黄子孙的传统文化,也是社会和民众企吉心理的需要,不能简单地说是迷信。记得在"文革"的时候,企吉心理、趋吉行为、吉祥话语统统被视为"封、资、修",使得良俗断层,陋俗泛滥,这实在是个惨痛的教训。倒是改革开放时期的胡耀邦挺身担当,于20世纪八十年代的时候率先通过电视机向全国人民拜年,沙地人这才重新有了趋吉文化的话语权。

趋吉文化其实也是心理学研究方面的一个重要内容。扪心自问,人人存有企吉的心理,才会有趋吉文化的内在支撑点;人们根据领会程度、悟性水平用于指导行动,进而体现在行为上,便又使趋吉文化得到了外在的体现。在人们的潜意识里,谁都希望自己的命运好一点,生活好一点,前程好一点,越活越精彩,这是趋吉文化的社会基础和思想根源。大家都这么想、这么做，思想上的相近、相同，行为上的相似、相像，风俗习惯方面的趋吉文化也就形成了。如果再说得直白一点，趋吉文化中有着不少能够使人生更加精彩的动力源和润滑剂，这便是人们推崇趋吉文化的根源所在。

猫也有文化

　　猫文化体现在日常生活的方方面面，可以说习以为常、司空见惯，沙地人就有不少例子。

　　沙地人爱称猫为猫腻、猫咪，这多半由于猫儿的"儿"与沙地话中"二"的发音相同，"二"又与大写的"贰"相一致，而在实际生活中，"二"字与"贰"字，当地人点数发音的时候又称"腻"（遇），这样，猫儿便被称作"猫腻"了。又因为猫腻喜欢"咪噢、咪噢"的叫，也就叫"猫咪"了。农村集镇，不少人以猫为伴，有的人家养有多只猫。平日里，把"猫"字挂在口头的有，"猫头上一把，狗头上一把"、"偷食猫儿不改性"、"哪一只猫儿不吃荤"。对于暗厢操作、疑云重重，干脆冠诸"猫腻"，碰上不顺心的事，说上一句"霉，猫腻吃脱（了）鱼"。误打误撞、歪打正着被说成"瞎眼猫腻碰上死老鼠"，大人逗小孩，常常扮着猫的样子"喵、喵"地叫。小孩把自己的饭碗丢坏了，大人调侃着说"呵，小狗的猫食钵、狗食钵笃坏了"，知道猫、狗繁育周期的人，还常常说"猫三狗四"。

　　有的人见到张三就害怕，被喻为"老鼠见了猫"；官民关系、干群关系紧张，被喻为"猫鼠关系"；有的人不顾自己的身份，爱与不三不四的人同流合污，被喻为"猫与老鼠同行"；有的人说的话很管用，能够令行禁止，下级或子女立即照办，人们说这是"治鼠"；反之，则被说成"不治鼠"；对淡泊名利的人，被说成"小猫腻眼也不开"；对他人求全责备，要求过高，有人劝解说，"世上呒得纯白猫腻，不要太讲究了"；别人跟你说笑话，你信以为真，或者几乎上当受骗的反应，被说成"猫叔"、"猫腻小伯"、"猫腻梗江"；干活的时候手忙脚乱，又被人们用"猫腻吃百页——脚踏手揿"的歇后语作比。

　　猫文化的渗透性很强，小孩子揩面洗脸的时候马虎潦草，擦了一下就算完事，被大人喻为"猫腻揩面"；小朋友玩的游戏，就有猫抓老鼠的"便野猫"（藏猫猫）；民间尊猫为虎，小孩的猫头鞋被称为虎头鞋；为了防止婴幼儿受惊吓，有的奶奶、姥姥会去猫的头顶剪下一小撮短毛，用予裹成纽头大的形状，再缀在布制的套环上，套于小孩的手腕处，名曰"猫瘪子"或"狗瘪子"，以期达辟避邪的效果。还有，谁家年轻夫妻经常吵架，做父母的也会在猫头上剪下一撮毛，悄悄地作为馄饨馅儿包成馄饨，据说吵架夫妇吃下后会消除隔阂、关系亲密。另外，谁家的猫爱叨小鸡，只要主人将一根鸡毛点燃，在猫的鼻子底下晃一晃，猫也会一改恶习。如果发现猫儿在台脚（桌子）边揩面，主人还会欣喜地说："唷！猫腻揩面，今天有亲戚来了！"另外，一旦谁家来了无主的猫，主人认为是吉祥，马上高兴地说出"猪来穷，狗来富，猫来要开72个典当铺"的谚语。这里，人们的希冀、祈望，又为猫文化增添了神奇的色彩。

　　猫文化中最让人深思的，是关系猫咪失业的传说。据说有一次，猫咪的上级机关突发奇想，把众猫召去开会，当场下达任务、明确数字，说要奖勤罚懒。其中黄猫咪领命后说干就干，在很短的时间内，就使辖区内的老鼠逮得销声匿迹，从此，黄猫咪也过起了悠闲自在的生活。可是临近年关，考核的来了，大员们见黄猫咪如此无事，马上决定撤销编制，将黄猫腻调离他处降职使用。黄猫咪一走，原来归其管理的地方又鼠满为患了。这是社会生活在猫文化中的反映，

猫也有文化

225

或者说是猫文化反映了社会生活,好像咸鱼的骨头,越咀嚼,那滋味越透彻。

猫文化中最精彩的,莫过于猫鼠恩仇的民间故事了。有故事说,猫是阎罗王的差人转世投胎变成的。那差人干的时间长了,听到一个秘方,说是吃了猫头鹰的心,可以转世投胎当人,于是立即去抓,抓到后立即就掼,掼死后又立即开肠破肚煮着吃。谁知猫头鹰的心只能在鲜蹦活跳的时候吃,如今煮熟了吃,投胎时错做了猫。阎罗王知道后发话说:"这是你自己造成的事,不能迁怒猫头鹰啊。这样吧,鉴于人间鼠多为患,你就转世投胎做猫去吧!从今往后,只准你捉老鼠,不准你再做半点让猫头鹰雪上加霜的事。"这样,抓老鼠就成了猫的天职了。

也有的故事说,玉皇大帝在为十二生肖排次序的时候,内定猫为第一位,其余的先到先坐,并委托猫去通知相关的飞禽走兽,一定要在某月某日某时入座为准。谁知猫与老鼠同居一室,谈话间泄露机密,让老鼠钻了空子。老鼠趁着猫儿去通知的机会,自己不声不响的先行上路,待到出力办事的猫儿赶到的时候,老鼠已经在猫的位置上端坐不动了。猫咪据理争辩,这边老鼠不理不睬,那个玉皇大帝也微闭双眼似听非听。猫儿一怒之下,吼声起处,扑向老鼠就抓,老鼠一看不好,拔腿就走。有着这样一层恩怨,猫儿见了老鼠才要抓。

最近几年,或者说自从《猫和老鼠》问世以后,人们又纷纷述说猫咪变懒、变馋、失职、渎职,甚至猫鼠结盟、猫鼠结亲这些事了。这是随着生活水平的提高,猫儿养尊处优、功能减退的开始,也是猫捉老鼠这一天职的淡化,更是人们的心态在猫文化中的深刻反映,从而使猫文化增添了一分新的意蕴。

据说猫拥有七条命,且很有灵性,一旦主人辞世,猫会守在灵前不离不弃,就是有些地方用棺材殡葬,在家里搁置三年，猫也会经常扒在棺材上边睡觉边守候。如果再审视一下整个社会，不少人都有打狗、吃狗肉的习惯，唯独没有打猫、杀猫的动机，这种人猫情结表明了猫在人们心目中的位置。

色彩斑斓、精彩纷呈的猫文化，不但向世人解释着猫、鼠为什么是天敌的疑问，还为人们提供了一个无限想象的空间：一不能做那些使人雪上加霜的事，二不能把事做到绝情的份上，一旦绝情，很可能会变成永远也改变不了的敌对关系。当然还可以想得更多、更远，就看你想不想怎么去想。

话说谜语文化

在沙地人中间，谜语被称为"梅梅子"，猜谜被说成"猜梅梅子"，有话藏着掩着，不挑明了讲，被说成"给梅梅子人家猜"。天真烂漫的小朋友玩耍，将一个铜币向上抛去，落下时或者踩在脚下，或者伸手捏在手心里，然后让同伴们猜"是字还是背（是文字一面的腹朝上，还是图案一面的背朝上）"。见多识广、社会阅历丰富的人，还会在"是字是背"的基础上延伸出去，加上"是人是鬼"作为对偶的下半句，使其顿生疑窦的含意。平时，那些制作谜语、说谜语的人被视为能干的人，能猜出谜语的人也被视作聪明的人。这种现象，直让人乐此不疲地陶醉着、兴奋着、骄傲着。

谜语有字谜、物谜、灯谜之分，体裁也有歇后语、谚语、歌谣等。"一减一不是零"，请打一字，谜底三，这是一字句的字谜。"一线相通，飞行空中"，请打一玩具，谜底为风筝，这是谚语式的物谜。"大姐树上叫，二姐吓一跳，三姐持砍刀，四姐点灯照"，请打四种昆虫，这几句组合式的谜语，谜底分别是蝉、蚂蚱、螳螂、萤火虫，这算是歌谣体的。

在沙地，一个谜底、多个谜面的现象十分普遍，例如谜底为钟表的谜语,有的说"哥哥走完一里路,弟弟已行十二里";有的说"天下有个运动场,三个选手比赛忙;起点终点一样长,成绩总是不一样"。再如"王"字,可以说"一加一不是二",也可以说"上有天下有地,十字站中间,皇帝万岁开金口,银銮殿里肩并肩"。又如算盘,有人说"两个村子隔条岸,岸南没有岸北强;岸南好汉有五条,不及岸北人一双",也有人说"有间房子木作墙,栏杆关猪(珠)不关羊,三个指头抓小猪,猪儿跳得乒乓响"。这种谜面多样性的情况,是沙地谜语万紫千红的特点所在。

  沙地滨江临海,江海运动首先造就了沙滩。这沙滩软绵绵的,踏上去一步一个脚印,人们根据这一现象,就制作成了"沙滩上走路,请打一歇后语"的谜语。沙地盛产芦苇,芦苇叶是裹(包)粽子的好材料,于是又有了"芦青园里一只小白狗,束一枪,咬一口"的粽子谜语。庄户人家种有柿子,于是也就有了"红箱子,绿盖头,揭开来,咬一口"的柿子谜语。海里大螃蟹的谜语是:"有个将军逞英豪,生就青龙偃月刀,海里走、水里漂,死了还穿大红袍",这些谜语简直就是江海文化、沙地文化的写照。

  有的谜面看上去相当粗俗,谜底却是出奇的文雅,《拔进拔出痒兮兮》的谜语说,"头大尾巴细,喜欢发脾气,若是塞进圆洞里,拔进拔出痒兮兮",谜底是火柴梗。《又是标致又神气》的谜语说,"腰又粗,腿又细,姑娘看见最欢喜,拿来放进肉洞里,又是标致又神气",谜底是耳环。这些谜语不露半点刻意雕琢、矫揉造作的痕迹,通俗易懂,实在是让人叹为观止。

  在沙地人看来,参与猜一个好的谜语,是一次美的享受,也是一次怡悦身心的机会,那些"看他很有分寸,满身携带斯文,可是从不律己,专门衡量别人"的尺、"硬壳当战袍,从小爱弯腰,开水洗个澡,顿时穿红袍"的虾,"千人万人织锦绣,躬身弯腰汗水流,眼见一片汪洋地,顷刻之间变绿洲"的插秧谜语等,虽然短时间内不容易猜出,但朗朗上口、悦耳动听的声音,听着让人舒服,先是有着韵律美的感觉,接着又有注意力被牵着走的感觉,甚至还会出现手舞足蹈不能自已的现象。

笔者记得上小学的时候,班里成立兴趣小组,谜语组的人在上学、放学的路上和饭桌上常常互相猜谜。20世纪80年代的一天,我们家乡有位70多岁的陆姓老人在街头摆摊出售蔬菜种子,他当众喊:"谜语、谜语,有奖猜谜……",顾客纷纷靠近,陆老说:"谁猜中我的谜,优良品种奉送一包,任他挑选。"陆老当场说了两则谜语,一则是"麻房子,红帐子,里面躺个胖孩子",另一则是"兄弟七八个,围着柱子坐,只要一分手,衣服全扯破"。刚一落口,不少顾客说:"花生、大蒜!"陆老没有食言,当场兑现奖品。最近几天我们单位正在基建,兴致所至,只见一个也是姓陆的师傅,一边干活一边说:"我说个谜语你猜得出哦?'三点水,草盖头,乌鸡(龟,鸡与车同音)便(躲)在灶口头'。"接着说"一点一划长,口字在中央,儿子不争气,耳朵拉拉长",这是"范"字("范"的繁体字"範"中有"車"与"郭"字),说的时候有着一些占便宜的意思,说完大笑不止。所有这些,也应该是一道非常吸引眼球的风景线。

对于沙地人而言,谜语故事算是谜语文化中的新秀,这种故事也很有趣,这里不妨引用一二。

第一则谜语故事是说,明朝开国皇帝朱元璋少年时一次在放牛的间隙里,把小伙伴们叫到自己跟前说:"天下第一我为头,地上无我不风流;亥时生子贩丝线,别家儿郎扛木头。谁猜出,将来我拜他为护国军师。"

此时,刘伯温正好从这里经过,刘伯温说:"这有什么猜不出的,一猜就出来了。"刘伯温当时就把谜底说了出来。

刘伯温说的是《百家姓》上的赵、钱、孙、李。

另一则谜语故事是说,从前有户人家,儿子十六七岁了还一事无成,父亲决定让他外出拜师学艺。三年回来,父亲问:"学得怎样?"

儿子说:"我要你猜一个字,就知道学得怎样了。"

父亲说:"说说看。"

儿子说:"一字九横六直,上下左右鼎立,颜回勿识问孔子,孔子摇头等三天。你猜这是啥字?"

父亲想了好一会,点点头说:"勿错,勿错,学问真的勿错。"

这是"晶"字!

从实际情况看,每当讲的人在谜面之前加上一个前提,先为谜面的来龙去脉作一个交代,耳目一新的谜语故事算是出炉了。能让人在猜谜的时候也能听到故事,真乃不亦乐乎。

谜,指的是未知事物,猜谜,有着探究未知的含意,人们在谜语活动中,都有一个面子和要强的心理,谜语说得不好,猜不出或猜得慢的话,似乎觉得丢了面子、矮了一截的样子,为了不示弱于他人,参与者自己催自己、自己逼自己尽量编好一点、说好一点、猜准一点、猜快一点,直到正确的谜底在哈哈声中揭晓为止。

谜语活动中还有一种不可忽视的现象,有的人对于未猜中的谜语一直耿耿于怀,甚至隔年过夏、终生思索着,直到有一天悟到了,才告白于天下。这,可以理解为谜语文化中的诱惑基因在发酵。如果以此作比的话,人生也是一个谜,世界、宇宙也是谜,每个人的时空世界里也都有诱惑基因,人们时刻都在为自身的谜、自然界的谜、人类社会的谜、宇宙间的谜而探求着、奋斗着,唯其如此,人类才永不满足、永无止境、永不停歇。

不乌的乌女婿文化

沙地人的乌女婿文化相当普遍,氛围也相当浓厚,有的年轻人,宾客来临不会热情接待,家长就教育子女说,要懂得待人接物,不然,会被看成乌女婿。对于假象起初骗人,经过揭穿后真相大白,他们会比喻说,乌女婿终于看穿。

"乌女婿"一词是沙地人对"傻女婿"的俗称,源于乌女婿故事中的其人其事,这里不妨先来认识一下《乌女婿吃菜》中的一位乌女婿——

丈人宴请,要女儿、女婿回家作客。这个女婿是出了名的乌子(傻子),娘子怕丈夫的"乌相"(傻里傻气的样子)被人看穿,叮嘱说:"入席吃菜的时候,等别人先伸筷搛菜,你再动手搛。这么着吧,在你脚下系一条线,我拉一下,你伸手搛一下,免得丢人现眼。"丈夫说:"全听娘子的。"

入席以后,大家伸筷说:"来呀,吃呀!"乌女婿的脚上没有得到老婆的信号,嘴里说"吃呀,吃呀",端坐着只笑不伸手,等大家搛完了,感到脚下动了一下,于是才动手去搛。周围的人议论着说:"什么乌女婿?泻咱(聪明)着呢!"谁知时间不长,来了一只老母鸡,这只鸡一来就往桌子底下钻,就这一钻,脚爪绊上了乌女婿脚下的线。乌女婿以为是妻子发出的信号,立即伸筷去搛。那鸡脚缠在线上,一退一拉,乌女婿统统以为是老婆的信号,先是忙不迭地伸筷,后来丢下筷子干脆用手抓,嘴里直嚷"慢点,慢点,来不及了",看的人等到弄清原因后,捧着肚皮前仰后翻地大笑大嚷"乌女婿被看穿了"。于是,这句话从此便成了几代人的流语。

乌女婿故事说的是乌女婿,其实有些女婿并不乌,也很有内功,只是因为当时社会以富取人,在有钱有势的连襟中间成了"瘦狗拉屎勿壮（肥），穷人说话勿当"的陪衬物，被当作没有地位、没有话语权的角色。在名为《连襟俩出对祝寿》的故事中，教书的大女婿出口说："爹爹姆妈身体好，赛过南山寿星佬"，种田的小女婿说："爹爹姆妈是富豪，大囤小囤谷满仓。"大女婿又说："爹爹姆妈寿真长，长来好比路样长。"小女婿说："爹爹姆妈寿真长，长来好比扁担长。"众人惊讶，小女婿解释说："我家扁担传到我手里已经五代，我还可以一代一代传下去，这路有的长，有的短，说不准。路与扁担比起来，还是扁担长。"众人听了只得折服。还有一则《讲"百家姓"》的故事，李财主在六十大寿时，要三个女婿以"百家姓"上的姓氏为题，又以自己的职业为内容，第一句有'四角方方'，第二句有'来来往往'，第三句带出百家姓上的姓氏。大女婿说："一只砚台四角方方，一支笔在砚台里来来往往，写的是'周吴郑王'。"一听就是教书的。二女婿说："绣花绷四角方方，绣花针在花绷上来来往往，绣的是'苗凤花方'。'"一听就是个裁缝匠。小女婿说："泥涂灶四角方方，一把铲刀在镬子里来来往往，煮的是'雷贺倪汤'。""雷贺倪汤"一词在当地又是"乱（卵）污泥汤"的意思，小女婿不但巧妙地完成了老丈人赋予的任务，还巧妙地诉说自己的生活窘境。在这些故事中，简直找不到他们乌的地方。

　　沙地人的乌女婿故事很多，也很有市场。以前集体劳动的间隙，几个人坐在一块，邀请张三来一只"乌女婿"。参与大型水利工程的人员集体食宿，晚间入睡前，大家也会邀请张三、李四"乌女婿"几下。不少地方集体用餐时，你一只乌女婿，他一只乌女婿，酒席饭桌成了"乌女婿当家"，有人还要为讲得好的乌女婿故事干杯。至于那些婚典寿诞、丧事场合，包括会前会后、纳凉消遣、山南海北、说古道今，无不带着乌女婿。连老奶奶哄小孩子，也会将乌女婿作为话题。启东市还搜集出版了乌女婿故事专集，网络上更是以推出乌女婿故事为能事。怪不得有人说，一听乌女婿就高兴，就来劲。

乌女婿的故事也有现代版的，《乌女婿当车夫、放爆竹》中的李村李大伯发出信号，某月某日是自己的50岁生日，要未结婚的女婿上门祝寿。

未结婚的女婿姓张，由父母做主订的亲，又是父母操办送的定亲钱，想反对都困难。到了生日这天，李大伯骑着自行车上门邀请，张某人见状大喜，一不换衣服，二不带贺礼，接过准岳父手里的自行车，拍着后座说："好，我当车夫，上路吧。"

从张家到李家要经过一个岸坡，车到坡前，李大伯说："下车吧，要不，车龙头会跷起来的。"

张某说："您老放一百个心，前几年我家卖猪的时候，用的也是自行车，也是我送的货，把猪捆在后座，用力踩几脚，就上去了。"

李大伯的心头涌上疑云：怎么这样说话呀！

按照当地的风俗，庆祝生日，吃中饭之前都要燃放爆竹。张某人拿起爆竹，揪在手里就要点火。

李大伯见了，连忙制止："这样不安全，还是放在地上点火的好。"

张某的脑袋摇得拨浪鼓似的，说："没事，没事，您老放一百个心，每年清明我去老祖宗坟头扫墓放爆竹的时候都是这个样子的。"

这时候，李大伯的面孔马上多云转阴，心里说：看看面孔蛮"泻咱"（聪明）的，肚里有点乌啊！

吃中饭的时候，大家正要伸手碰坏张口喝第一杯酒，张某又出现新情况，起身说："唷，让我先去茅房方便一下。"就这么着，一天接连出现三个情况，李家准女婿落下了"泻咱面孔乌肚肠"的话柄。当天下午，李家便把定亲的钱退给了张家。

　　这个故事折射出了新时代的年轻人在挣脱父母包办婚姻的羁绊时的那种无奈与尴尬。这是传统意义上的乌女婿故事在新时代的延续和放大，也是乌女婿文化在新时代的延续和放大。

　　乌女婿故事几乎都是一个模式，或者是新女婿第一次上门，或者是女婿去丈人家贺寿，连襟几个在酒席台上吟诗作对比文才助酒兴。这种场合、这种背景下，女婿的行为，与人们眼中的"乌"紧密相连，乌，又与聪明紧密相连。乌为阴，聪明为阳，在整个世界上，不同历史阶段的每个社会成员都会有不同程度的阴阳两极。人们根据无数个阴、阳事象集中概括、进行演绎，编成故事讲出来，这是聪明人的行为。这样的故事，让人爱听、爱看，让人乐，用来教育、引导孩子别做乌女婿，别让人家当笑话"嚼"，本身就有逗人、育人的作用。这是乌女婿文化的意义所在，也是乌女婿文化具有滋生的土壤、传播的市场，能够自行传承的原因所在。

　　对于乌女婿的故事，不少人还不无调侃地说，编故事的都是吃饱了撑的，没事可干，就挖空心思、添油加酱地在乌女婿身上做文章，尽量让乌女婿活起来，通过无数人的努力，一代代的沉淀、积聚，文化含量越发厚重，就成了脍炙人口的经典版本。"文革"期间，尽管乌女婿故事被视为"封、资、修"而被打入冷宫，但乌女婿文化的春笋却一直在破土而出，人们的嘴边照样挂着"乌女婿被看穿"、"看你就像乌女婿"、"不要做乌女婿"的话。这一现象足以表明，乌女婿文化有着多么强大的社会基础和生存土壤，就会有多么强大的生命力。

谚语 顺口溜

录此存史

谚语　顺口溜

万众一条心，黄土变成金。
只有超越昨天，才能驾驭明天。
有志男儿朝前走，大刀阔斧雄赳赳。
一门心思建设小康，不能忘记身体健康。
共产党为老百姓着想，老百姓为共产党鼓掌。
萝卜青菜，各有所爱。
一个篱笆三个桩，一个好汉三个帮。
三天勿吃腌荠汤，脚踝郎里酥汪汪。
老婆屋里腌荠汤，自己外头抛天庄。
丈夫打工提砂浆，娘子打牌搓麻将。
腌荠烧豆瓣，大家豁（用筷子去夹的意思）一筷。
媳妇低攀，丫头高拨。
一家丫头吃两家茶，屁股打来烂番瓜。
吃了麦饭屁多，寻（娶）了媳妇气多。
秤勿离砣，媳妇不离婆。
鞋有样袜有样，媳妇学婆样。
廿年媳妇廿年婆，还有廿年太太婆。
身居农家，胸怀天下。

站在长江口,放眼五大洲。
手握铁搭柄,一样闹革命。
手握铁搭柄,心里冷冰冰。
眼望高烟囱,心里热烘烘。
一军二干三工人,宁死勿跟(嫁)种田人。
十二月廿八,呒得办法。
点灯不用油,耕田不用牛。
朝看南云涨,夜看北云推。
早撑勿要晒,夜撑勿要收。
东虹日头西虹雨。
日街风,夜街雨。
清明断雪,谷雨断霜。
挖泥笃豆,凿石头种麦。
处暑当里,裤子裆里。
彭祖活了八百,就怕拔棉花棋种麦。
勿是馋相,热马油酱。
正月半吃夺两头大,各人寻投路。
蟑螂对灶鸡,扫帚配畚箕。
冬生泥是金块,春生泥是欺块。
好人勿得宠,好二呒得哄。
白酒红人面,黄金动人心。
人生地勿熟,乌鸡当爷叔。
尺有所短,寸有所长。
钱勒手头,食勒口头。
露水棉花赚毛头,打桁木头大扫帚。
贪强买勒骨里酥,黄沙夜壶爆勒一被窝。
各做各法,各庙里菩萨。
等人勿来,望镬勿开。
大懒扯小懒,小懒盯白眼。

谚语 顺口溜

刀斩麦秠，扯蓬腌荠。
磨刀勿挡工，白落勿得轻松松。
懒娘子吜得线用，懒男人家吜得绳用。
皮勿破肉勿穿，白落获得见人缘。
积极分子，烂来脱皮个子。
叼着你的光，六月里个霜。
豆腐水做，阎罗王鬼做。
矮子矮颈骨，嘴也搭勿得。
落牙落齿巴，偷鱼偷酱瓜。
伊吃别人哈哈笑，别人吃伊双脚跳。
有么楼上楼，吜得楼下搬砖头。
自家争好勿算好，别人话好真个好。
急支（蜘蛛）咬急支，只做勿得知。
菠菜田里扯白旗，姐夫要睏小阿姨。
老老面皮，饱饱肚皮。
眼睛一眨，老母鸡变鸭。
亲生男女，近宅田地。
做样像样，牵夺麻绳像贼一样。
大人养小倌路能长，小倌养大人扁担长。
黄毛丫头十八变，一天到夜变三变。
眼泪失失落，两头笃勿落。
干枯涝涝，丈人家跑跑。
欺末欺欺屋里人，打末打打叫花子。
招呼打夺前头，少吃两个拳头。
小菜（菜肴）勒介（柜）里，生活勒手里。
要吃蟑螂灶鸡，拜拜山神土地。
六月里三个沉（雷响），白米吃来剩。
大鱼吃小鱼，小鱼吃虾米。
出门带条绳，凡事勿求人。

237

家鸡打夺绕宅转,野鸡打夺满天飞。
毛豆烧茶干,一块土上人。
低凳高台子,拉采就到嘴。
一个巴掌,两面光生。
歪船勿倒,漏船勿沉。
虱多勿叮,债多勿愁。
好货勿便宜,便宜呒好货。
大弄金丝糕,小弄麦面条。
宁愿死脱做官个爷,拗要死脱讨饭个娘。
种田勿着一熟,寻娘子勿着一世。
盖屋勿引檐(草盖屋顶,檐头加箆固定,割平稻草叫引檐),一拖二三年。
脉气平常,困到开年重阳。
棋高一着,服手服脚。
生意兴隆,前吃后空。
懒人有懒福,乌人住瓦屋。
宁挑千斤担,勿挑拗头担。
车脚一蹲,屋里脱顿。
瘦狗拉屎勿壮,穷人说话放勿当。
田里田乱话,到了屋里就勿话。
行得正、坐得正,哪怕脱(与)和尚合板凳。
八月田鸡叫,耕田犁头跳。
头莳棉花二莳豆,三莳种赤豆。
廿九三十齐月雨,初一初二勿好天。
上看初三,下看十六,干干湿湿半个月。
十三十四,潮来吃饭勿及。
朝梳头夜泡脚,等于吃补药。
死人做个触落(摆样子),活人吃个煞落。
有理走遍天下,无理寸步难行。

养仔三年蚀本猪,田地好来勿得知。
若要真,问小人。
要想人不知,除非己莫为。
嘴上没毛,办事勿牢。
又气又好笑,驼子死夺两头跷。
赤脚拜菩萨,心愿勿推板。
天德欲(月)德,勿做活得。
六月里藕,碰勿得有。
人情勿是债,尺六镬子背来卖。
拳棒精通,就怕乡下人乱捅。
稀稀落落,棵棵发绿。
小满,饱满。
一熟蚕豆一熟麦,种来头发苏芽雪雪白。
(山芋)穿夺处暑当里,等于裤子裆里。
有爷有娘一团花,呒爷呒娘烂冬瓜。
一家勿得知一家篱笆遮住好人家。
爷来三扁担,娘来六的持(棍子)。
将(鸟)叫做到几(鬼)叫,夜来还有一顿镬灶。
男人家勿嫁,踏板头上鞋子摆摆。
叫伊朝东、伊要朝西,叫伊端凳、伊要捐梯,叫伊吃咸瓜、伊要吃腌荠。
迷雾勿开有雨,话事(调解)勿开有几(鬼)。
大话小积功,勿话勿成功。
说说笑笑,通通豪窍。
丫头养丫头,有天呒日头。
羊落羊,三年落一场。
左手勿托右手,外甥勿托娘舅。
一丈勿通,万丈无功。
云乓里日头,后娘的拳头。

厚粥烂饭,吃了就当夜饭。
箫半年笛半天,挂花(叫花子)胡琴一歇息。
宁落银子,勿落面子。
寒露里开黄花,弄堂里剥棉花。
三酬卤,四复盐。
出出窝,满袋多。
棋子木墩头,输脱重起头。
雨量小到中,正好勿出工。
雨量中到大,一日睏到夜。
一人呒得二人主意,大人呒得小倌主意。
听见吃饭,生活一掼。
隔夜上苏州,第二天仍在灶口头。
老大多,撑翻船。
看人点菜,量体裁衣。
缠柄粪渣柴,得手牛皮糖。
冷来好穿衣,饿来好吃饭。
好事勿出门,坏事传千里。
吃了蛋炒饭,哪怕就讨饭。
摸着黄牛骱,一日叮到夜。
榛条自小育,三岁定八十。
五月里迷雾,航船勿问路。
吃饭防噎,走路防跌。
七合头升落八合头命,满夺升落要生病。
穷灶口,富水缸。
蜡烛勿点勿亮,道理不辩不明。
家生(生产、生活用具)新个好,娘子旧个好。
出门一里,勿及屋里。
说说笑笑,通通毫窍。
小来呒得叽喳,老来呒得收梢。

庙小妖风大,人少是非多。
筷头上出逆子,棒头上出孝子。
乖做乖,脱(帮)别人提草鞋。
宣统元年,勿出头年。
三岁定八十,到老育不直。
礼拜六(音:落),早放夜晚学(音:鹤)。
三十勿发,四十勿富,五十、六十走死路。
金窝银窝,勿及自家狗窝。
灶涂勿嫌柴烂,丫头勿嫌娘蠢。
烧火勿怕湿柴,蛮丫头勿怕恶爷。
玉米粞饭茄脚柄,越吃越得劲。
玉米粞饭烧经,自家屋里攀亲。
初三潮十八水(死),眨眨眼睛涌到嘴(子)。
丈母娘看女婿,越看越欢喜。
上碰凉棚柱,下碰鱼踏子。
观音菩萨勿贪财,香烛元宝哪里来。
六十六,烧火勿发落。
绞七廿三,裤子头当背祖。
长木匠短铁匠,勿长勿短泥水匠。
三七锄头廿八倒,绣花锄头像马跑。
灶头镬子里生(里边的那口锅)度(大),养老女婿老婆大。
十条裤子九条筋,勿知丈夫啥个心。
人是铁饭是钢,三天勿吃饿得慌。
出门勿利,勿及屋里。
麻袋里锈钉,自出本心。
进账好像下圆子,出账好像倒勺刺。
粮户下巴一埭(一开一合),穷人要跑一夏(夜)。
太太婆忙了一昼,孙媳妇跑来一透。

瓦(笃)脚姑娘拐(跛)脚嫂,各人张夺(争夸)自家好。
男做女工,越做越穷。
舌头底下打个滚,说话办事不蚀本。
招招天拍拍地,夜来宿夺(在)壁角里。
自家白是嫩,别人白是病。
闸鸭蛋炖酒,留留你阿舅。
乖做乖,脱(帮)别人提草鞋。
拚头笃搁,勿及冷饭掺粥。
床歪歪被凑凑,被短短脚赳赳(卷曲一点)。
菜花苍蝇汪汪响,纺纱织布呒心想。
放个"嗡动屁",吞煞你个(的)姊妹婿。
卵哄卵哄,两头脱空。
好人不得宠,好卵呒得哄。
一二三,乌鸡(龟)着背祖。
钻在娘革(这)头一条漕,钻在爷革头一团毛。
手里动动,嘴里哝哝(呦呦)。
朋友妻,不可欺。
一丈勿通,万丈无功。
干部干部,先走一步。
电灯电话、楼上楼下,老太婆笑来蹲上蹲下。
话出(议论)别人泻咱(聪明)煞,自家做采(出)歪斜煞。
既怕没到梢,又怕干翘翘。
早晨喝清汤,晚上铺孝堂。
稻草根对里床,明年抱个大郎。
一个半斤,一个八两,一个欺心,一个勿让。
爷有、娘有,勿比自有,老婆有,腰门(寝室门)口还要等一昼(好一会)。
勿到沙场,晓夜思量;到了沙场,冷气叹声。
第一夜谈谈家常,第二夜动动家生,第三夜乒乒乓乓。

串头绳顶倒提（不会勤俭办事的人的乖僻行为），伤（生）个子女勿争气，男人秃（全部）学剪冥衣，女人秃学吊鳗鲤（偷汉子）。

才高运勿通，拾着黄金变黄铜，寻个娘子雌毛雄，一天到夜肉胡蜂（夫妻吵架，拧肉疙瘩）。

歇后语集锦

掮钉耙上镇——倒街（到家）。
阎罗王开店——几（鬼）都不上门。
穿了铁布衫——纯坐不得。
穿了湿衣服——脱不下。
拉沟巴（癞蛤蟆）垫台脚——极胀。
坑棚头吹鼓手——臭（凑）闹猛。
手心里焐烧饼——托（秃）熟。
海滩头开店——外行。
猫儿吃百叶——脚踏手揿。
弯扁担打蛇——两头勿着实。
歪嘴吃鳗鲤——弯弯顺。
小倌头子胎记——天生。
关门捉哥老（奸夫）——呒逃呒走。
门口头化锭——引几（鬼）上门。
白露日子雨——到一处坏一处。
孙老二出戏法——做出来看。
掮仔石木臼做戏——吃力勿讨好。
老伯伯捉沟沿——抓边抓沿。
宋家亮话——爽爽叫。
老眉点（跳蚤）勿算——几十（虱）。

卷筛上面——麸皮。
饭镬上炖蛋——现捞。
螺蛳壳里做道场——弄勿出大事体。
暗底洞里绕小脚——瞎缠。
沈万三家当欠你啥黄挂花子铜钿——说出来就让人勿相信。
老鼠衔朴刀——寻死。
裤子头着袜——推板一段。
棺材里伸手——死要。
弄堂里拔木头——直直爽爽。
芝麻里黄豆——独大。
小儿（鬼）孵日头旺（晒太阳）——影也吪得。
麻子（脸）拍粉（涂脂抹粉）——蚀煞老本。
飞机上吊蟹——悬空八只脚。
大指头抓胖——随上随下。
石卵子滚豆腐——软硬勿均匀。
芋艿乌叶盛水——滴水不漏。
面孔夹夺脚裆里——没脸见人。
歪嘴吐馋唾——校（瞄）勿准。
哑巴吃苦瓜——有苦说不出。
瞎子吃蟛蜞——只只对。
瞎子舀油——勺里有数。
瞎子看屋里——望好。
一朴刀斩勿断——连襟（筋）。
年初一吃酒饭——头一朝。
强盗碰着贼爷爷——一路货色。
芋艿烧豆腐——浓奶奶。
泥螺爿（趴）夺脚背郎——愚脓笃脚。
浑泥浆里寻白萝卜——不改本色。

猪鼻孔里插葱——装象。
青眼汪怀（鹰）——勿认得人。
蚊子叮台脚——认错人。
蜻蜓吃尾巴——自吃自。
一滴水跌在油瓶里——没有出头之日。
老鱼死夺冰排上——冤枉。
鳗鲤死在汤罐里——勿值得。
床底下放风筝——飞勿高。
头爿阴府里杀脱——吭头几（鬼）。
矮子打娘子——预先准备。
骨贼甏（骨瓶）上戴扎头——鬼讨好。
造反派头头——司（输）令（定）。
寡妇嫁人——心勿定。
龙虾冲锋——退速跑。
马桶里火着——烧屁。
鬼道里（之间）打相打——病人晦气。
羊头钻在篱笆里——越投越紧。

方言土语注释

外貌特征

纠头壳拉——颈勃往里缩，肩胛耸着，一副不发相的样子。
粗白小寒——比喻长得白胖、圆嫩、饱满，跟豌豆一样。
贼脚烂皮——脚是瘸的，皮肤是烂的，走路又是一跛一拐的。
来里来呆——指不认识、不熟悉的人。
乌头癫脑——傻头傻脑的意思。
乌脱兮兮——不聪明的样子。

乌吃吼吼（虬）、乌气洞耷——笨头笨脑，一副笨拙的样子。

乌夹纽纽——傻而不开化。

乌气一面孔——傻的样子全部写在脸上。

愚三吼吼——愚笨的举动。

肚里有三条吼——愚吼吼、嘎吼吼、乌吼吼，意思是呆、傻、笨。

勒脱头——不好惹的人。

矮子肚里疙瘩多——矮个子的人智慧多。

灶头上跌下来——勿像人的样子，跟灶君菩萨一样。

关道城隍、画画野几（鬼）——比喻脸上肮脏，分不清鼻头、眼睛。

鼻头宠，吃别人心肝勿怕痛——以人取貌，鹰爪鼻，逗凶脸相。

腻聋鬈天——耳朵聋，听不见。

吃糙米怕响、树叶子落下来怕掉开头——形容胆小怕事者的情态。

泥田污郎——满身是泥，像海滩上跳着的泥鳅。常常用来比喻撒野的、弄了一身泥的孩子。

呒得头面——对于不负责任、干不好事情的人的点评语。

露水野猫——头发上、身上都湿。

镬底图叫伊娘舅——比喻面孔黑。

宿搁头乡下人——对乡下人的鄙视，意为闭目塞听、不见世面的土老百姓。

怪束驴——丑八怪，难看、不入眼。

咸酸落滴——比喻衣服又脏又腥。

十不贤（全）——长相不完整、不理想。

十样镜——泛指形象不佳，像哈哈镜里出现的人。

搞（绞）劣——长得奇怪，也指意见不一致、思想不接轨。

一搞（绞）一劣——说了就生气、不理人。

搞劣三万管、搞劣海波（螺）——此句常常是性格孤僻、孤傲、不理睬人、难相处者的代称。

笼肿碰着木个——麻木不仁的遇上稀里糊涂的。

就像疲坏老牛——就像疲惫不堪的牛。

乌虫相——勿聪明的长相。

乌虫腔——勿聪明的腔调。

乌虫宿话——勿聪明的人说的话。

乌腻嘎嘈嘈——勿太聪明。

乌腻搭癫煞——办事不干净，留有尾巴。

叉伍搭腻（二）——做事勿了清。

乌泥搞绞——做事不求质量，往往办砸。

乌眉塌眼——一塌糊涂的意思。

落第落俗——记性差、思维迟钝。

黑七八邋遢——不清洁。

面长面短奈样子——面孔长得怎么样。

卖牛肉面孔——板着脸的意思。

佘死黄鲢头——似痴似呆、反映不太灵敏的人。

虎勺老鹰——面孔一直板着。

连毛胡子——络腮胡子。

人　品

嗨——洋洋自得、踌躇满志。

拉嗨——当众夸耀自己、放大自己。

好子客——老实巴交的人，为人随和，不冲撞人、不得罪人。

好绵户——让人不忍以外行相待的老实人。

泰——有度量，姿态高，不斤斤计较。

俏性讲、慢性讲——慢慢吞吞、不着急。

茄三胡、哈尔夫、茄五拉牵——什么事都不放在心上，不认真去做。

打煞勿改地鳖蛇——一般指教而不改的浪子,言其本性难移。

弥祟全无、哈末堆祟、污弥塌勒眼睛上——不成样子、不成体统的意思。

麻皮勿落粪坑——吝啬、过分精明。

苍蝇跟卖炭——比喻喜欢跟乌黑的东西为伍。

卖相——产品出售时的形象。

人行头——称王称霸的人。

看精货朋友——喜欢讨便宜的人。

一对搭腊苏——臭味相投的两个人。

像肚皮子适意——只顾自己高兴,不管他人感受如何。

称心像意——要怎样就怎样。

铲刀柄一夹两断、桁料木头一夹两断——不聪明、实在不聪明的人。

花绿（儿）马屁——用虚假不实之词献媚讨好。

溜滑屁精——吹牛说大话而不脸红之流。

寻脓山——对于不改旧习气、坏脾气一类人的蔑称。

死箭毒、死触掐——暗箭伤人、设置陷阱捉弄人。

滑脚——不遵守诺言的人,在推卸逃避责任时借故开溜的行为。

另杠——与别人不同的意思,也有特别的意思。

另杠好——特别好。

另杠差样——特别差劲。

另杠客气——与众不同的客气。

胎生好——一生下来就这样好。

头顶里一拍 脚底下"汪——"响——聪明过人。

麻雀飞过看雌雄——比喻眼光尖锐,看问题入木三分。

勿放勒心浪——不记在心里。

下作几（鬼）——下作指猪被宰后的肚肠之类。指人下贱、没档次。

臭货香客人——指人或物品不太好却被看好，受青睐、有市场。

阴戳阳开——说话阴阳怪气。

缩刹鬼——指没胆量、不长进的人。

做哈卖样——装什么蒜。这是对挂羊头卖狗肉之类的不满用语。

糯米筋团——糯米粉做的糕点。常被比喻为性情温柔脾气好的人。

勿识头几（鬼）——不识时务、冒冒失失的人。

溻屎（尿床）话哈咱屎（撒尿）——自己也是这样的人，干吗说别人。

有病自得知——自己的病自己最清楚。

佘死（水）黄鲢头温瞰死人——指眨巴着眼睛却不爱说话、不善交际的人。

寿（纣）头、寿来麦粥也不吃——骂人语，指不识抬举的戆大。

猪头山——比喻像蠢猪一样的人

猪奴极甲乙——不聪明到极点。

败落婊子装正经——指死要面子活受罪。

一尺头天王——要怎样就怎样的硬头，不好惹的主。

三仓头肚皮——宽宏大量，高姿态，不计较闲言碎语。

青眼"汪活"（一种鸟）勿认得人——寡情孤义，不认三亲六戚。

勿成魅魅——连鬼魅都不如。

掮仔张謇吃白水——依仗着张謇的名义白吃白拿。

麻袋里锈钉，自出本心——极言自己正大，跟你说的话，全出于自己的本心。

强盗手里发软心——有时强盗也有慈悲心。

拨幽拨阳——原意是，灶膛里的柴草潮湿，不易着火，着火了也形不成火势。形容说话办事优柔寡断、不干脆。

幼扭拨兮、死仰活气——说话吞吞吐吐不干脆，办事拖拖拉拉不像样。

韧之妈欠——当断不能断。

几束采——鬼生出来的人。

生剎个性，钉剎个秤——性格定形后不容易改。

头爿皮勿来去、头爿皮推额勿动——此为死人症状，骂人用语，是对干了坏事的人的诅咒。

束雀头爿皮——气极之下的骂人语，说对方生来就是头皮歪、心术不正的人。

冲结麻袋——本意是麻袋里装得结实，比喻肚子里不灵通的人。

海蜇缺脚——骂人语，像没有脚的海蜇，意谓不算人。

来龙发脉——能在公众场合应对自如，把各种复杂的事情办得妥妥帖帖，对事物体现出条分缕析的能力和交际、应酬能力。

生姜老的辣——比喻年纪大的人见多识广，老练、老到。

十条裤子九条筋，勿晓得丈夫哈个心——时间很长了，妻子还不知道丈夫的真实意图。

三好搭好，三坏搭坏——比喻环境影响人。

软脚黄狼——比喻没有骨气。

呒吃头——指质量差的食品，味同嚼蜡。比喻人品极差，不值得交往。

乒乓十三点——指能干的人，也指说话清脆、很有条理。

记记得得——带有贬义，指心胸狭窄的人常把人家的小过失记在心上、耿耿于怀。

麻将（雀）老的乖——比喻见世面的老人很乖巧。

乌小蟹——勿聪明的孩子，有时对自己孩子的谦称，有时也对他人的嗔怪。

上等之人勿管成人，中等之人管管成人，下等之人管煞勿成人。

戳天芦桩头、地勃楞——前者意为碰不得的人，后者意为称霸一方的人。

死人手里挣饭团——吝啬鬼。

黄二麻子钱戳黑——人品差，喜欢赖账、揩油的人。

不堪——不愿意与他人交往、为他人效劳，难通融。

老几（鬼）三——不可轻视、小看的人。

有碗饭烧烧——比喻某人很有发展前途。

羹饭几（鬼）——专门去举办祭祀仪式的人家蹭饭的人。

呒交易——指无诚信、不值得与之交往的人，有时也指没有油水。

茅柴头性港（格）——暴躁性子。

呒缠头——与之交往没意思。

呒吃头——本指食品不可口，借喻此人不地道，不值得与之相处。

呒搭讪——不值得与之交谈。

软脚蟹——在紧要关头不敢作证、不敢挺身而出。

"杉木烧箕——真饭桶"——烧箕是盛饭用的，杉木做的烧箕，就是饭桶，然而直接骂人"饭桶"太直白，转个弯谓"杉木烧箕"，婉转多了。

"杉木扁担——蛇（宁）断勿弯"——指具有一种宁折不断的性格。

脱攀——说了不做、不重信用的人。

豁脱货——指没有用场的人。

无头篮攀——做事不负责任、有始无终，难以让人信任。

脱头篮攀——讲话、叙述不连贯。
勿上进——不进步。
横有解谷——没有理由却总能找出理由解释。
捞说话——抓住人家把柄数落。
忒冒——太冒失。
猫叔——轻信骗人的话，被人忽悠。
办猫叔——用骗人的话忽悠人。
灵光——指这个人行。
勿灵光——指这个人不行。
捉毛怪——脾气古怪。
看精货朋友——无利不出手的人。
触笔头讼师——本意指写状纸的人，泛指暗里地出坏主意的人。
坏门搭——不是好人的人。
犟头——倔强的人。
瘟毒性——话不多，但是一旦发起脾气来，很有个性特点。
臭货香客人——很吃得开的人。
火到猪头烂——犯案的人先是不招认，一定要在证据面前或者吃了苦头才肯招认。

行为、行动
唱洋声——事情尚未行动，预先放出话来，制造舆论的意思。
恋干净——彻底解决掉。
绞干净——彻底挤掉水分。
脱皮拉骨——干活办事不尽心、拆洋烂污。
拦鸡上棚关日头——太阳还在天上，将鸡赶进棚子，人也安息了。

忽策——盲目、莽撞。

磕头搏跌——一味地奔跑、跌跌撞撞的样子。

扭结裹结——指难解难分的意思。

细剥乱抛皮——形容过分仔细。

盯眼毒——眼红，目不转睛地盯着。

塌宠——泻面子、丢脸。

勿施勿护——只做不得知。

横绰——干活粗糙、不讲究质量。

出宠胡、摊宠胡——因不按规矩出牌而摊牌，其实不该摊。

和尚麦斋颠倒做——办事反其道而行之。

极章程八部——竭尽全力。

唤趣——知趣、自重，不请不至。

洋吼嘲嘲——跟谁都会开玩笑，没个正经的。

钝（邓）——指刀口不锋利，也指讲话时倒着意思应允对方。

板介——没有通融、商量的余地。

木佛冲天——呆坐在那里跟木头做的菩萨一样。

进去下圆子，出来倒勺刺——金钱方面只管进、不愿出，让他付出，像生了刺似的拉住。是对吝啬鬼画像的专用词汇。

扫劈——力量大，能独当一面，杀得开血路。

疥门相——信心不足、止步不前。

打回望——打退堂鼓的意思。

捉毛怪——脾气古怪。

轧一轧——挤一挤的意思。

经绳套勒筒管上——搞错了对象，即牛头不对马嘴。

弄差榫头——领会错了精神。

前门勿对后户——不接轨、对不上号的意思。

瞎眼猫腻有瞎眼老鼠——瞎眼猫儿碰上死老鼠，指运气好、机遇好。

鳗鲤黄鳝一棍锹——好坏一个样，比喻是非不分。

吭得眼睛乌子（珠）、眼乌子朝后长——有眼无珠、看错人，眼睛长的、看的不是地方。

脱头落攀——说话漏了很多要紧的，挂一漏万的意思。

脱头暴眼——眼睛都凸起来。

前脚后攀——说话前后勿照应，颠三倒四，没有逻辑顺序。

小芭蕉扇啊扇——拍马屁的神态。

马屁勿天亮——形容吃马屁、拍马屁无止境。

马屁拍勒马脚踝浪上——马屁拍的不是地方，不得要害。

落黑宠——没有思想准备、不在意被得手。

各滴笃——落水、滚进洞的拟声词。

心啊握出来、剖开心来话——对知心人说话时的用语。

捎开尾巴看雌雄——内情全部让人看见。形容暴露无遗、处境难堪。

一手交一手——在谁的手里借，还到谁的手里。

雌蟛蜞仍然趴在雌蟛蜞洞里——原来在哪里，还是在哪里。形容办事呆板，没有灵活性。

闹浑水——制造矛盾。

引嗲——满足对方的一次要求后，对方经常提出过分要求。

作嗲——撒娇、故作姿态。

嗲绕绕——女人撒娇时软绵绵的语气、忸怩作态的样子。

偷哥老——指女人的作风问题，即偷汉子。

跑夜路——男人嫖女人。

嚼舌头根——开口闭口搬弄是非。

咬舌——咒人的话，人死前想吃东西，吃完就死。另一说法，以前有的人在死前将自己的舌头咬碎。

油瓶跌倒勿搀——比喻懒极了。

听得话头——无可挑剔。

趁口乱摊——不加思考就发言。

起课人说话——占卦等迷信职业者之类的人说的话，意思是不正派的话。

拆烂污——干活马虎、粗枝大叶。

话到吃饭生活一掼——听到吃饭就放下手中的活。

认脱——不加思考地承认别人的话说得对。

吮大卵——脏话，指专挑有地位的人恭维、附和。

侃大胖——依靠在势力大的一边。

横南石角——勿分东南西北的走。

横乓竖欠——勿讲道理。

扒藤气——连锁闹矛盾。

台底下拼八字——踢脚送暗号。

摸差门途——找错了地方。

偃歇摸息——悄悄地蚕食。

偃光——被算计光。

硬偃光——硬是被算计光。

干奶膨——第三者在旁边看不下去，出面发泄。

死仰活气——说话病恹恹的样子。

听（挺）盘听算——任凭宰割。

送夜几（鬼）——指干活马虎潦草、应付了事。

佬七佬八——自以为是，老资格。

不管不麩皮策宠——牛皮吹个没完。

丫头大似娘——生活中常用的比喻语。商品原价五元，但修理时的费用超过五元，于是会说："唷，丫头大似娘！饶头大似正本。"

工钿十五，饭钿十六——饭钱超过了工钱。

斫柴买价——斫柴的工钱与买柴的价钱相等。

饶头大似正本——不划算的意思。

找找饶头——时间不长、花工不大、略一捎带便可完成。

脱之笼宠——勿用心思，导致成事不足、败事有余。

百（掰）蟹脚——被分去一点残羹的意思。

飒狼（浪）飒四（水）——对别人爱理不理、想甩掉对方的意思。

看人头戴帽子——又道"见大磕磕拜，见小扼来卖"，势利相，见什么人，说什么话。

几个勃落花——玩了几下手腕。

脱虚麻花——没有事实依据的乱说。

脱虚约绰——胸中没数却又说得有鼻子有眼睛的神态。

脱空矮（铁）锹——没有瞅准就出手。

豪稍点——催人语，意思是说"快一点"。

盯眼毒——眼红某件东西，因而将目光锁定在那件东西身上。

起根挖烂丝——连根拔光，斩草除根，彻底解决。

亲呼拉呼——对物品一副囫囵吞枣、难以自已的情态。

擒头挂面——贴面厮磨。

做面落子——板着脸不搭理人，一副冷若冰霜的样子。

拟合拟合——交头接耳、低声说话，一般指喜欢议论他人又怕别人听去的那种人。

大出大趟——苟且之事不忌讳，敢在大庭广众、公开场合亮相。

腊（猎）着黄牛就是马——不管三七二十一，拿着就用。

有牛牛耕田，呒牛狗耕田——没有合适的对象，拉一个代替也好。

趁势拉介——别人说怎样就怎样，自己不拿主意，一味地随大流，就是面对不良现象也熟视无睹。

橡皮车舵——趁滚、圆滑，到哪里是哪里。

趁滚六十三——自己无主见，听凭别人安排。

扁塌塌滑纽纽、油条兮兮——遇事态度暧昧，塌肩胛，爱推卸责任，厚着脸皮说出一大堆理由。

三条泯沟四条港——本意指一个人说话的声音很响，传过多条沟河、港口，引申为"事情张扬出去，许多人都知道"。

喉咙吼来像豇豆藤，馋唾嚼来像肉面筋——前半句指讲话声嘶力竭的神态，后半句体现了劝解时苦口婆心的形象。

乌乱猫腻——没规矩、没道理的混乱状态。

乌咪塌睛——一塌糊涂，不成体统。

胡蛮搭缠——不讲理又不罢休。

轻骨头、骨头勿满四两重——形容一个人的轻浮、不稳重。

调消吭消——调情、性骚扰的意思。

吭诚吭足——一般指人不分场合、不看对象，在孩子或他人在场的情况下表现出来的那种轻浮举止。

吭着吭六、吭得生幼长辈、吭头脑——幼辈对长辈不尊，言语不敬，也是没教养的意思。

吭头吭屁股——没头没脑、一团糟的样子。

舞拉死作——孩子撒泼、蛮缠的顽皮态。

惹挠骚——招惹、挑逗的意思。

魂灵勿勒身厢里——注意力不集中，犹如魂灵出窍。

握空吃麦粥——没有丝毫依据就夸下海口说能做得成某事。

生计稿——想出对付别人的办法。

霉头束到秦安市——倒霉透了的意思。

拼性偿命——不顾死活、把命也搭上地去做。

唤头——指招引、引诱猎物就范的东西。

害搭背——被牵连进去。

落下巴壳子——诅咒他人下巴脱开。

落下巴说话（言语）——骂人语，比喻像死人在说话。

下巴壳子跑邻舍——比喻死人，因为骨瓶里的下巴与头部分开，故喻之。

死了八百年——诅咒语，比喻早死了。

买伊宠货——花钱买了次品货。上当受骗的意思。

买伊寄货——花了比别人多的钱，买到了跟别人一样的东西。

买伊剩货——买他多余的东西。

买伊落脚酿——买了人家挑拣以后剩余的东西。

泻咱（聪明）面孔污肝肠、绣花枕头稻柴心——金玉其外、败絮其中的意思。

趁脚跷——自己好像不做主，跑到哪里是哪里。比喻无目的地走路。

抢我行市——指做生意抢占地盘。比喻夺我优势。

喊四邻救命——大声呼救。

鼻涕眼泪一簇生——"哭"容可掬的样子。

落夹烧猪郎——牵着的公猪。比喻着装不整洁的人。

喊慢牛——事情拖拖拉拉不及时完成。

慢他身——行动迟钝。

步步积积——处心积虑。

妮嘻嘻妈哈哈——不严肃的样子。

勿嘈睬——不理睬。

曹睬也勿曹睬——连理睬都懒得理睬。

气花大咽——喘粗气。

聋撼撼——听觉不灵敏。

数帐子眼、数椽子——前者意为躺在床上，帐子眼数得清；后者指死人搁在门板上，两眼数椽子。前者喻病人，后者指死人。

调路头——寻开心。

腾塌冲——坐而落空,跌了一跤。

四丫八只脚——仰面跌在那里。

四丫仰跷——跌在那里四肢朝天。

四挺着实——猝不及防、毫无支撑、重重地摔了一跤。双手双脚叉开在那。

百(掰)肢拉脚——手脚叉开,仰天躺着。言其极不雅观的姿态。

看死纠头毛——见死不救的意思。

脉面一捕——只做表面文章。

朝采一脱手——撒手不管。

煞之握命——拼命。

薄儿风——跟风的意思。

"叉五搭二——搭二搭三"——多指两性关系方面,跟这个人好了,又跟那个人好。也有手脚不干净的含意。

脚跟头扫扫清爽——洁身自好、廉洁自律之意。也用于劝解别人先把自己的事情弄清爽,再去管他人。

夹头夹脑——一是指打人时不分头部的什么地方,二是指头脑不太聪明的意思。

猛头猛脑——劈头盖脸的意思。

夹五夹六——闷着头大口大口地吃饭吃菜,吃了这还吃那。

吓鸡——赌博用语,指底牌不行,却以气势吓对方。

赚牌头上——紧要当口。

识毛勿识胆——对事物的本质吃不透。

跟脚连肚肠——大人走到哪里,做小孩的跟到哪里。

黏后脚——紧接着。

刹脚跟、刹屁股——紧紧地跟在后边。

哈啦奇怪——不值得一提的事,偏偏大惊小怪地满世界嚷嚷。

轧在十八只米船里——挤在人群里。常指钻进利益圈内沾光。

轧夺头爿皮里——挤赶在人群前列。

千千叫、笃笃粘粘——慢慢来,不慌不忙。

拖鞋踢搭——行止不庄重。

发神发气——发态度、吹胡子瞪眼。

几国态——鬼头鬼脑。

跑快追着,跑慢等着——快慢结果一个样。指再快也枉然。

你到桥头,我到弯头,转过来还在你前头——自我安慰语,意思是:快慢差不多,如果掉头走,会在你前面呢。

落黑宠——趁其不备的时候下手。

脱气放网——骂人语,咽气、休克碰到一块的意思。

脱气放网一道来——一个刚咽气,另一个又处于弥留状态,一桩事情接着一桩事情,大有祸不单行的意思。

急煞人性命——形容事情刻不容缓。

尺(赤)骨见尸——光着上身。

想夺阿姨,老婆跑脱——劝人语,意思是不能有非分之想,不然,老婆都离去了。

黑心人勿发崛——贪心的人不会发迹,没有好结果。

发脚就跑——拔腿快跑。

偷偷月变——一个人暗暗地做事。

白弄透三分——比不干还糟。

勤勤起,鱼晦气——勤起网,多逮鱼。

十网九网空,一网老包工——虽然空网占多数,但只要一网鱼也够本了。

煞煞力力——格外用劲。

一把快——一个人负责到底。

搭搭谈，鼻子管要发蓝——一旦搭理了他，自己跟着倒霉。

骚羊当乳羊卖——贵重的东西低价卖掉

脚底对你——不向着你，与你拜拜。

借沟放水——指桑骂槐的意思。

嵌眼珠——把骂人的、讥讽的话夹带在正常话句里。

冷"改改"——不热情，敷衍过去。

乱拱吃麦粥——东荡西游、不干正事。

叠二叠三——重叠、一遍又一遍。

东字西出头——一事未成，又去干另一件事。

无事三千里——没事到处乱跑。

眼睛骨里——眼内所看到的。

几（鬼）束萝卜丝——暗里地商量着见不得人的事。

七歪五八缠——扭曲原来的意思。

你靠眼睛尖，我靠手里搬——这是一句行话。看魔术的观众睁大眼睛想看出其中的破绽，表演魔术的人则凭借娴熟的技巧，表演得天衣无缝。

言道里（父子间）打铁呒铙仰（让）——指有些事互相不能谦让、替代。

对拔对送——就你我两个人。

迷雾勿开有雨，话事（化解矛盾）勿开有几（鬼）——矛盾复杂、调解受阻，必然是有人从中作梗。

测测骨子——深入解剖、细细琢磨。

小菜吃鲜头，说话听音头——意思是要善于品味，弄清深层次的意思。

隔夜饭呕出来——形容反感，听到了不爱听的话，心里作呕。

黄豆心滚滚动——心猿意马，下不了决心。

犟头犟脑——不听劝诫,固执、违拗。

死人肚里气、乌鸡(乌龟)卵里气——常常用在生气的时候,受了不应该受的气,于是拿这句话回敬对方以发泄自己的不满。

一拔戗——直接、一次性处理。

来一戗——来一次。

戗棚——意见相左又各不相让

偷戗——食物或热气进入气管后的咳嗽。

馋唾偷戗——馋唾进入气管引起的咳嗽。

蟹螯韧脱——像蟹那样折磨得掉下蟹脚,实在忍不下去的意思。

欠耸欠耸、甩耸甩耸——轻松行走的样子。

卸肩胛——推卸责任。

直叉前——不懂规矩的人,在别人讲话的时候乱插话,影响人家谈话。

抢三十——两层意思,一是游戏名,两个人谁先讲到"30"这个数字;二是说话的速度快。

寒渡、寒吃卜赌——生活拮据,将就、撑持着,勉强过得去。

老百诚——摆老资格,嘴里说个不停,自以为什么都懂。

勿煞勿痒——不解渴、不过瘾、不煞念。

三环四码头、八港里掏脚——见多识广、不能以外行待之的人。

乖龙虎跳——原指小孩生龙活虎,也指老人身板硬朗。

跳丈八尺——激怒后的狂态,口骂脚跳,声嘶力竭的样子。

怨张三赖李四——应该自己承担的责任,全部推到别人身上。

兑差胖肚子——认错了人、找错了对象,也有活见鬼的含意。这是在一定的语言环境下出现的,比如对方不认账,自己又没有其他办法,在给自己找台阶下的时候就会说这样的话。

捉勿着起勿见——没有任何证据,也无法取得任何证据。

数目啊勿捉、勿捉数目——都有自不量力、干力不从心、不能胜任的事。

蛮打十八榔头——不按照科学规律办事。

揪在软裆里——抓住了把柄。

做手货——假冒伪劣产品改头换面,以次充好。

崇明人卜儿风——跟大帮的从众现象。

人来疯,人去肉胡蜂——对于客人来了撒疯的小孩,客人离去后得教训一下,拧他一个肉疙瘩。肉胡蜂,在肉多的部位拧一下,其速度应该是跟蜂蜇的一样快。

隔夜火钵头——事情已经过去了,还要暗里地去煽风点火。

挑松麦秸——比喻矛盾行将解决了,还去说上几句不该说的话,致使双方矛盾又激化,就像着火的麦秸被挑动后火势更旺一样。

穿人斗火——搬弄是非、挑拨离间。

笃脚姑娘拐脚嫂,各人都争自家好——避自己的丑,夸自己的好。

泥补泥补,开年再补——卫生条件差,用干泥涂伤口。

乌女婿被看穿——真相掩不住,傻乎乎的面目终于被看出来。

丈母娘看女婿,越看越欢喜——岳母初次看见女婿时的神态。

奸赌滑嫖——品质极差的意思,言赌品奸诈,嫖性狡猾,嫖了不付钱。

候仔一春三寒、等勒一春三寒——等候了好长时间,今天机会到啦。

勿走光明大道，要走私乓小路——比喻一些人舍好求次、舍近求远。

寻雀巴——找茬子，故意挑毛病。

撸顺水毛——本意是顺着毛倒伏的方向撸，引申为依着对方，顺着对方的意思。它的反义词是：倒着撸、反手撸，比喻违背对方的意志。

盖招——否定我的意见，肯定你的意见。

撑顺水篙子——不提反对意见，而是顺着别人的心思、愿望、情绪行事。

焊吃饭、焊饭吃——将就着混口饭吃。

偷吃素饭、轧吃素饭——不送人情，混在中间吃素饭，比喻混饭吃。

捉着贼呒得棒打——比喻捕到了猎物，没有办法消化、享受。

轧过年——人家欢天喜地过年，自己毫无建树，虚度光阴也算一年过去了。

轧大帮——大家怎么干，自己就跟着那样干。

八钯钉转爪——指说话办事精明，不留下任何松动的迹象。

麻皮勿落粪坑、撒尿用泵筛——极言精明人的精明之举。

七扒二，八扒三——这是精明鬼的生动写照，也是对自身利益的斤两必争。

毫厘丝骨都算出来、壁脚眼里勿放过——极言计算单位之微，不放过蝇头小利。

抛堆头、大约摸酌——凭目测或根据经验大体估算数量。

毛估估、毛毛地——大约、大概、粗略估计。如：这堆东西毛毛地有三四斤重、从这里到那里毛毛地有二三里路。

三七锄头廿八倒,走花锄头当马跑——田间锄草粗枝大叶、敷衍了事。

推死人过界——推脱、推卸、推诿、逃避责任的意思。也就是说,人死在谁的地界上,谁就有牵连,而将之推到别人的地界上,自己就没有责任。

脱脱仰仰、脱零拉落——不尽职,出勤不出力、三天打鱼两天晒网的意思。

马桶乓里捞一把——到处都想占便宜,什么好处都想捞。

克柴救火,穿人斗火——发生火灾,不是灭火,而是送柴助火,有挑拨离间、扩大矛盾、火上浇油的意思。

铺他三声——吃可口饭菜时的具体情状。

拾着鸡毛当令箭——人家随便说一声,就当作圣旨去办。

肩夺车(差)陀跑——全都是我的错,比喻错透了,错到了底。

朝凉棚柱点头——见人就点头哈腰。

侪箍提桶,勿箍脚盆——前句是"罪过"的谦辞,也是谐音,意思是专门箍提水的桶,不箍脚盆什么的。照理说,箍桶的人,不管是桶还是盆,应该都箍的,然而这里说的是不箍,上下句连起来理解,是一本诚心、绝无三心二意的意思。

揭删——长短、多少、均匀地安置。

长个喇叭,短个唢呐——短话不愿短说,絮絮叨叨,说话老是没个完的时候。

勿着勿落——指说话办事不脚踏实地。

抢脚踏手——动作迅速麻利地抢着干活。

腾腾叫——身体健康力气大,走路有呼风,脚下有震感。

勿瞒天地、握出心来——丹心可对天,一片至诚。

反拍一榔头——倒打一耙。

落铜钿——乘经手办事之机,贪污交办人的钱。

揩油——暗中捞钱的意思。

塞狗洞——暗里地将钱送给相好的。

缠冇头——打岔，故意将对方的话题岔到别的意思上去。

吃着老调头——全身发抖，患了疟疾的俗称。

大张小吁——大张旗鼓地宣传。

龙头龙尾巴——一是指小孩玩的游戏；二是形容队伍的长，头接着尾。

索落爽当——说话干脆、办事利索。

对穿石过——直线距离、快速击中穿透。

介介厌趣相——散散心，解解闷。

脚板头踢豁、门槛踏塌——极言跑的次数多、频率高。

踏脚背水里入没头顶、油头忽天——当面说谎的意思。

哭足乌拉——哭得不能自已。

插虚乱讲——天花乱坠说谎话。

吃夺粑粑省夺饼——吃了副食品，省了主食。

老吃芭蕉扇，吃惯用惯、小苏芽当鞋挽——经常吃，在吃的问题上已经成了老师傅。

欺一边护一边——调解矛盾有倾向性，指不公正、不公平。

吃勒白相勿吐懒——吃喝玩乐不会落后。

荡晃白相、摇晃白相——无所事事，东荡西游。

张大帝吃冻——常指吃喝的时候拉了一台一凳的现象，曰："就像张大帝吃冻。"

老做老，吃把草——老牛虽然老，还在吃草，比喻人虽老，尚有生命力、战斗力，还算可以。

买茄子仗只老——倚老卖老、摆老资格。

拣鲜捉样——十分挑剔的意思。

雌猫勿发雄猫发——比喻为因果倒置，事情轮不到你发端，你倒先这样了。

眼睛白付付——翻着白眼，一副事不关己、爱理不理的样子。

眼攀嘴尖、拗头百犟——对人瞪着眼，不好好回答，说着出口伤人的话，总是违背、顶嘴。

无倪（端倪之倪）乱造——没影子的事儿编得确有其事似的。

猪爹爹狗奶奶——反复无常，说话不算话，当断不断、做事不干脆。

瞎三话四——说谎话。

乱台面——引起场面骚动。

陛在石柱上——有靠山的意思。

一脚踢在偷瓜畜（刺胃）上——踢人反伤自己，未达目的反受害，有点儿搬起石头砸自己的脚的意思。

一脚踢在骨贼氅上——骂人语，脚踢出去毫无反应，比喻自讨没趣。

泥拖抹拖——衣衫脏而长。

当脱裤子捞系腰——亏本、赔本的买卖也要做的意思。

撒尿震断帽攀带——不该用劲的地方，劲得用得过了头。

撒尿撒在脚背上——没有力度、没有用场。

一推刨推到头——本意是木料的平直、光滑，比喻小伙子生得很帅，头脑灵活，没有什么可挑剔的。

逮逮伊——假意应承、称赞对方。

藤藤伊——不愿意、不同意、不愿做、不想称赞的事用愿意、同意和做得好、赞许的口气表述，让对方空欢喜。

有病自得知——自己的毛病（缺点）自己知道。

天有眼睛生，人勿看见天看见——做了亏心事，苍天会监视着你。比喻法网恢恢、疏而不漏。

活人勿看见，死人看见——做坏事，老祖宗看得一清二楚。

贼偷贼，打到月拔直——坏人之间倾轧、算计，短期内不容易分出是非。

吃说话当讲闲辰——经常受到批评、指责，已经不以为意。

小瓜薄皮歼——慢慢积累，渐渐成功，不急于求成，有集腋成裘、聚沙成塔的意思。

嫖副——开玩笑、寻开心的料。

捣糨糊——办事糊涂，尽干些不着边际、不上档次的事情。

做几（鬼）怪——作祟、作梗的意思。

趁塌败趁塌休——不用任何举措，任其自生自灭。

生活勿像，试试饭量——干活不太行，吃饭还可以。

话夺高兴趴东海，话夺勿像洋沟跨勿过——形容做事讲心情，在于思想工作是否得当、有没有对症下药做对、做通。

喜见人——和睦相处、容易接近。

勿喜见人——不容易相处的人。

屄爿拦——骂小女孩的话。

用情勿起手，起手勿用情——要么勿给予制裁，一旦裁的话，绝不手软。

有笃乐娱戏——不着急，慢吞吞的样子。

卵毛风——没来由地责怪、指责。

你勒芽，打来屄也歪——对作嗲女人的警告。

手脱锣（撸）——无意间，手里的东西掉下去。

老台老面——经过风雨、见过世面、不怕羞。

两只脚钻夺一只裤子脚里——忙得乱了套。

木木付付——反应不太灵敏。

几道里（鬼之间）打相打病人晦气——比喻双方相打，害了第三者。

打蛇勿刹反受害——指出斩草不除根的后遗症，打蛇要打七寸，置其于死地方才罢休。

庠忕分分——嬉皮笑脸不认真的样子。

响钉响脱——盖棺定论，表示事情已经有了结论。

水放下沟——事情已经基本定局，难以改变，与"泼出去的水难以收回"一个意思。

做触落——装装样子，做表面文章，哄骗的意思。

勿直撸进——接二连三、手忙脚乱的意思。

走死枪戳勿住——比喻人的乖巧、老到、圆滑、世故，不轻易上当。

踏后影——瞅准他人离家，就闯进他家作案。

脱勺乱话——无知妄说。

谢谢一百夜——表示庆幸的口气。

眼鲜搏搏——毫无睡意的意思。

含哈干瘪奶——没有奶水就不要含了，比喻为：干不好、不想干，你就赶快走人，别占着茅坑不拉屎。

羊嘴里吭草——空嚼。

提提痧筋——本意为提神、强身健体而在有关身体部位扭捏，也用来比喻叮嘱、提醒，使人少犯错误。

狗心痛——呻吟个不停的样子。

落魂落啥——寻寻觅觅、魂不守舍的样子。

丫枝八只脚——四处延伸开。

东台勿管西台事——不在管辖范围内的事不要瞎管。

鱼跟潮水，人跟形势——人生哲理，人的思想应该随着社会的发展而发展，随着形势的变化而变化。

寻头凑脑——寻衅闹事。

勿图生死——勿考虑后果，不自量力办事。

死之活之——动作粗鲁，不考虑人家的疼痛。

扯叫勿灵——有两层意思：一是指抗药性，药用上去无效；二是指挥失灵，无人响应。

勿叫回头——勿叫饶，有时也指很能干。

草屋上装步鸡——步鸡本是瓦屋顶上的装饰物，言其装面子不是地方、枉此一举。

鹅头装在鸭颈上——张冠李戴的意思。

卵硬当"虚嗨"——不懂事，视无事为有事、小事为大事，错把一般情况当作严重的情况对待。

老慢拖——动作迟钝，总在最后边。

心慌吃勿得热粥——在紧张的状态下，要让心情平稳下来，这样才好做事。

急火饭——用猛火在短时间内煮熟的饭，这类饭容易夹生。

手罗拳——因受冷而致使双手不能握起来。

霍壁几（鬼）——紧贴在墙上，一般指挂在墙上的遗像。

乌春教百哥——不聪明的人教聪明的人，聪明的人也会变愚蠢。

戏法人人会变，巧妙各个勿同——意思是各有各的门道、套路。

随手吐——随手放，物件堆放乱糟糟。

黑手碰黑手——内行对内行，高手对高手，谁都别想欺诈。

勿经掉手——经不住几个回合就败退。

知啊（也）勿得——一点也没有感觉到。

炭（脱）头赤脚——帽子、鞋子都脱掉。

弄汤弄水——一会儿要喝汤，一会儿要喝水，其实不是喝，而是嬉戏。

捉鸡骂狗——不能骂人，只好假装追赶鸡和狗并叫骂着。

一手纱线——事情办得无可挑剔。

听壁脚——闹新房时，于洞房外偷听新郎新娘的动静，泛指偷听别人家的秘密。

拆壁脚——背后揭人的短处、说人的坏话，抑或暴露人家不该暴露的隐私、机密事。

看人挑担勿吃力——没有亲身体验过，无法体会别人的辛劳。

江北驴子学马叫——学不像。

讲讲别样辰——说说别的话。

惹吃来——本无非分之想，经不住诱惑，生起吃的念头。

要吃来——很想吃。

贪啨来——很有食欲，吃了还想吃。

呒心唠叨——唠叨指小孩学话，也指兴致所至时的聊天。

叽呱三叫——提高嗓音、不止一次地喊话。

惹空档、惹落档、惹漏档——专门挑拣有机可乘的时候出手。

掐漏爆——瞅准意外节点。

夹壁整——通过整他而间接地达到整你的目的，这是一种手法、策略，也是敲山震虎的计谋。

板车（差）头——找人岔子、错处，然后整一下。

捉猪捉狗——犟脚犟手、动作笨拙、不利索。

吃讲香茗——会吃、会讲、会玩乐的人，一边吃喝一边品评。

亲爷娘皇天——"爹啊娘啊"呼天唤地地哭。

扫劈——动作利索，办事奏效快。

看着（下）棋烂脱扁担头——比喻贪玩时间长。

三个人六样话——七嘴八舌、众说纷纭的意思。

吃豆腐——趁机占妇女便宜。

着边着际——置放物件从一边开始，也比喻：人要知趣，不要站在显眼的地方，而在适当的位置站着或坐着。

看眼、眼锋、眼锋识势、边头识势——指识别、应对事物的能力和为人处世的灵敏度,也是根据现场情况审时度势的意思。

眼关六着——眼观六路、耳听八方的意思。

翻腻毛——对处理了的事不满,要求重新处理。

新年挖洞宫,陈年挖臭屁——喜欢旧事重提。

盖(站)风施力——站立的能力。

嘴话心勿同,怪怪(骗)毛泽东——口是心非。

太太婆做勒一昼,孙媳妇跑来一透——比喻自己耗费了很多精力做成的事,被他们来搅和了一下,就全都泡汤了。

唷搜摸壁氅——在所有可以盛放东西的器具里翻个遍。

捞(唠)来吭得,坑底捞(唠)穿——懂得不多,装出懂得很多的样子,令人讨厌。

钻壁打洞——喜欢钻营的意思。

马桶豁梢趁水转——比喻没主见、无立场,以他人的意志为转移。

垫脚肚——接替前者的位置或者代行前者的职责。

窝屎(尿)田(潭)——做了替死鬼的意思。

吃夺开心,着(拉、泻)夺伤心——乱吃导致腹泻。

捐翻(幡)——本意指办丧事人家做道场时儿子手里举着的长纸条旗,日常生活中专指在人群里有意制造拥挤的人。

一出扫——不怕面痛,连珠炮般的快言快语,近似炮轰的意思。

僵索索——行动迟缓、手脚勿灵活,有病的样子。

上末捉勿着,下末矮凳脚——天上飞的、地上跑的,什么都吃。

趴泥踏烂——冒雨行走。

笃白鸽——栽赃陷害。

吃了迭羹饭——说话一遍又一遍。

嘈三、曹家老太婆——说了又说，令人厌烦。
口碎——唠叨个没完。
有么楼上楼，呒得楼下搬砖头——孤注一掷的意思。
武横乱道——形容做事不讲规矩、胡乱办事。
偃息寞息——贬语词，暗里地蚕食。
后步起劲——起步慢、后劲足，办事节奏快。
弄风——寻开心。
处处活伊——做事有条有理、负责到底。
记记打勒鼓当中——做事认真，抓住要领不离谱。
去货灵——断气的代名词。
癫八金扑命——拼了性命、拼上老命。
牙厘拆壁——经常向他人讨要小东西，求爷爷告奶奶没个完。
直唠直辖——直奔主题，有什么说什么。
出亨——出发、出动的意思。旧时多含贬义，指坏人出去做坏事。
收港——本意是船只回到港内，旧时也含贬义，指做了坏事打道回家。
吃勿煞克——吃得不过瘾、不解馋。
三当头六当面——面对面对证。
铲来吃——用言语说动别人为自己提供吃的东西。
纯钢铲刀——善于铲别人，总能吃白食。
三只指头六处摆——只会说不会做，一旦做起来却又毛手毛脚。
戗栅——抬杠的意思。
只顾自食肫里满——只顾一己私利的意思。
拣一把话话——专挑对自己有利的话说。
落壁脚走——沿着墙根走。
扒性拉命——拼上性命。

青鱼牵鲤鱼，鲤鱼串鲢鱼——相互串联上的意思。

吃痛缸爿饼——被打痛耳光。

念牙朝——念经。

汤夺去——老远就迎上去。

挨一披（被）二——一点儿空隙也不存在，依次摆放。

细耕孟趄——本指精细耕作，也指队伍一字摆开向前搜索。

捱门进，自端凳——进门后自己端个凳子坐下。

顺带经过，勿挡工夫——顺便。

东手捞来西手去——一边做生意赚钱，一边花掉。

话到是数——已经讲到这样明白、透彻的地步。

礼 节

客来洒茶、客去扫地——待客之礼。

千谢万掭索——连声道谢、感谢不尽的意思。

张吃急慢——抱怨人家招待不周，没有这个、缺少那个。

爹娘撒屎撒勒里灶心也勿错——父母做什么事情总是对的。

有苏牙叫吭苏牙爷——辈分颠倒，长辈反过来叫晚辈爷爷的意思。

看夺我面郎——买我一下面子的意思。

人面头郎——台面上、公开场合的意思。

磕头勿及打滚蘸——连连赔礼认错。

让人三分勿吃亏——做人之道，理让为先，不要"得理勿饶人"。

添客不杀鸡——不因为增加客人而添加菜肴，也是对突然上门的客人入席时打招呼性质的谦辞。

一场紧紧、凑淘锣鼓——乘这个难得的机会，把附带事情一起办了。

另煎另煮——特地做饭做菜。

三请六邀——多次邀请。

上下手——出售物品前,将次货放在下面,好的置于上面,泛指待人不一样。

两边三样——待人厚此薄彼。

缠夺你——让你破费,真不好意思。

难为你——谢谢你的意思。

裁过你——感谢的口气,对不起你的意思。

人面头上笃勿落——感情上说不过去。

持 家

扒扒拉拉做人家——不怕吃苦受累、尽力打点好这个家。

脱勒灶前脱灶后——没有下锅的牺,也没有烧火的柴。

灶绞布里水绞干净——比喻家里的钞票有多少全都拿出来了。

串头绳颠倒提——不会精打细算过日子,有一钿用光一钿。

贴点航江水——略微补贴一点收入。

现拍现——不赊、不欠账,现金结算。

千钿数里没——时间长了,积聚的就多了。

穷来嗒嗒滴——家无片瓦、身无分文,极言穷。

光打流星——什么也没有。

捕捕算盘珠——旧账不要算的意思。

精转——精打细算。

精会——不忘节俭,有计划地支出,井井有条地打理生活。

带精会——有节俭观念,会算计,会安排开支,会过日子。

见起——看着很快积聚起来。

见用——耐用,耗费的速度慢。
见吃——吃的时间长。
勿见吃——东西很快吃光。
上延来——东西、钞票很快用完。
囤面上省起——从开始时就节约。
熬掐省用——克勤克俭,可用可不用的就不用。
筷头竖起点——少夹、少吃一点。
失发失发——没有计划,不会持家,乱花钱。
荡发荡发——穿了好的衣服,神气活现的样子。
算煞勿掘(及)——再算计也好不到哪里去。
"阿(铁)锹挖芋艿——掘辣(音拉)"——弄到好彩头的意思。
烧长柴,吃死饭——比喻只会做现成活、吃现成饭。
牵勿得长算——意思是,长时间节俭、长时间积聚,就多起来啦。
两个卵子年年数——形容精明到家的人,怕记错了数字,经常盘点着、念叨着。
千钿数里没——一笔账、一次用去不多,时间长、次数多了,总数就庞大了。
铜钿银子用得完煞——对钱财看得不重、不计较时的用语。
油勿拨锅吃夺去——肥水不流外人田的意思。
该只袋搬勒格只袋里——从这只袋放到那只袋里。
只管箩内粞,勿管箩外米——只算家里现有的,不去开拓财路。
吃口重大——家里人多负担重。
吃得做勿得——指孩子尚小,不能劳动,只能消费。
算斤算两,弄只小猪养养——过分精明的人做不了大事情。

呒经会——不精打细算，不会细水长流过日子。
寻铜钿——干活挣钱。
钿钿上串——每一笔收支都记账的意思。
做人家——善于勤俭持家。
只要有板板（钞票），三笃酥药也买得着——只要有钱，没有办不成的事。
搞作——浪费、糟蹋。
做小货——藏私房钱。
手指握疥——比喻漏财。
进口落梳——只进不出。
厚粥烂饭，吃夺就当夜饭——旧时生活困窘，中午吃不太稀的，晚上这一顿就不吃了。

状态、环境
跌翻戳头碰——跌跌撞撞、分不清东西南北的样子。
戳翻丫鹊窝——七嘴八舌、叽叽喳喳，分不清谁说的话。
抛交玄数——家当毫无保留地全部拿出来。
乌洋蚂蚁、交关、交关年年、行情行市——数量很多。
咩嘎咩嘎——多的意思。
拾（杂）合乱皮——各种东西混在一起。
东笃西掼、里横乱横——存放东西不整齐、乱七八糟、杂乱无章。
呼三兄弟呼四（势）——声势大。
板定——一定。
麦环——外行。
平平而过——多指中间状态、中等水平的生活。
壁脚眼里——墙角、壁脚的地方。
哈（筛）锣声起——反响很大，议论声四起。
和乐痴——打成一片的意思。

致露——人与人之间合得来。

勿致露——人与人之间合不来，处不到一块。

霍肉——紧挨在一起，知心、贴心的意思。

一世拉介——一塌糊涂、不可收拾。

毛三草二——杂草丛生的意思。

母母较——不公开竞争，暗下里使劲，体现出韧劲。

缓缓叫——慢慢地、轻柔地。

黏劲——不停顿地干，直到成功为止。

来三勿得——很难坚持。

腻绿啁啁、腻（二）笃三笃——稀里糊涂、醉眼蒙眬的样子。

啄腻（二）啄三、啄头啄脑——说话不谦虚，动不动就得罪人。

饿囵囵吞——狼吞虎咽的样子。

世把人生勿吃过——好长时间没有吃过。

暗处摸洞、暗洞摸处——在光线差、看不清的情况下寻找东西。

夜介碰生——晚间。

白茫二三寸——指食物变质，生出很长的霉菌。

齐眉毛刹眼睛、够厘恰数——刚好够着，一点没多余。

刹刹边上——紧靠边缘。

后半三汛——快要结束的意思。

后半沓市——接近尾声、即将收场。

老末结煞——最后。

老末乌子——最后一个。

饶大勿饶小——买卖交易时，见大人就便宜，见小人就抬价。

四冰煞动——冻结，没有一点宽松的余地。

四叉勿动——没有一点风，沉闷。

愚脓笃脚——形容迟钝、反应慢，做事不利索。

舞拉痴、犯厌、握屎乩烂泥——小孩子恶作剧时情状的统称。

踏头翘头——顾了这头、脱了那头，不好两头兼顾。

精赤骨立——赤膊，上身不穿衣服。

精光条消——裸体，全身不穿衣裤。

馋唾嚈嚈咽——咽口水，形容馋相。

垫嘴唇皮——经常放在嘴里说。

夹壁咽子——遭到旁人的指责。

挺夺革朗——站在那里。一般指站在矛盾的前沿，明明是自己无理，势成骑虎，还要在那里硬撑着。

勿直罗劲——控制不住。

馋来勿直罗劲——贪吃得自己都控制不住自己。

抖来勿直罗劲——浑身抖得控制不住。

毛势足——厉害的意思。

百有介搁——样样有借口。

绞百叶结——歪曲原意。

柴兔子、露水夜猫——比喻浑身像从柴堆里出来的兔子似的；比喻像露水里的夜猫似的。

踏蚂蚁——步路慢吞吞。

老雌鹰衔脱帽子告诉天——抓不着证据，无处申诉。

斜绰——抄近路走。

跑来发屁头——快跑。

跑来八脚婆蜘——好像生了八条腿似的飞跑。

跑来兔子也追勿着——跑得比兔子还快。

枪花乱勒里——事情多而忙，上下左右全方位应对。

天河里乱勒里——上边的意见难于统一。

幺腻角落头——壁脚根头、箱子角落，指不显眼的地方。

上碰到天，下碰到地——说粗话和脏话，口无遮拦。

连迁——马上。

兜火、抖拨抖迅——急急忙忙走路的样子。

头勃龙宠——不看脚下，盲目走路。

磕头搏跌——形容因慌张导致身体失衡、失控而踉踉跄跄的样子。

现开销——当场兑现，说干就干、说打就打。

焉焉瘪瘪——无声无息。

真肉皮子寒走寒走——鸡皮疙瘩正在出来。

藤皮塌脸——脸皮厚，不害羞。

饿来死脱、肚皮霍瘪、肚皮霍到背脊骨、眼睛前头饥火直石——直言饥饿的程度与感觉。

煞个馋头——吃得过了瘾。

吃得"巴打（da）"——吃得很开心。

吃来饱饥南呼——吃得饱极了。

肚皮四滚滴滴圆——肚子像篮球似的。

吃来老眉点（跳蚤）也掐得煞——因吃饱肚子撑得没有弹性。

吃来盒子枪也打勿进——极言肚子吃饱撑得子弹都打不进。

吃来肚皮就像石结之（蜘蛛）、就像吃饱老眉点——吃得过分饱。

肚膨气胀、哼登饱胀——吃得多，肚里鼓起了气，胃里胀得连声哼哼。

腻聋拉痴——当聋不聋的样子。

痴聋慢话——装聋作哑。

腻朵生在夹夹里——骂人语，意指"你的耳朵长得不是地方，喊你都听不见"。

一勃唠嘈——满口臭骂。

逗转魂——像没头的苍蝇似的乱转。

鱼一路水一路——本意是各有各的路径,比喻为感情不融洽,办事你办你的,我办我的。
　　鸡皮勿得鸭皮——两者搞不到一块儿去。
　　悬空踢壁脚——指上下间相隔很多距离。
　　大脱虚远——彼此间离得很远。
　　一筵一薄孛——比喻东西多。
　　丫头儿子分头面——比喻事物有端倪,面目明朗起来,是非立显。
　　一部磨子当场锻——本是指石匠锻磨片时的劳作场景,通常比喻为当众评论是与非。
　　鼻头也一块肉、卵也一块肉——不分好坏的意思。
　　阴干阳易——不知不觉地消磨、损坏。
　　日头八丈高——太阳很高。
　　东南上角——太阳在东南方,早晨以后的时段,意思是时候不早。
　　半天落地——虚指很大的空间范围。
　　各人头顶一片天——旧时指每个人不同的命运,现时指每个人属于自己的时空领域。
　　瘪帐子——特指病人处于弥留之际。家人总会在病人停止呼吸之前把蚊帐收拢,挂于里床,故称之。一旦死于蚊帐内,亲人就会在这一顶的蚊帐上剪一个洞,说是让死者的魂灵从这个地方出来。
　　握帐子——病人神志不清时双手乱抓,往往握住蚊帐乱扯。
　　皱皮瞎洞宫——将布料或衣服乱揪、乱丢、乱折叠,致使皱纹迭起。
　　食饥伤饱——吃得过饱。
　　乌巩秃落湿——全身没一点儿干的地方。
　　半年拉把——大约半年样子。

大话小鞠躬——很小的事情夸大了说。

闸板勿同意——坚决不答应。

暗底洞里当萤火添——花钱出力未被知悉,指很不值得的意思。

人荡丘里——人群中间。

百张(争)——固执己见、不止一次地坚持着自己的意见。女人四肢向天地躺着也叫百张。

音鸣无迹——毫无痕迹,烟消云散,没有留下什么。

火出火现——怒火即将暴发。

肚皮子石啊石——气得肚子都鼓胀起来了。

太太吃面,吃着一碗——自我安慰语,今天蛮好,满足了要求。

千年碰着海瞌睏——难得的机会,千载难逢的机遇。

西半腰里——中午以后。

小点相朗——下午三四点钟,因干活劳动强度大,此时要吃一些小点心。

扳眉头勿开——沉思、锁眉状。

累勒一裤子裆——大小便玷污了裤子,也比喻事情办得一塌糊涂。

穿枪闹马——不时有人进进出出。

眼睛烊易——指等待的时间长,望眼欲穿的样子。

馋唾花嚼干净——口干舌燥的意思。

老了活勿多,夜了做勿多——比喻时间不饶人,剩下的时间已经不多了。

努心努肝肠——尽量忍耐着。

婆婆结结寻着我——暗里地一直找我的岔子。

龙不喘气,贼不放屁——没有一点动静。

嚎头嚎脑——人前与人后说话或办事不一样。

啄头啄脑——说话或办事不加考虑,行为粗鲁。

花绿九九——多种色彩看得人眼花缭乱。

三百步壮气——三百步,指土地的面积,全句在说,身上洗下来的肮脏水,可以作为灌溉用的肥水,抵到垩这么大一块地的肥力。形容肮脏得不得了。

合扑一跤,跳采就跑——摔跤后爬起来继续跑。

淘得(待到)晓得外甥八岁——原意是:女儿私奔后携夫认父母,这时候才知道自己的外甥已经很大年纪了。现在泛指信息滞后、消息不灵通,待到获悉,事情已经过去好长时间了。

老鼠与猫腻同行——敌对双方平起平坐、和平共处,有时,幼辈与长辈抬扛,也被责之为"老鼠与猫腻同行"。

阎罗王生偷珠眼——偷珠眼,现代医学名词叫"麦粒肿",意谓:阎罗王瞎了眼病,否则,早把你或他收去了。

阎罗王消夹页——诅咒语,阎罗王翻生死簿的时候,翻了双层,你的名字就漏看了。意思是枉活在世,死掉倒好。

当着勿着——凑巧,也许能得到,也许得不到。

隔岸看戏——文明语,因距离远而看不清。

脱神思——虚脱状。

癞狗把吃夺岩岩坐——比喻什么也不做的人吃完就闲着,像蛤蟆那样悠闲无事。

小和尚念经有口无心——装形式、做样子。

朝长夜大——形容长得快、变化大。

发发相——欣欣向荣、蓬勃发展。

勿发相——停止生长,变化不大,老样子。也比喻一户人家三灾六难多,家境差。

汗渍扭扭——出了汗,但不多。

汗泼溜浆——大汗淋漓的样子。

六只小舌头——形容说话特别快,像生了六个舌头似的,听的人听不出句数。

束翻丫削窝——鹊巢被弄坏以后,鹊儿叫个不停。形容触犯众怒后群起而攻之的情景。

就像桃树麻将——许多人叽叽喳喳地议论。

笼里笼宠——稀里糊涂。

日里搬夺夜里——昼夜搞错,也指偷换概念、颠倒是非的诡辩。

四滚嘀嘀圆——强调圆的形态。

冬瓜藤牵夺茄树田地——故意把无关的事搞进去,使事情复杂化。

开花絮、百雕衣——前者指破棉袄,后者指补满补丁的衣服,是破衣烂衫的意思。

泥涂灶八百斤,环筒舍滚龙厅——烧的是烂泥铸就的灶,住的是芦头把子作为椽子正梁的环筒舍。

雕空椽子,凿空正梁——竹子做椽子,毛竹当正梁。

就像斋屁雄鸡——急匆匆像公鸡跑路的样子。

兜脚布晒勿干、包浆布晒勿干——形容时间很短。

做朝数——婴儿在出生的十二天之内死去。

发发滚——形容暴富。

实质够够——不带毛估估,不含水分,只多不少。

望日头吃饭——看太阳的运行位置决定吃饭的时间。

望直方圆——凭目力测量。

四赌八看,七十二个旱转——赌场上参赌的少,四处转的人多。

勿到沙场晓夜思量,到了沙场冷气叹声——期盼到未去过的地方,到了一看却大失所望。

阴头活头——寻找失物时的情态,一个人一会儿这里翻翻、那里找找,一会儿又凝神寻思的样子。

寻晦拉气、乩家惯生、捉死蟹——怨气没处发泄,见降得住的对象就发脾气、见物就摔。

横死横,拆牛棚——在猪来说,反正被宰,拆了棚子逃吧。指一不做二不休、横下一条心,拼个鱼死网破的意思。

排台脚——远处有雷声,暴雨将至。也有做准备、准备动手的意思。

神道风,越大越好看——本指自然界冷暖空气交接而形成的旋风,它在特定的条件下会越刮越大。为此,人们常比喻一些别有用心的人将矛盾恶化,使事情闹大。

软冻呱拉稀——不硬、不结实。

石提石角——说话语气生硬、不圆熟、不中听。

精干剥翘——不含半点水分。

带水夹浆——话中有话、话中带刺。

细细把念——仔仔细细。

要紧三般慢——紧要关头。

半天落把——很长一段时间。

三四六匀——轻重缓急的意思。

惯瘪水烟筒——垂头丧气、散了架的样子。

拎勿拎,提勿提——做事不具体的意思。既不像拎,又不像提,真是不太具体。

千千匀匀——别拼命,也别太不当回事,做事不剩也不过,中间、中等。

贼(实)皮贼(实)骨——在受伤或者受寒的情况下都无所谓。

茅柴头性杠——急性子,易发怒、易暴躁。

黄连头发痴——平常不大做,偶尔做的时候却做得很好。

仗抗子——既然局面无法改变或挽回,就只能等待发落。

挺盘挺算——事情既然这样了,爱怎么着就怎么着,大有死猪不怕开水烫的意思。

斜绰里——走路成斜线,斜着方向跑。

咯笃老母鸡——撅着嘴巴就像生蛋的老母鸡。

脑子搭僵——头脑不灵活。

脑子搭线、脑子短路、脑子一根筋——脑子不开窍。

出相头里——忽然间。

新砌坑棚三天香——比喻新鲜感的时间很短暂。

轰隆轰隆，馒头大似蒸笼——形容或指责他人吹牛的习惯用语，指某人夸夸其谈、言过其实。

脱牵蝴蝶鹞——像断线的风筝那样，比喻难于管束。

眼泡像葡萄——眼皮肿得厉害。

脱头烂肚皮——尸体腐烂，比喻事情糟透了。

一世人生瞘勿着——终生牵挂、时刻想念的意思。

活记在心上、死了记在骨头上——死活忘不了、放不下。

乌来鸡拢来——即"乌鸡"的拆开说法，是委婉含蓄的说法，比直接骂"乌龟"要婉转得多。

吓痴六急——匆匆忙忙。

六神勿准——定不下心神，拿不定主意。

落脱魂——掉了魂。

离山调远——外出，离开家乡很远。

临时上轿一篮支——旧时女儿出嫁都要佩戴耳环，而挂耳环的洞眼都会事前打好，如果事前不准备，临出嫁再行打孔，就显得被动。有临时抱佛脚的意思。

屎急做坑床——等事情迫在眉睫了才动手搭粪坑的架子。

策策叫——很有力度。用力打人家的巴掌，称为"策策叫一个巴掌"，阳光很强力，称为"策策叫太阳"。

人末穷，夜壶同——原来包含的意思是：别小瞧我，我这个人虽然穷了点，但穷人所使用的夜壶，是跟富人一样的。意思是穷人和富人也有一致的地方。

脚板头上踢着——无意间碰上、得到的意思。也指意外认的亲戚。

稀零广冷——零零落落。

急来块也出来、急来小肠气也出来——急得病都出来了。

火气塌脱一半——火爆脾气收敛了不少。

飒白敞亮——又白又亮。

一塌平洋——原来的高低起伏不见了,变得很平坦。

飒拉乌腻——没有瑕疵,无可挑剔。

心头无事实笃笃——不做亏心事,很坦然。

脉腰一松,对折九扣——折扣很大很大。

朝天对子——打牌时的明对。比喻事情就这样明摆着。

明当响亮——公开着的,不用怀疑。

轻头伤(生)活、轻头容伤(生)——轻松的活计。

重头生活、重头容伤——重体力劳动。

徐巧——不大不小、不多不少、不高不矮、不前不后、不偏不歪,正好的意思。

一门滚——不分好坏。

乌来食也勿吃——不聪明到饭也吃勿来的程度。

华(划)份——有份额。

推板幺点——相差一点点。

额煞勿动——很牢固,扳不动。

吃煞勿胖,饿煞勿瘦——不管吃多吃少、吃好吃差,身体一直都这样。

筋丝纤纤——一条条血筋连着、暴露着。

血淋拉滴——血一滴一滴地挂着。

瘦节淋淋——瘦而有精神。

骨头冷膨、瘦节夹夹——瘦得皮包骨头似的。

过头水,没头上——水位到了上限。

火魂啊(也)吓脱——灵魂差点被吓掉。

哪里有得来——遇到好机会时庆幸之情溢于言表:这

么好的机会,从未遇到过!求之不得的意思。

一丈疗八尺——信心大减。

丫丫凑夺节里、当当碰着恰恰——凑巧、碰巧。

失放腻万四——散发出去的东西太多太多。

摘光豆芽——独苗一根、无亲无戚的意思。

滴光爽滑——光滑。

落落海海——又深又大。

腊扎爽黄、腊扎金黄——黄颜色。

逐逐番起——有时这样,有时那样。

狗面亲家公——双方关系时好时坏、变化无常。

一处他方——许多地方的意思。

仄边仄沿——处于要死要活的病危阶段。

九个九,冻来抖个抖——极言数九寒天的寒冷。

咪(密)麻纠僵——细小的东西很多。

清客大佬倌——衣着整洁而笔挺、清高、不事体力劳动的阔人。

广毛策起——连续干旱、土地干裂的意思。

盘四六脚——盘腿而坐。

生病六痛——所生之病的总称。

吃你冷水——上当、受骗。

吃你咸水——吃了你的亏。

一拔宠——一次性、一下子,有时也有当场了结的意思。

一拍一并缝——衔接之处很严实,看不出与新的有什么两样。

狗屎麻花雨——下得不多的雨。

烂凳脚——到了一个地方赖在那里不想走。

厌趣相——无聊。

有心想——有心思、有兴趣、有信心。

呒心想——没有心思、没有兴趣、没有信心。

远讨（绕）三千里——绕道而行。

半路上出家——原指成年后做的和尚，比喻为中途学艺。

大转幺二三——绕了个大圈子。

踢咬俱全——本意是既使出踢的劲，又使出咬的劲。专指横蛮、不讲理的人。

半日辛苦半日闲——半工半休，近乎没有。常常是生意清淡、收入低微时的自我安慰语。

生意兴隆，前吃后空——生意场上的日常用语，意思说生意虽好，正常的生计仍然难以维持。

宽汤活水——汤水多。也有钱多之后手头宽裕阔绰的意思。

石白铁硬——比喻物品坚固、牢靠。

出头年、勿出头年——前句指时来运转，过上好日子；后句指没有好的希望，老是过着苦日子。

一乱（二）无——不具体、冇名堂的意思。

淡之唧呱——没有滋味。

淡咪咪——盐放得不多，口感不咸。

拉来八索子、握心拉肺——形容有着强烈的欲望。

呒哈掉刮——淡而无味、价值不大的意思。

连档伙计——一同作案的人。

通章——暗里通气。

串通合计——事先约定好如何如何。

暗底洞里——不是光明正大，而是暗箱操作、隐蔽行事。

作涨——准备。

作诚祝涨——真心诚意地做作了准备。

处于（愈）——准备停当。

三处于（愈）——事情一五一十地完成。

八处于（愈）——事情全部完成。

一落三梭——井井有条、收拾停当。

三笃定——事情全部搞定后的放心样子。

待凉——放宽心、不再着急。

勒拉（在）碗头上——正好在规定的对象范围里。

勿勒（在）碗头上——不在规定的对象范围里。

正当位——正在任上的意思。

挨着勿比轮着——轮到谁，谁也别想逃避掉。

滴熟老番瓜——滚瓜烂熟的意思。

镬子未开，铁罐先开——指的是烧茶煮饭时的反常现象，比喻的其实是社会现象，例如当家的还没表态，其他人抢在前头先表态。

船屁股朝前——比喻这户人家男的不当家，全由女人做主。

半囊作样里——活儿做了一半，或者没有做完就罢手的意思。

污泥搞浇——脏东西跟脏东西捣在一块。

闷炖大发财——财不露白，发财后不事张扬。

那摩一只顶——竖起了大拇指，指了不起的意思。

脚支丫里挟得落——比喻物体的小。

消了无事——什么事情也没有。

嘿嘿耸耸——看似很高很大，但不太结实。

撑撑空空——所堆的东西蓬蓬松松、不紧实。

等章——玩纸牌、打麻将中的术语，处于等待最后一张牌出现的阶段。泛指等待机会出现。

老大多，撑翻船——船上只要一个老大就够了。比喻一个单位头头多要坏事。

泛五百老——太普通了，数量特多，义如乌洋蚂蚁。

交关年年——许许多多。

手扶（浮）兀兀——跃跃欲试、老是想动手。

脚扶（浮）兀兀——后脚跟吊，站立不稳。比喻一个人在一个地方因人缘差、基础不好而待不下去。也有祈盼这个人早点离开的意思。

病肢拉哗（歪）、软肢哗（歪）斋、筋丝无力——一种病态，精神萎靡不振。

跌倒山药棚——棚子将倒或已倒的样子。

贪强（便宜）买夺骨里酥，黄沙夜壶爆勒一被窝——贪图便宜而买了个不结实的东西，结果酿成不良后果。

白迹——一无所有、全无反应。

打白迹——劳而无功。

着港——弄到手的意思。

勿着港——没有弄到手。

弄着点——得到一些。

叫爹娘勿应——陷入孤立无援的处境。

好一昼——很长时间。

酒发呼噜性——趁着酒性发挥出来的力量。

酒遮面孔——依仗喝醉了，排解、发泄，说出平日不能说的话。

入哈哼登——生气时的用语，意思是为什么要这样。

挖子挖娘——脏话、刻薄的话全部用上。

子孙无地——断子绝孙。

一屎拉介——到处都是脏东西。

烟尘抖乱——尘土飞扬状，也是微粒粉尘翻腾成的迷糊状。

急性吊命——拼上性命。

仰翻——四脚朝天摔倒在那里，也指事情办得不成功。

仰乓——不光彩、不成功的事体暴露在光天化日之下。

初光生——初步完成。

腻乎乎——眼睛看不清。

港档——大约一只圩的距离。

宽落拓——木框或洞子可以容纳东西，而且很宽敞。

一屁眼三勒湿（垃圾）——指负债很多的意思。

外头好看里头空——不实在的意思。

头翘巴翘——头尾向上翘起。

一捺——口袋里的东西向下一沉。

发（沸）飞烫滚——十分烫手。

空身人——身边没有携带东西。

旺煞日头大煞雨——晴天下雨。

一泼拉、一泼拉债——四处都是、到处都欠债。

勿图生死——不管人死活。

烟黄瘪倒——没精打采的样子。

掼瘪水烟筒——筋疲力尽的样子。

无横无竖（事）——一点没有什么事。

亨白冷打——全部在里边。

三长六十短——不整齐。

拔灯笼——红面孔。

洞穿洞落——破烂不堪。

千二百个解样头——借口多。

赤脚卜跌倒——光着脚。

抑生柴——本是烧火煮饭的常见现象，指事情没有从根本上解决。

抑酱黄——做酱油过程中的一道工序，泛指天气闷热时的感受。

隔年过夏——时间久远。

污里八糟——不干净。

和作眠——不脱衣裤睡觉。

攀梢萝多——结在棉花顶上的棉桃。常用来比喻为最后一个儿子。

沥沟脚水——沟底里最后滴着的几滴水，也比喻晚年得子。

差人跟夺卖炭——意谓学着别人的样子。

上碰凉棚市,下碰鱼踏子——形容空间的低矮。

热浇热辣——皮肤受烫后的难受感觉。

狗斩脱尾巴——团团乱转、没个消停的意思。

饥火直石——饿得眼冒金星。

猛竹园——比喻竹园里的竹子多。

竖头尺线——雷击时像一条线一样的闪电。

霍(忽)闪——雷击时亮了一大片的闪电。

阵头响——雷声响。

冷应——无人相伴时的寂寞、无聊。

泥络环——本指挑泥工具上弯曲的配件,也比喻思想顽固。

紧撬紧夹——一般指榫头不松动、没有什么来去。

紧剥笼笼——衣服穿在身上不偏大也不偏小。

蒲酱、肉头酱——肉酱的意思。

宁(韧)夹粥——粥锅底下沉淀着的粥。

推板——相差。

梦(忘)记度(大)——记性差。

老亨——天气已转晴的意思。

风亨——海上的风向。

亨亨伊——欺侮欺侮他。

气花(呼)大噎——上气不接下气。

三张台子六灶沿——比喻人多。

乱反——乱哄哄秩序差。

爿(扒)瘫勿动——生活没有自理能力。

有笃乐腻嬉、有兴向——有时间或有工夫、很高兴慢慢地搞下去。

有目测的——有准备有目的地说话办事。

向清捉田螺——看清楚了目标以后再动手去捕捉。

脚踝郎跑来就像搂饭筷——搂饭筷是用来搅拌饭、粥的竹杠子，这里比喻两只脚走得快。

绳团绳氅——话多，讲不完。

鸭沓脚——水不深。

忘记大——记性不好。

阴丝冷——天气阴冷。

勿知勿得——不知道。

落脚酿——末等货的意思。

撒手放脚——无拘无束。

蓝花日头——有太阳，但高空也有一点云。

月雀风云——夜里云块不间断地从月下飘过，预示天气将要下雨。

反雀风云——高空的云向着风向相反的方向推去，预示天气有变。也有比喻人与人之间的关系突然发生变故。

成行成埭——多而不乱、整齐划一。

两埭半、两埭半事体——"两埭半"暗含"五"，"五"是"污"的谐音，指见不得人的事。

改换衣衫旧门风——跟以前完全不同。

老头接出——从原来的地方接下去。另外，如果一对男女原来是情侣，后来分离了，可分离后又结合了，这种情况也被说成老头接出。

小娘雪花命——女性的命运就像天上的雪，飘到哪里是哪里。

小几（鬼）嫡金刚——比喻身体瘦小，但身子骨像金刚似地硬朗。

跛腿先跑，笃嘴（口吃的人）先话——比喻缺少强项的人，做什么事总会抢在别人前边。

其 他

堆作——指人的体态、腰身、臂膀魁梧的程度。如某人身材瘦小，曰"堆作小"，某人身材高大、腰粗膀圆，曰"堆作大"。

隔山召宝、东造葫芦西造瓢、影图应势——捕风捉影、无中生有、附和的意思。

丝柳——道理、条理。

吭得丝柳——不讲道理、不懂事理的意思。

勿懂宫事——不深谙事情的原委。

卖老调——看不惯他人时使用的怨语。

现世宝——丢人现眼。

现世报——当场得到报应。

庙命丹——数量忒少，如菩萨面前的"仙方"。

夏昼心里——中午。

洋沟——屋檐下、墙脚前下雨时滴水形成的水槽。

螯脚勿全——缺手断脚。

螯脚劣干净——所有手脚都被斩掉。

乌屄欠拈——不聪明的妇人。

念念数——日常之间。

白做透三分——比不做还要糟。

生活凑巧，勿是粮户算小——就这么点儿活，得干完了才收工，别怪当家的太精明。

排场经——就这个样子。

革场戏——就这件事，常指事情变化的过程。

就这交易经——就这么一回事。

差二三勿多、推板勿多——差不多。

颗粒头——对脑袋的贬称。

好人边头有恶几（鬼）——指讼师或挑人斗火之类的人。

乘白渡——自己不付出，借别人的机会办成自己的事情。

尺白势——不付出任何代价而捞好处。

布毛臭——本意是布料燃烧时的臭味,引申为办事时的坏运气。

中长胡水——平平常常。

邪魅——民间以生猛海鲜食后容易发生胃肠道疾病而称之,也有因某件事情出现了意外的结局而称之。

料量子——心里有数。

念见——同情。

颠鲜——调皮,不断地将旧的换成新的。

卖老戏——懊丧时,对不如意事情的抱怨之词。

好好叫——提醒语,劝人规规矩矩、正正派派。

拉机北倒——气愤话,算了、罢了,就此拉倒的意思。

吃了胡萝卜上蜡烛账——张冠李戴算错账的意思。

风飒飒响——寒冷的北风呼呼地响。

腻朵——耳朵。

拗开——不要开。

白相——玩。

哈末事——什么东西。

吓脱火——吓掉魂的意思。

有天吪日头——本意是阴天看不见太阳,比喻希望渺茫。

头爿壳子、颗榔头、六斤四两、脑袋呱子——头的别称。

斩(淬)钢——了不起、了不得的意思。

偷假头——偷学技巧。

一潮水里鱼——年纪相仿、身处同一个时代的人。

霉倒乌腊金——倒霉透顶。

束头戏——耍花招。

杂合乱皮——杂七杂八的东西。

满包满裹——将应该由孩子或亲人承担的责任统统承担下来。

屁眼里夹砖头——强词夺理、硬话。

鼻涕水当蜜辣精——连废弃之物都当成稀罕之物,极言其人精明。

眼里吐皮——看了有新鲜感、适意。

花里(庄稼)人家的好,小倌自家的好——庄稼总是别人家的长得好,孩子总是自己家的长得好。

老鼠落在米囤里——吃不完、不担心的意思。

累草上跷脚,撒撒你屎去——狗撒尿的时候喜欢跷脚,也喜欢在累草上撒尿。说此话时将对方比喻为狗。

牵(渗)风——有风的地方。如"别把小孩抱在门口,当心牵风。"

风吹(痴)溜溜——风吹着。

山芋木匠——比喻木工技艺差。以前沙地农村死了人,先写个纸做的灵位,贴在两根芦梗上,再找来一只山芋(茄子也可以),劈开后,将纸灵位插在其上,很简便地完成了任务。这便是启海沙地人中间"山芋木匠"一词的来历。

闸(煮)熟黄豆做勿得种——做不了主。

邻舍好,赛金宝——邻里之间关系好,比什么都重要。

一记打夺毛豆园里——一句莫名其妙的话,让对方茫然。

冷么冷的风,穷么穷的债——比喻窘境产生的原因。

拔脱汗毛,竖还旗杆——加倍偿还。

东南风爽自开门,西北风向自关门——门随风转,极言穷人之穷。

贼不放心——对过分小心谨慎的人的用语,也指牵挂在心的意思。

贼不空手——贼的职业特点,总要偷到一点才离去。

乓乓子里——不易发觉的地方。

眼上眼落——平常看在眼里。

癞子褡裢盘胡(子)绰绰——好差搭配。

七耕八调——想方设法、多方筹措。

贼勿托人——小人不放心别人办事,也不委托别人办事。

勿出客——不公开、上不了台面。

乱话乱话,两个卵子滚夺灶下——对说笑话的幽默接词。

小倌赤屁,一无事体——小孩子的话不要当真,不会有事的。

在于我处勿交关——责任全部在我,但与我没有关系。日常生活中的戏谑之言。

讲讲别样神——此事免谈,要谈就谈其他事。

犟头拨腻朵——指过分倔强、不听话的孩子。

生夺两只狼眼勿看见过——从来没有看见过。

一眼眼半点点——很少很少。

牙齿痛勿是病,痛煞呒人问——牙痛无人问津。

只把麻将踏勿穿瓦——比喻人少势单力薄、成不了气候。

着底勿相信——彻底不相信。

着地滚、地龙滚金、着地滚金龙——在地上翻滚。

咽子棺材——老是挨批评、受指责。

当头呆——关键时刻不知道如何应对。

眼睛大小,要偷大嫂——玩笑话,意思是眯着眼睛看自己的嫂子。

走损——暗里地流失。

既怕干巧巧,又怕没到梢——怕干又怕雨。

勿烫心肺——数量不多,不会引起人的注意。

床歪歪被凑凑,被短短脚纠纠——凑合、将就、迁就着点。

轧紧——紧扣得密不透风。

爷有娘有勿比自有,老婆有,房门口还要等一昼——自己有才是最好,极言自己有的好处。

毛勒得——手掌在小孩的后脑勺轻轻地打一下,或者中指屈起，捏成空拳对着他人敲一下。

十条人命九条奸，一条人命赌铜钿——指谋杀案大多为奸情和谋财。

七家灰郎困困醒——骂人语，喻死人。旧时人死用棺材，事先将七户人家灶内的灰铺于棺材底下，作为吸水之用。

腾空发财——突然富起来。

又像猫儿又像活狲——模棱两可、真假难辨。

种花得花、种豆得豆——体现了播什么种子结什么果的生活常识，也体现了因果关系的哲理。

满口珍珠只当狗卵物——好话当作坏话。

拐爷冇度——骗自己的老爹没个边。

吃夺隔夜素——预先料到第二天的事。

隔夜灶君菩萨——没洗脸的人。

着眼头——不会隐瞒，很显眼，本来可以使人不知不觉的，却全让人觉察到了。

地雷风——旧时对中风引起的诸如面神经瘫痪之类的俗称。

阎罗王怕绝儿（鬼）——指凶人也怕硬汉的意思。

西风爽，蟹脚痒——秋天，西北风一吹，蟹就到处乱爬。指蟹到学秋正值成熟肥美。

木匠烂凳脚——本意指木匠家里的凳子烂了脚，引申为做手艺的人家里的事儿也没有顾全好。

裁过—— 跟佛徒口头语差不多，相当于"罪过、罪过"。

勿捉辰光——心里没有准备。

捉捉辰光——心里有一点准备

饿密饱密——按照多的算，占一点便宜；按照少的算，亏一点。

勿相勿认得——从来不认识。

四手勿徒空——忙不停的意思。

脉门遮——说话时不具体挑明。

乌鸡（龟）呒腻朵——比喻戴绿帽子的人是聋子，听不见他人关于自己老婆议论的作风问题。

强耸耸——十分便宜。

小洞里趴出大蟹——比喻句，小户人家办了大事、成了大业，出了大人物，类似草屋里飞出金凤凰的意思。

千人吃饭，一人做主——再多的人，也只能由一个人说了算。

料量子——估计数量的能力。

麻布袋草布袋，一代勿及一代——每况愈下。

骆驼"讨窝"大生肖——小事大做、兴师动众，消耗很多财力和物力。

小鲟鱼麦楷郎——比喻都是小人物，不是主要角色。

计搞——主见、计划、策略。

丫头勿断娘家路——嫁了的女儿常回娘家。

几估——小孩子的周岁生日。

呒爷娘哭——比喻没有亲人可以倾诉，得不到庇护和同情。

爷伯太——一般是大人对婴幼儿的疼爱称呼，有时也是对要这要那的人的厌恶称呼。

睏夺爷这头一团毛，睏夺娘这头一条槽——这边那边没有多少差别的意思。

还心肉痛——当初不感觉痛，过了一会感觉痛了，比喻事后越想越后悔。

二阵痛——痛了一回又来一回。也指事情过了再提第二回的意思。

发毛灶——低温发烧，风寒侵入肌肤表层所致。

碍记——过于敏感，总以为别人在说自己。

兀着——意识到。

另煎另煮——开小灶，特地而为。

凸仁——有意为之。

西瓜爿拦——西瓜皮。

吃夺腻线（缝衣针）话真（针）话——照实说的意思。

皇帝死夺借锹埋——比喻总有求人的时候。

皇帝也有草鞋亲——比喻做官的人，都会有出生平民的亲戚。

筋骨人——不胖的人。

翘辫子——死人。

遭瘟——因忽略、失算、估计不足而出现意外时的惊愕用语，意思是倒霉、运气不好。

台缝直——比喻理只有一条。

雌狗换只吭（雄）狗——称谓不同，其实一样。

身缸——身子骨。

只愁天亮勿愁夜——时间很充裕，可以不用担心。

袋口朝上长（装）——表示敛钱不厌多。

勿凑勿便——随便什么时候都行。

老末事——老东西、这种东西，往往是对难以启齿之事物的隐晦称谓。

防热吃——趁热吃。

救勒田鸡（青蛙）饿煞蛇——顾此失彼的意思。

各有工夫各有忙——忙与闲因人而异。

仙人勿得（知）光人来路——各人有各人的生活方式和经济来源。

好勃（白）相——有趣、好玩。

一淘——结伴、在一起的意思。

听夹过——谁说的话、谁有问题，没有听仔细。

蟄夹过——本来张三做的事，李四不明就里而做了，也说成"搞夹过"。

劈面穿过——对面经过。

穿路过——对面经过,因双方不注意而未发现。

颠夺夹被里——无辜的第三方(者)被矛盾的双方牵连进去。

逃得(等到)学会吹鼓手腮帮也瘪了——年纪大来不及学了。

丈五娘、丈半娘——岳母。

烧饼勿叫,叫粑粑——对喜爱之事物的亲昵称谓。

五时好过,六时难过——只顾眼前,不顾将来。

缸里搬夺甏里——本是一回事,放在哪里都一样。常常指父母的钱给子女,子女的钱给父母。

上场搬到下场,搬脱三年饭量——拆迁即使是近距离的,也劳民伤财。

牵丝——麻烦。

牵丝扳(趴)藤——麻烦又烦恼。

握拉勿得——求之不得。

拾蒲鞋拼对——寡妇孤汉撮合成一家。

一百也去,在乎一吓——多的已投本,更不在乎这一点点。

搞七念三——搞错了精神而使所办的事情出了错。

戳帅头——倒霉的意思。

叉头疙瘩——办事不顺利、频频出岔子。

邪魅——结局出人意料。

外脚头人——不是族内人。

板驾——难通融。

一人哐得二人主意,大人哐得小倌主意——人多主意多,成人有时候没有小孩的主意好。

拗——后悔。

拗要——不要。

嗡种——不值得、没有价值、打水漂的意思。

念念梳梳——日常生活中。

风吹跌跌倒——软弱无力。

眼睛骨里——眼内。

眼睛骨痛——通常因对看不惯而引起了反感情绪。

离眼离迹——眼不见、心不烦,不要出现在面前。

上碌——经常往来。

吃勿得剩——剩下来的不是好货,暗指凶人、恶人。

勿作数目——心中没底、没做准备的意思。

喽馊——多管闲事。

钉头碰铁头——硬头碰着硬头。

青桩(一捉鸟)捉勿着,伍(屎)也吓脱伊一堆——达不到目的,吓唬、骚扰一下也是好的。

今朝翻勿着冤,明朝扒着你——今天算不着账,明天找你算账。

我就叫睏勿着你——明确告诉你,我记在心上,跟你没个完。

干狗屎堆上落着几滴麻花雨——救命稻草也救不了命的意思。

药棺材——指经常吃药的人。

棺材朽头——骂人语,意思是年纪很大,快要死的人。

麻痧脱你——诅咒语,跟死掉相似。

烧蜞蜞朝上趴——事物都有上进的一面。

佘汤拉团(发臭的癞蛤蟆)当八宝鸭——不值钱的当宝物。

软腰软颈——身子骨柔软、灵活。

勿肩——否则的意思。

成天事——都用在娇惯小孩的比喻上,把小孩子的事当作天大的事。

叽咕叫额（外）——跟别人计较。

掮别人——拿别人做比较。

垩沙（赦）脱你——活埋掉你。

触里触恰、触恰相、死阴子——暗里地害别人。

帽檐朝上翘、眼睛朝上长——眼里没有同级、下级，只有上级。

岸角丞相——本指埋在岸旁边的骨灰盒，比喻为看不入眼的人。

骨殖甏、骨殖田（罈）——骨灰盒，也作为骂人语。

粑粑——烧饼、圆子之类食品。

月粑粑——月牙。

芦菲卷脱——旧时穷人死后无钱买棺材，以芦菲代之。现在都用作开玩笑时的诅咒语。

眼赤癣——红眼病。

李（理）树（字）种在你面前——没有理硬是说成有理。

初一勿死、月半横死——早一点不死，晚几天总死。

招架点——注意点儿、当心点儿、提防着点儿。

痧嗨嗨——假意答应、许诺，最后赖账。

作成作仗——早已作了准备。

没有包做媒人包养囡——做媒人可以代替包办，生小孩包办不了。

勃拉地——别的地方。

筷架子——锅里搁置炖碗的井字形架子。

坏窑里烧勿出好砖头——这是一句刻薄话，将女人的生殖器比作坏了的窑，生不出好的东西来。

带首——抚养、教育子女得法、有方。

死了人生也吭得投——诅咒他人无法投胎、不得超生的意思。

讲绳——互相交谈、讲话。

走梢、走损——物件被暗暗地偷走。

箩里拣花,拣来眼花——挑选来挑选去,还是没有挑到中意的。

拣里拣,拣了个补丁拣——挑选了又挑选,结果却挑选到了一个从补丁里挑选出来的东西。比喻尽管费劲地挑选,还是看走了眼,挑错了对象。

年三夜四、年夜迈头——将近年关。

带年三四、带时三四——从那时到现在、这么长一段时间。

下昼市——一般指下午的集市,但也有泛指白天的集市。另外,人们常把午后的性生活也称作下昼市。

当当碰着恰恰——碰巧偶然。

七十三、八十四,阎王勿请自家去——意思是说,人活到七十三岁和八十四岁这样的年纪是一个关口,其寿命已经差不多了,自己也要想"回去"了。

一朝头主顾——一次性买卖。

断主顾生意——截断做生意的客源。

吭名吭讲、无名无讲、乌名乌讲——没有分出是非曲直。

上试——把事情放在心上并花时间去做。

勿上试——没有把事情放在心上,也没有工夫去做。

吭头毛纠(抓)——追究不到责任。

勿吃便宜货,要吃夹底货——不识好歹的意思。

烧狗肉勿吃要吃炖狗肉——不识抬举的意思。

只对绑在杀桩上杀——不吃苦头不交代,吃硬不吃软的意思。

麦熟过条桥——麦子熟得很快。小满以后,过一座桥的工夫,麦子就熟了。

小满三朝榈头(连枷)响——小满三天开始,家家就打麦、扬场了。

吃瘪——做了不光彩的事受到处分,萎靡不振。

捻见——有恻隐之心,同情体贴人,主动为人排忧解难。

有一碗饭烧烧——很有发展前途。

豁脱货——没有用场的人。

朝北先生——拜忏做道场里的和尚。

六月对十二月——夏天热,寒冬腊月会冷得厉害。

勿烫心肺——不在乎区区这一丁点儿东西。

出头橡子先烂——带头的先遭殃。

千口衔来一口送——千百回积攒的钱,一次性用完。

说话(话句)搬搬多,个子(打捆了的东西)搬搬少——意思是有了成见不宜东告诉西告诉的,使矛盾激化。

眼相相——光用眼睛盯着,很想占有,却又苦于不能享用时的情态。

活鲜剥剥——多指被带活宰杀或剥皮的禽兽。

各人头里一爿天——境遇、时运各不相同的意思。

台底下并八字——原指男女之间在打牌时以脚传情的事,泛指私下里约定的不光彩的勾当。

独幅头心思——心胸狭窄,遇事想不开。

老虎勿让人——比喻车来了或人来了也不让道的小孩子。

搭在风凉台上——处在尴尬的境地不上不下。

滑头篙子——说的话令人难以置信,承诺了的事不给办,别人还抓不住把柄。

落牙落嘴巴——残缺不全的样子。

后 记

  能成此书，颇有缘分。自2006年起，南通市成立江海文化研究会并推出会刊《江海文化研究》作为会员交流与展示的平台，这使笔者有了接触和研究江海文化、沙地文化的机会，也使笔者的60多篇计十几万字的作品得以在《江海文化研究》、美国出版的《世界日报》（上下古今版）上刊出，另有200多篇计20多万字的作品也能在省、市、国家级的报刊上发表或结集出版。如今将沙地文化相关方面的内容整理成册，算是一个21世纪的教育工作者和一个70多岁的基层老文化工作者在向世人讲述沙地文化，成为向世界讲述中国地方文化和中国民间故事的一种声音。

  本书能以现在这样的面貌出现，全是众多领导、朋友、热心人帮助的结果，这里有南通市江海文化研究会的李炎、姜光斗、尤世玮、沈玉成等悉心呵护，有南通市前后数届民间文艺协会主席张自强、杨问春、王宇民、吴元新等真诚鼓励，还有农村基层干部群众的期盼，在此特向他们表示衷心的感谢。